読むだけですっきり頭に入る日本史

日本全国授業ライヴ「GTP」主宰
後藤武士

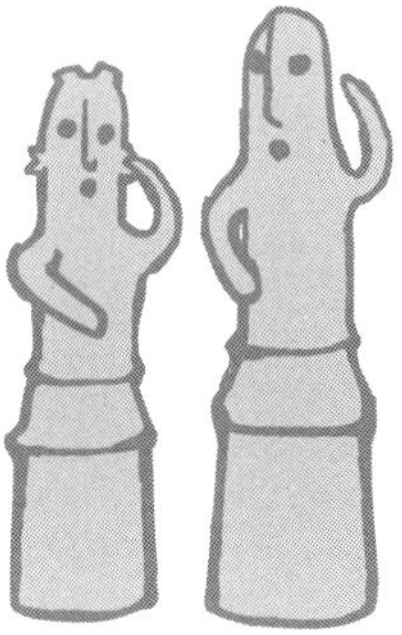

宝島社

装丁・ブックデザイン／福住　修
本文ＤＴＰ／株式会社　明昌堂

はじめに

はじめに

「日本史なんて社会に出てから何の役にも立たない」。そんな声をよく聞きます。本当にそうでしょうか？　簡単な例で考えてみましょう。

タイムマシンで未来へ行って、未来の新聞や雑誌を持って現代へ帰ってくる。今後の歴史がどう動くか知っているのだから、かなり有利になるでしょう。どの会社の株価があがるとか、どの土地はいつ頃値段が上昇するとか、わかるのですから。どうです、歴史は役に立つでしょ？　おいおい、それは未来のことだろう、ですって？　そのとおり、でもね、過去でも同じなんです。さすがに未来のように100%とはいかないけれど、過去に起きた事件やその経緯を知っていれば、様々なことが予想できるんですね。案外、世の中の動きや人の思うことって昔も今もそれほどは変わらないんです。歴史から学んでいれば逃れることのできた悲劇は実に多く、似たような例があったにもかかわらず歴史から学ばなかったために起こしてしまった不幸もまた数え切れないほど。歴史って実はとても役に立つ学問なんです。データの宝庫といってもよいでしょう。

とはいえ実際、歴史嫌いの人は多い。そうでなくても特定の人物とか時代に知識が偏ってしまったり。これでは歴史から客観的なものを学ぶことはできません。でも、それも無理はないんですね。歴史の教科書は、膨大な量の事件や人物、法律や政策を取り扱うために、概《おおむ》ね用語の羅列のようになっています。流れやストーリーが読みにくく無味乾燥になりがちです。授業でも時代順に学ぶために、一番大切な現代史が年度末になってしまうためほとんど学べない、という話をよく聞きます。

これではわからないのも無理はありません。そこで一冊で日本史の流れをすっきり学べるようにこの本を書きました。中学高校受験レベルの内容を基本にしましたが、教科書には取り上げられていないけれど重要な事項や、世間話などで比喩としてよく用いられるエピソードはできるだけ網羅するようにしました。年号を覚えてしまうための語呂合わせや流れをつかむための呪文?も載せました。受験などに活かしてください。好きな時代、苦手な時代、どこから読み始めていただいても結構です。歴史ビギナーのための本なので正確さよりわかりやすさを優先しました。

意外にも日本の歴史を研究している国は多いんです。世界史上類を見ない急成長を遂げ、稀に見る奇跡の復興を遂げた国、それが日本です。日本史をざっと眺めることでよい時代、悪い時代それぞれに共通する特色も浮かんできます。それらを生かすことはこれからの人生に大きなプラスになってくれることでしょう。

この本で一人でも多くの方が歴史を好きになったり、興味を持ってくださることを願っています。

平成18年　早春　桜だよりを待ちながら　後藤　武士

目次

第四章　平安時代

第五章　鎌倉時代

第六章　室町時代

第七章 戦国・安土桃山時代 群雄割拠から天下統一へ…131

第八章 江戸時代 250年の太平…147

第九章　明治時代　近代日本の夜明け…205

第十章　大正～平成時代　二つの世界大戦、頂点と挫折、そして奇跡の復興…249

〔参考資料〕
『新しい社会　歴史』（東京書籍）、『予習シリーズ　社会5年下』（四谷大塚）、『日本全史』（講談社）、『やりなおしの日本史』（後藤寿一著、オーエス出版）、『早わかり日本史』（河合敦著、日本実業出版社）、『詳説日本史』（山川出版社）。
寺社、博物館、史跡その他多くの公式サイト。

第一章 旧石器～古墳時代

【日本のあけぼの】

インターネットを通して世界中のあらゆる人と情報のやり取りができる21世紀、高校生でさえ携帯電話を持ち歩き、一瞬で世界の裏側にもメールを送信できる。

でもほんの2千年前のぼくたちの祖先は、ITツールどころか紙もエンピツも持ち合わせていなかった。文字すらないその時代の人々の生きざまはどんなものだっただろう。そして、それゆえに記録ができなかった当時の人々の生活をいったいどのようにして知ることができたのだろう。広大な大陸から切り離された私たちが、世界の経済を動かし、世界中で喜ばれる工業製品や、世界中で愛される小説やアニメーションを製作できるような文化を築く、その出発点を覗いてみよう。

●旧石器時代

数万年前の日本列島はユーラシア大陸と地続きだったと考えられている。今の日本海がちょうど大きな湖だったんだね。この頃、人類は石を打ち欠いて作った**打製石器**《だせいせっき》と呼ばれる道具を用いながら、洞窟などに住んで狩りや木の実の採集などをして生活していたと考えられている。打製石器のことを別名**旧石器**《きゅうせっき》と呼ぶので、この時代のことを旧石器時代と呼んでいるよ。

打製石器は文字どおり、だせえ（ださい）石器だ。石器と聞いて普通に頭に思い浮かべるようなものは、たいていあとから出てくる**新石器**と思って間違いない。打製石器はただ単に石と石をぶつけたり、石を何か硬い場所にぶつけて、割ったり欠けさせたりして、握りやすくしただけのものだから、ぱっと見た感じでは普通の石とあまり変わりはないんだ。

多分ぼくたちが何かの拍子に発見することがあっても、見過ごしてしまうんじゃないかな。それくらい見た目は普通の石だよ。

実はその打製石器を使っていた頃には、日本列島には人は住んでいなかったと考えられていた。長野県の**野尻湖**《のじりこ》というところで**ナウマンゾウ**や**オオツノジカ**の化石が発見されていたから、そういった動物が住んでいたことは確かだったんだけどね。肝心の石器が見つからなかったんだ。ところが終戦後の１９４９年、日本で初めて旧石器が発見されて、日本にも旧石器時代があった（旧石器時代に人が住んでいた）ということがわかった。これを発見したのが**相沢忠洋**《あいざわただひろ》という人だ。

1926年、昭和元年に東京で生まれた彼は子供の頃から考古学に興味をもち、独学でつまり学校に頼らず、自分の力で考古学を学んだ。両親の離婚があったり、奉公に出されたり（戦前は貧しい家の子供は学校に行かず住み込みで働きにいかされていた）、軍隊に入隊させられたり、苦労を重ねていたけれど、それでも彼の考古学への情熱は冷めなかったんだ。そして戦後、納豆を売り歩きながら、仕事の合間に群馬県の**岩宿**《いわじゅく》というところで地道に発掘を続けていた。そしてついに旧石器のかけらを見つけたんだ。ところがこれは旧石器として認められなかった。彼はさらに仕事をしながら発掘を続け、ついにほぼ完全な打製石器を発見した。

そして、打製石器発見の報告を受け、ある大学の教授とチームが派遣され、さらに調査した結果、旧石器が本物であることがわかった。ところがだ。発見者はその教授であることにされ、相沢青年の功績はまるで無視された。それどころか相沢青年は嘘つき呼ばわりされ、ひどいめにあった。

さすがに21世紀の今はそのようなことはないと信じたいけれど、少なくとも当時はそういうわけで相沢青年は大学教授でないどころか、大学で考古学を学んでもいないということで、黙殺されてしまったんだね。情けない話だ。

しかしその後も負けることなく数多くの旧石器時代の遺跡を発見し、その結果、ようやく世間でも認められるようになった。よかったね。

ともあれ、彼のおかげで日本にも旧石器時代が存在したことが証明されたわけだ。ぼくたちは彼の情熱に感謝しなければならないようだね。

●縄文時代

およそ今から1万年ほど前に地球の気温が上がって氷河がとけ、その結果海面が上昇して、日本列島ができた。大陸と地続きだった日本列島が海をはさんだ島国になったわけだ。

この頃人々は土をこねて土器を作るようになった。この頃の土器には縄目のような文様がついているので土器を**縄文土器**《じょうもんどき》と呼び、この時代のことを**縄文時代**と呼んでいる。

縄文時代には石器も新石器に進化していた。新石器は打製石器と違って、石を磨いた**磨製**《ませい》**石器**《せっき》だ。博物館などで見ることができる矢じりなどがそれにあたるよ。この頃は気温があたたかくなったのに伴いナウマンゾウなどの大型動物は姿を消していたが、それでも鹿やイノシシなどはいたので狩猟が行われた。また木の実の採集も行われ、水辺では魚や貝をとっていた。

ところでこの人たちの生活がどんな具合だったのか、なぜわかるんだろう。

本？　残念！　この時代の日本にはまだ文字はなかった。

じゃあ一体？　答えはゴミ捨て場だ。　え？　ゴミ捨て場？　そう当時の人たちがゴミを捨てた場所を見つけ、そこに何が捨ててあるか（もちろん化石のような状態になってはいるけれど）、それを見ることで当時の人々の暮らしが推測できるわけだ。この時代の人々のゴミ捨て場のことを**貝塚**《かいづか》と呼ぶよ。日本で最初に発見された貝塚は東京の**大森貝塚**《おおもりかいづか》という貝塚だ。これは日本人ではなくアメリカ人によって発見された。彼の名は「エドワード＝シルベスタ＝モース」。動物学者だったモースは明治初期の日本にやってきて東京大学の教授なども務めたのだけれど、なんと日本に来た翌日に大森貝塚を発見している。

さて、その貝塚をはじめとする遺跡の発掘からいろいろなことがわかった。**土偶**《どぐう》と呼ばれる土でできた人間の形をした焼き物なども発見された。何のために作られたかはわかっていないけれど、女性をかたどったらしいことから、女性は子供を産むことができるので神秘的な力があると考えられていて、その女性の力を崇拝するためのものだったのではないかなどと考えられているよ。頭がハートを逆にしたような形の**ハート型土偶**や、眼鏡をかけたような顔の**遮光器土偶**《しゃこうきどぐう》などが有名だね。

この時代の住居やお墓を調べるとあまり差が見られないということから、当時は身分や貧富の差がほとんどなかったと考えられている。水辺の近くの高台に**竪穴住居**《たてあなじゅうきょ》を作って集落を作って集団生活を営んでいたと考えられているよ。

ちなみに竪穴住居とは、文字どおり縦に広くて浅い穴を掘って、真中に柱を立てて、周りに葦《あし》などの植物を使って囲いを作った簡単な住まいのことだよ。

縄文時代の遺跡としては青森県の**三内丸山遺跡**《さんないまるやまいせき》が有名だね。

●弥生時代

縄文時代はなんと1万年以上もの長い間続いた。一口に1万年というけれど、はるかかなたイスラエルの地にキリストが生まれてから、まだたった2千年とわずか。そう考えると縄文時代がどんなに長く続いたかをわかってもらえるだろう。

さて紀元前5世紀頃までに、大陸の中国や朝鮮半島から**稲作**が伝わった。稲作というのは米作りのことだ。これは画期的な出来事だった。なにせそれまでは食糧は自分たちで作るものではなく、あくまでも自然から得るものだった。要するに自然まかせだったわけだ。もちろん稲作も当時の栽培技術ではその多くの部分を自然まかせにしていた点では変わりないのだけれど、それでも毎年ある程度の収穫が計算できる米作りを始めたことは大きかったろう。日本で人類が自然を動かし始めた、まさに最初の出来事といっても過言ではない。

この当時の稲作には木でできた木ぐわや田げたが用いられた。

同じ頃、**金属器**も伝わってきた。この当時に伝わってきたのは**青銅器**。青銅器というのは文字どおり青い色をした銅で作られたもので、わかりやすくいうとブロンズ製の道具だ。ほら、美術室とかに飾ってある青緑色をしたあれだね。青銅を使って**銅剣**《どうけん》、**銅鐸**《どうたく》、**銅鉾**《どうほこ》などが作られた。銅剣と銅鉾は大きな剣、銅鐸は平べったい鐘《かね》のようなものだ。これらはとても重くて武器などには使えなかった。おそらく祭りやまじないのときに用いられたと考えられているよ。実用性はなかったけれど非常に貴重なものだったんだね。

のちになると、同じ金属器でもより軽い**鉄器**が伝わってきた。鉄器のほうは実用的に使われたらしい。

ところでこの時代になると、それまでの縄文土器とは変わって縄目の文様のない薄手で丈

石器と土器、土偶の移り変わり

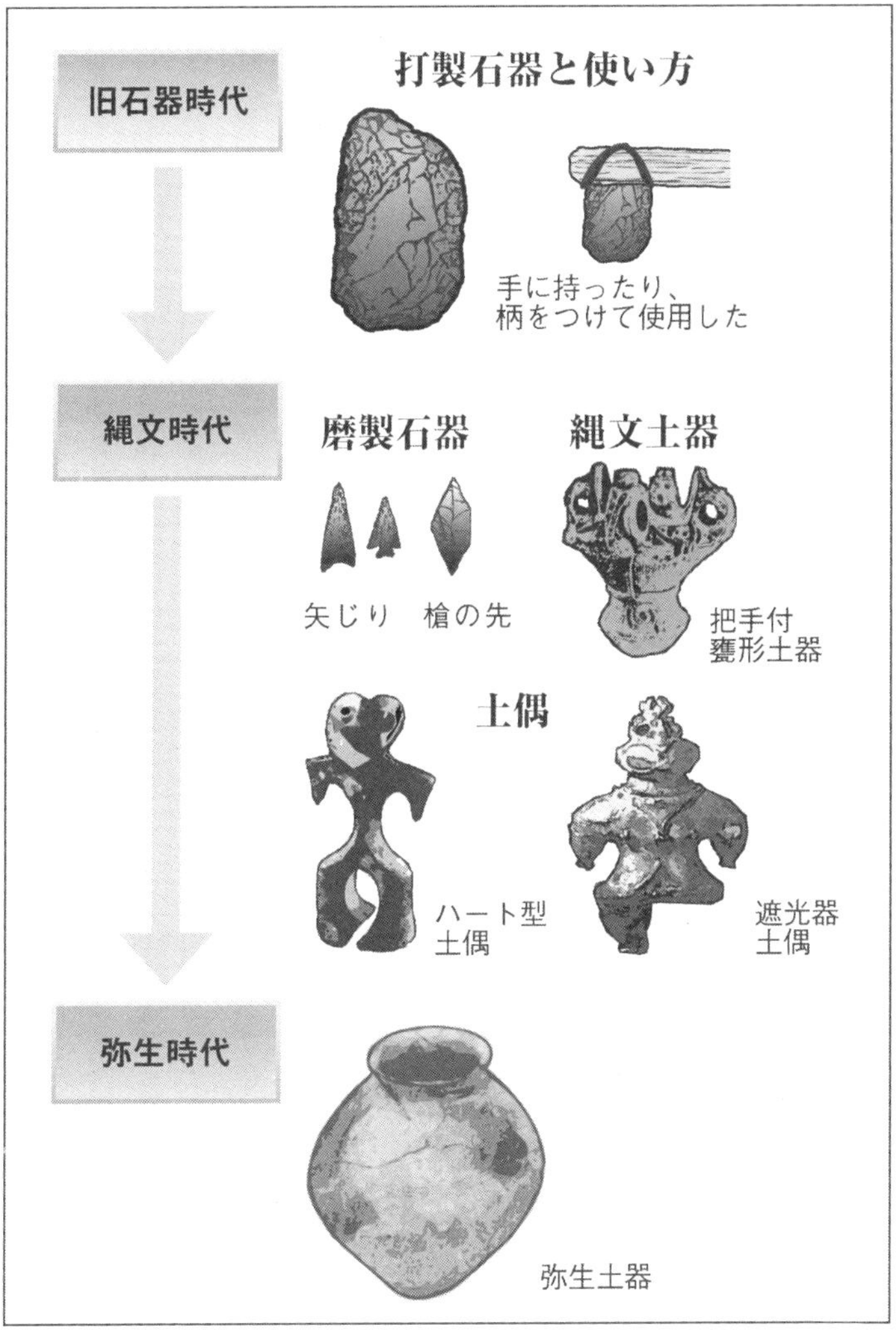

夫なすっきりとした形の土器が作られるようになった。このタイプの土器が初めて発見されたのが東京の弥生町というところだったのでこの種類の土器を**弥生土器**《やよいどき》といい、この時代を**弥生時代**と呼んでいる。弥生時代には稲作が始まったのだけれど、そうなると収穫した稲を保存しておく場所が必要となった。低いところだとねずみなどにかじられてしまう。そこで**高床倉庫**《たかゆかそうこ》が作られ、そこに保存された。高床倉庫の柱にはねずみ返しのような仕掛けもうけられていた。柱の一番上に平らなやや広い板がくっついていて、そこまで柱を上ってきたねずみも平らな板のところで足を引っかけることができず落っこちてしまうという仕掛けだ。よく考えたものだよね。

この時代の遺跡としては、かつては静岡県の**登呂遺跡**《とろいせき》が有名だったのだけれど、1980年代末に佐賀県で国内最大規模の**環濠集落**《かんごうしゅうらく》のあとが発見された。環濠集落というのは敵の襲撃から村を守るために堀や水堀りや柵などで周囲を囲った集落のことだよ。これがのちに**吉野ヶ里遺跡**《よしのがりいせき》として国に史跡に指定され、今ではとても広い歴史公園になっていて、復元した高床倉庫や物見やぐらや祭殿なんかも見られるよ。

縄文時代は肉や魚などを食べていたけど、それらは保存ができなかったから、お金の代わりにはならなかった。ところが、米は高床倉庫などで保存ができる。そこで稲作が始まった弥生時代には保存の多い少ない、うまい下手などで徐々に貧富の差ができていった。また稲作には共同作業が不可欠で、天候とか、灌漑《かんがい》（田に水を導くこと）とかの指示をするためのリーダーが必要になり、身分の差もついてきた。また収穫の豊作、不作などを占うために宗教的な権威をもつ指導者も現れた。やがて村ができて、さらに村と村が争ったり、くっついたりして**くに**ができる。くにの中にはまわりのくにを従える大きな国も登場してくるよ。そうした国では指導者は王と呼ばれるようになる。それでは弥生時代の大きな国について触れてみることにしよう。

弥生時代もやはり日本に文字はなく本も残ってないけれど、同じ頃中国にはすでに文字も本もあった。そして当時の中国の書物ではほんの少しだけど日本のことにも触れられているんだ。そのおかげで当時の日本の様子を知ることができるよ。

中国の歴史書に最初に日本のことが記されるのは紀元前1世紀頃、つまりキリストが生まれる数十年前、今から二千数十年前のことだ。この当時、中国は**漢**《かん》という王朝が支配していた。ここでちょっとだけ中国について説明しておくと、中国は日本と違って、王様（正式には皇帝、王というのは中国では皇帝よりも地位が下の地域のリーダーくらいの意味になってしまう）になる一族が次々に代わる。そしてそのたびに王朝名も変わる。

代表的なものだけ挙げておくと、伝説の王朝**夏**《か》、**甲骨文字**で有名な**殷**《いん》、**始皇帝**《しこうてい》と万里の長城の**秦**《しん》、そのあと四面楚歌で有名な項羽と劉邦の争いを経て劉邦が**漢**《かん》を興し、途中中断をはさんで漢が四百年続き、そして漢の衰退とともに小説、マンガ、アニメなどにもなっている**魏**《ぎ》、**呉**《ご》、**蜀**《しょく》の三国時代を迎える。その後は北と南でいくつかの王朝が興り、そして滅びる魏晋南北朝時代を経て、聖徳太子で有名な**隋**《ずい》がようやく全土を統一し、日本にもかなりの影響を与えた**唐**《とう》がそれに続く。唐が滅びたあとは複雑な時代を経て、南部を平清盛が貿易をした

古代の日本、中国、朝鮮の比較年表

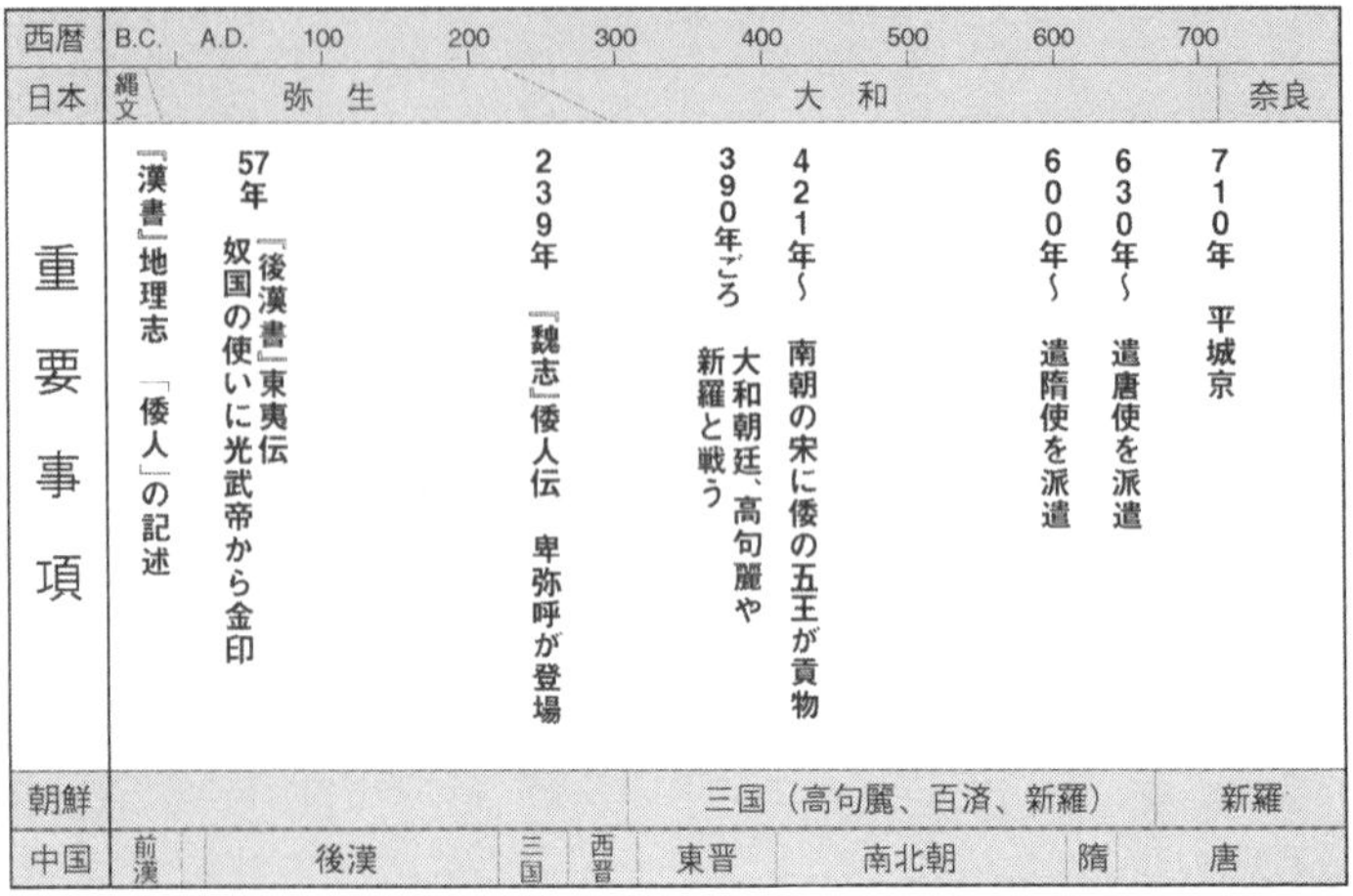

西暦	B.C.	A.D. 100	200	300	400	500	600	700
日本	縄文	弥生			大 和			奈良
重要事項	『漢書』地理志「倭人」の記述	57年 『後漢書』東夷伝 奴国の使いに光武帝から金印	239年 『魏志』倭人伝 卑弥呼が登場		390年ごろ 大和朝廷、高句麗や新羅と戦う / 421年～ 南朝の宋に倭の五王が貢物		600年～ 遣隋使を派遣 / 630年～ 遣唐使を派遣	710年 平城京
朝鮮					三国（高句麗、百済、新羅）			新羅
中国	前漢	後漢	三国	西晋	東晋	南北朝	隋	唐

宋《そう》が支配し、そのあとモンゴル人のチンギス＝ハンの孫のフビライ＝ハンが作った国、**元**《げん》が支配する。この元は日本に二度攻めてきているよ。元のあとは足利義満が貿易を行った**明**《みん》の時代となり、そしてその後今度は満州人の支配する**清**《しん》の時代となって、現代に入り、**中華民国**ができて、第二次大戦後、今の共産党の支配する**中華人民共和国**が成立する。この間、日本では政治の中心人物は入れ替わるが、王朝はずっと天皇家なんだ。こんな国は世界に一つしかない。とにかくここでは中国は王朝が何度も代わっているということだけ覚えておいてくれればいいよ。

さてその中国の王朝の中で最初に日本を取り上げたのは**漢**だ、ということまでお話ししていたね。当時の漢の歴史を書いた**「漢書《かんじょ》」****地理志**《ちりし》の中で当時の日本がチラッと紹介されている。ちなみに本当は「漢書」地理志という名前の本はない。

実際にあるのは「漢書」。漢書は実に長い本なのだけれど、その中に**地理志**という1章があると思えばいい。それを日本では「漢書」地理志と呼んでいるわけだ。

「夫《そ》れ楽浪海中《らくろうかいちゅう》に倭人《わじん》有《あ》り。分《わか》れて百余国《ひゃくよこく》となる」

意味は、楽浪郡（今でいう北朝鮮のあたり）の向こう側の海の彼方に、倭人という連中が住んでいるらしい。倭人は百そこそこの国に分かれて生活している。

とこんな具合だ。さらに漢書地理志には、当時の倭人（日本人）が定期的に貢物を持って皇帝の元へあいさつに行っていたことも書かれているよ。

次に日本のことが登場するのは1世紀の「**後漢書**《ごかんじょ》」**東夷伝**《とういでん》だ。**後漢**というのは先ほどの「漢」とほぼ同じと考えていい。正確には実は漢は一度**新**《しん》という王朝に数年だけのっとられているので新を倒し、政権を取り戻したあとの漢を後漢と呼んで区別しているだけのことだ。その**後漢**の歴史書が「後漢書」。もうわかると思う、その中に**東夷伝**という章があって、それを我々は「後漢書」東夷伝と呼んでいるんだね。ここでは**奴国**《なこく》という国のことが書かれている。ここでいう国というのはもちろん日本全体のことではなくて、日本の中にあったいくつかの小さなまとまりのうちの一つにすぎないよ（奴国は北九州にあった国だといわれている）。

ここでは後漢の**光武帝**《こうぶてい》という皇帝が奴国からやってきた使いに**金印**《きんいん》を授けたことが記載されている。実はね、これはあまり信用できないのではないかといわれていた。ところがこれが事実だったことが江戸時代に証明されたんだ。

北九州の**志賀島**《しかのしま》というところで、お百姓さんの甚兵衛さんが田んぼを耕していてピカピカ光るものを発見したんだ。もうわかるでしょ。そう、それが金印だったわけ。金印というのは文字どおり金でできた印鑑（ハンコ）だよ。調べた結果、それが「後漢書」東夷伝に記載されている金印だとわかった。一番の決め手は金印に彫ってあった文字だ。金印には**漢委奴国王**と彫ってあったんだ。これをどう読むかには実はいろいろな説があるのだけれど、通説（一番多く信じられている説）では「かんのわのなのこくおう」と読むと考えられている。これは「漢の支配下の委国（倭国と同じではないかと考えられている。つまり日本のことだね）の中にある奴国の王」という意味だ。要するに奴国は、日本の中にある他の多くの力のある国々と勢力争いをしていたので、他の国に差をつけるために漢に貢物を送って、支配者であることを認めてもらって、「奴国に手を出すと親分の漢が黙ってないぞ」と言いたかったんだろうと。こういうことは今でもあるよね。たとえば新入生同士のけんかをしていて、相手に有利になるように上級生の先輩を引っ張り出すとか、まあそれと同じだ。実際どれくらい効果があったかはわからないけれど、当時の中国**漢**の名前はそれなりに知れわたっていただろうから、ある程度の効果はあったんじゃないかな。

さて次に出てくるのはあの有名な**邪馬台国**《やまたいこく》だ。邪馬台国については3世紀に「**魏志**《ぎし》」**倭人伝**《わじんでん》に記載がある。例によって実は「魏志」倭人伝という名前の本は存在しない。それどころか「魏志」という本さえもない。実際にあるのはかの有名な「三国志《さんごくし》」だ。「三国志」は魏《ぎ》、呉《ご》、蜀《しょく》、の三国が争った時代の歴史書なんだけど、「**魏志**」「**呉志**」「**蜀志**」に分かれている。その「魏志」の膨大な冊数の中のわずか1冊の中のさらに数ページに邪馬台国のことが記されているんだ。それを我々は「魏志」倭人伝と呼んでいるんだね。さてその「魏志」倭人伝によると、邪馬台国には**卑弥呼**《ひみこ》という女王がいたとのこと。当時の日本の中で30数カ国の国が魏に使いを送っていたらしい。邪馬台国はかなりの国を支配下に治めていたのだけれど、支配に属さない国もあったそうだ。卑弥呼もまた奴国と同じように金印を授けられていたが、残念ながらこちらの金印はまだ発見されていない。また**親魏倭王**《しんぎわおう》という称号も受け取っていた。これは魏の国に親しくしてもらっている**倭**の国の王（としておまえを認める）という意味だね。卑弥呼は鬼道を使ったという。これは今でいえばまじないのようなものだろう。卑弥呼が亡くなったときには百人あまりの奴隷が生き埋めにされたというから、この時代にはもはやかなりの身分の差があったということだね。そのほかにも卑弥呼の死後、男の王を立てたが内乱が起こってうまくいかず、13歳の**壱与**（いよ説と、とよ説がある）という女王を立てたところ再び国がまとまった、なんてことも書いてある。ところでその邪馬台国がどこにあったかは未だにわかっていない。そして古代史の最大の謎のひとつとなっている。それというのも「魏志」倭人伝に書いてある旅程（どういうふうに旅をすると邪馬台国に到着するか）が非常に曖昧《あいまい》なんだね。だから解釈によっていくつかの説に分かれてしまう。

有力なのは「北九州説と畿内説」だ。北九州は当時の中国、朝鮮半島との玄関口だからという有力な理由があるし、畿内説のほうは、このあと出てくる大和朝廷とのつながりを重視しているわけだ。あなたはどちらだと思う？

●古墳時代

このあと3世紀後半になると、大和（今の奈良県）を中心とする畿内のあちこちに**古墳**《こふん》と呼ばれる大きなお墓が作られるようになった。そこでこの時代を古墳時代と呼んでいる。古墳にはいくつかの形があって、**円墳**《えんぷん》（おわんを逆さにしたような形、盛りつけられたチャーハンみたいな形だ）とか**方墳**《ほうふん》（四角い形）とか**上円下方墳**《じょうえんかほうふん》（円墳の上に方墳が乗っかっている）などがあるけれど、何といっても日本独特なのは**前方後円墳**《ぜんぽうこうえんふん》だ。

これは鍵穴のような形をした古墳で日本でしか見られない。特に有名なのが大阪の堺市にある**大仙古墳**《だいせんこふん》（大山古墳）で世界最大級の古墳だ。長さ486メートル、高さは30数メートル、外堀の周囲はなんと3キロ弱もある。あまりの大きさに近くで見るとただの森にしか見えない。周囲を歩いても見えるのは一番外側の堀（策で囲われていて水は濁ってきたない）だけだ。堺市役所高層館21階の展望ロビーからは全体が見渡せるそうだが、空中写真で見るのが一番いいのかもしれないね。

ところでこの古墳、かつては**仁徳天皇陵**《にんとくてんのうりょう》と呼ばれていたが、この古墳を管轄する宮内庁《くないちょう》（皇室つまり天皇家に関する様々な仕事を請け負う役所だ）が古墳の調査の許可を出さないために（天皇のお墓を調査するのは畏れ多いということだろう）、正確なことがわからない。ほんとうに仁徳天皇のお墓なのかはわからないわけだ。そこで所在する地名にちなみ現在では大仙古墳と呼ばれているんだよ。

古墳の周りには埴輪《はにわ》と呼ばれる土でできた焼き物が置かれている。埴輪には兵士の形とか、馬の形とか、巫女《みこ》（神様につかえる女性）の形とか、家の形など様々なものがある。これらが置かれた目的についてははっきりはわかっていないけれど、かつて王が亡くなったときに生きたままその召使らが一緒《いっしょ》に墓に埋められたが、それはあんまりなので代わりにこうした埴輪を使うようになったという説が有力だ。埴輪をはじめとする副葬品《ふくそうひん》（王の遺体と一緒に古墳に納められている品々）のおかげで当時の生活について知識を得ることができるんだね。

ところでそんなにも巨大な大仙古墳をはじめとする古墳が作られたということは、当時日本に巨大な勢力を誇る政権が存在したということになる。この今の奈良県つまり大和地方を中心に存在した政権を大和朝廷《やまとちょうてい》と呼び、その国家を大和国家《やまとこっか》と呼んでいる（ヤマト政権、ヤマト王権ともいうよ。厳密にはそれぞれ意味があるのだけれど、ここでは深く考えないで気にいった表現を覚えてくれればいい）。大和朝廷は当初は豪族たちの連合政権だったと考えられているけれど、5世紀には近畿を中心に南は九州から北は東北地方の南部まで支配下に治めてしまった。そしてその王は大王《おおきみ》と呼ばれた。

4世紀の終わり頃には大和朝廷は海を渡って、当時の朝鮮半島にあった高句麗《こうくり》（韓国名コグリョ）や新羅《しらぎ》（韓国名・シルラ）と戦っていたらしい。このことは今の中国にある好太王《こうたいおう》の碑《ひ》に刻まれている。好太王というのは別名広開土王《こうかいどおう》という当時の高句麗の王で、その治世を褒め称えた文が刻み込まれている碑が「好太王の碑」なのだけれど、そこに彼が国土を広げるのに活躍したことともに、当時の倭の軍隊を打ち破ったことが記されているんだよ。

さらに5世紀には当時の中国の一部を支配していた**宋**に**倭の五王**《わのごおう》と呼ばれる五代にわたる倭人の王が貢物を持って、やってきたと伝えられている。

その五人とは**讃**《さん》、**珍**《ちん》、**済**《せい》、**興**《こう》、**武**《ぶ》なんだけれど、これはもちろん本名ではなく、宋の皇帝にわかりやすいように中国風の名前を使ったんだろう。おそらくこの五人は大和朝廷の歴代の大王で、朝鮮半島との戦いで有利になるように宋の支援を受けたかったのだろうと考えられているが、誰がどの大王（天皇）なのかはいろいろな説があってはっきりとはしていない。

この頃大陸から日本に渡って土木や織物などの様々な記述を伝えてくれたのが**渡来人**《とらいじん》と呼ばれる人たちだ。このあと出てくる蘇我氏なども渡来人系の一族であるという説もあるよ。

第二章　飛鳥～天武王朝時代

【天皇中心国家の形成】

日本の歴史を語る上で、どうしても中心とせざるを得ないのが天皇の存在。あるときは神様、あるときは皇帝、あるときは家臣に利用される飾り物、そしてときには有能な政治家や無謀な政治家として、様々な時代で天皇は存在している。

この天皇中心の国家が形成されたのが飛鳥時代以降のこと。謎の天才・聖徳太子、勇猛果敢で臆病者・中大兄皇子、武勇と謀略の人・天武天皇、彼らの活躍や挫折を眺めながら、天皇中心の国家がどのように形成されていったかを覗《のぞ》いてみたい。そこには天皇の影で力をつけていく藤原氏の姿もある。教科書ではさらっと通過してしまう天智・天武両王朝の時代にもしっかり目を向けてみよう。

●蘇我氏の横暴

聖徳太子が登場する前、日本は**大王**《おおきみ》を中心とする豪族たちの集まりである大和朝廷が治めていた。本来は大和朝廷で一番偉いのはもちろん大王だったのだけれど、この時代、大王よりも大イバリしていた一族があった。それが蘇我《そが》氏だ。

蘇我氏は物部氏とともに朝廷の中で勢力をふるっていた（つまり、いばっていたということだ）んだけれど、この蘇我氏と物部氏は仏教を認めるかどうかについて争った。その結果、**蘇我馬子**《うまこ》が物部氏を滅ぼしてしまったんだ。勢いのついた蘇我氏は大王以上に勢力をもつようになった。そこで彼らをおさえるために登場したのが**聖徳太子**なんだ。

●推古天皇の摂政、聖徳太子

５９３年、聖徳太子は**推古天皇**の摂政として政治の世界に華々しくデビューする。

推古天皇というのはちょっと変わった天皇なんだ。どんな人だと思う？

実はねこの人、女性なのだ。ちなみに女性の天皇を女帝という。推古天皇は日本で最初の女帝なんだね。そんなこともあって、誰かが補佐（お手伝いすること）する必要があった。そこで**摂政**《せっしょう》という位が設けられた。摂政というのは「天皇が女性だったり子供だったりしたときに天皇を助ける役目」のことをいうよ。

●冠位十二階と十七条の憲法

推古天皇の摂政となった聖徳太子は大活躍した。

まずは603年、能力のある人や手柄をたてた人（難しいいい方で功績のあった人という）が役人として活躍できるように、それまでの氏姓制度という仕組みを改め、新しい登用（役や位に人を選ぶこと）制度を作った。それが**冠位十二階**と呼ばれる制度だ。

この制度では役人の位を十二に分けて六つの色＋それぞれの色の濃い薄いを冠につけて表したとのこと。例の蘇我氏のリーダー、蘇我馬子が例外だったり、実際にはうまく機能しきれたかどうかは疑問なんだけど、こうしたことをきちんと制度化したことは画期的だったんじゃないかな。

翌604年にはおなじみの**十七条の憲法**が制定される。コイツはかなり重要だよね。

十七条というくらいだから全部で十七の条文があるのだけれど、気をつけてほしいのは、こいつは今で言う憲法とは違うってことだ。今の憲法というのは総理大臣や他の大臣、公務員はもちろん、国民の誰もが守らなければいけない国の一番重要な法律だよね（それを最高法規という）。ところがこの十七条の憲法はそういう意味の憲法ではないんだ。だってこの時代、字が読める国民なんてほとんどいない。難しい言葉の意味がわかる人もそうはいなかっただろうしね。では誰が守るかといえば、役人が守るためのものだったんだ。

つまり十七条の憲法というのは、天皇のお手伝いをする朝廷の役人たちが守るべき心構えを示したもの。もっと簡単にいってしまえば「おまえたちは俺のもとで働くのなら、こういう方針に従いなさいよ」って感じだね。

一に曰く　和《わ》を以《も》って貴《とおと》しとなし（正確には、とおとしとなし…と続くんだけど）。

要するに「みんな仲良くしなさい」ということだ。「和」は平和の和、それを貴いもの、つまり大切なものとして扱えということだね。裏を返せばこの時代、豪族同士の争いが絶えなかったことがよくわかる。

二に曰く　篤《あつ》く三宝《さんぼう》を敬《うやま》へ

三宝つまり三つの宝を大切にしなさい、といっている。ここでいう三宝とは「仏」「法」「僧」だ。つまり仏様、それからその教え、さらにその教えを実践し人々に説くお坊さん、これらを大切にしろといっている。早い話が仏教を大切にしよう、ということだ。

それまでの日本では**神道**《しんとう》といって天照大神《あまてらすおおみかみ》をはじめとする皇室の祖先といわれている神々（そうでない神々もあわせて、八百万《やおよろず》の神などと呼んでいる）を大切にしてきたのだけれど、聖徳太子は自らが天皇家の出身でありながら、そうした神々を差し置いて仏教を大切にしなさいといっている。これは今でいえば違和感がないけれど、当時としてはかなり画期的だったと思うよ。

三に曰く　詔《みことのり》を承《うけたまは》りては必《かなら》ず謹《つつし》め

「詔《みことのり》」というのは天皇の命令のことだ。つまり天皇の命令を聞いたら必ず従いなさいと言っているんだね。

これらを見ると、聖徳太子が日本を治めるにあたってどのような国にしたいと思っていたかがよくわかる。一番大事なのは「和」、つまり仲良くすること、話し合いの精神だ。これは今の日本にも強い影響を及ぼしていて、日本人は何でも話し合いで解決すると思っている人が多い。だから会議が大好きで、裁判なんかはあまり好きじゃない。白黒はっきりして、どっちが勝ちでどっちが負けかを決めると、うらみや因縁が残ってしまうのを恐れたのかもしれないね。今でも民事裁判では和解といって仲直りさせることを勧めて、なるべく判決を下さないようにしているよ。そして次に聖徳太子が重要と考えたのは外国製の宗教である仏教だった。肝心の天皇はその次だったんだから、聖徳太子がいかに和や仏教を重んじたかがよくわかるね。

●遣隋使の派遣

この頃、中国では**隋**《ずい》という大帝国が成立していた。中国は日本と違って皇帝になる一族が何度か代わって、その度に王朝の名前も変わるんだ。秦とか漢とかいう具合にね。実は中国は広いものだから統一王朝（中国のほぼ全土を統一している王朝）は案外少ないんだ。たいていはそれぞれの地方をいくつかの王朝が支配している。ほら有名な三国志の時代、あれなんか典型的だよね。魏《ぎ》と呉《ご》と蜀《しょく》の三つの王朝が争っていたんだから。でね、随はそのめずらしい統一王朝だ。ただし寿命は短い。二代目の皇帝である**煬帝**《ようだい》が大運河を作るための工事に民衆をかりたてたり、朝鮮にあった高句麗を攻めるために何度も戦争をやって、しかも敗北してしまった。そんなことを繰り返すうちに国力が弱まったんだろう。

ところでこの隋の煬帝の頃、聖徳太子は使いを派遣している。これが**遣隋使**《けんずいし》だ。

607年　む(6)　れ(0)　な(7)　してゆく　遣隋使

群れなしていく遣隋使だ。遣隋使に選ばれた人たちは大勢で何隻かの船で船団を組んで隋まで出かけたんだ。もちろんナビもなければコンパスもない、それどころか海図さえあやしい時代、彼らの航海は命懸けだったんだよ。

この遣隋使の代表として有名なのが**小野妹子**《おののいもこ》だね。小野妹子はかの有名な小野小町《おののこまち》や書道の達人小野東風《おののとうふう》の先祖にあたる人だけれど、聖徳太子から隋の煬帝への手紙を届けた。この手紙がスゴイ。

金印の奴国と漢、邪馬台国と魏の関係を思い出してくれればわかると思うのだけれど、この時代中国は他の国と対等な外交は一切結ばなかった（中華思想という考え方があって、中国は世界の真中の偉い国で、周りは野蛮人が治める地域にすぎないと考えている。中華という名前にも表れているよね。もっとも日本も日の本だから人のことはいえないけれど）。東《とう》夷《い》、北狄《ほくてき》、南蛮《なんばん》、西戎《せいじゅう》という言葉があるんだけど、字を見ればなんとなくわかると思う。中国の東西南北に住む野蛮人たちを意味する。で、そんな言葉があったくらいだから、彼らは常に相手が頭を下げて貢物を持って「大中国様の配下に加えてください、自分を○○の王として認めてください」とやってくると、「よしよし　これからも忠誠に励むのじゃぞ」などと言いながら、どこそこの王としての地位を認めてくれる（金印はその証拠だ）。これを難しい言葉で朝貢外交《ちょうぐがいこう》というんだけれど、とにかくそうした形で相手が頭を下げる形での外交しか認めていなかった。ところが、なんと聖徳太子はこんなとんでもない手紙を書いたんだ。

「日出《ひい》づるところの天子《てんし》、書《しょ》を日没《ひぼっ》するところの天子《てんし》に致《いた》す。つつがなきや」

要するに　日が昇る国の王である俺様が、日が沈む国の王であるおまえに手紙を出すぞ、どうだ、元気か？　という内容だ（ちょっと大げさに訳したけれど）。

これはかなりひどい。確かに実際日本は中国から見て東にあるのだから日が昇る国だし、逆に考えれば中国もまた西にあるのだから日が沈むところにある国だ。とはいえ、こういう場合、そうは考えないのが普通だ。「日が昇る」というのは文字どおり、これから勢いよく国が発展していく、という意味に取れるし、そうなると隋に関しては逆に「日が没する」ように、今は勢いがあるけれど落ち目な国ということになってしまう。ただでさえ怒りっぽい煬帝がこの手紙を読んで激怒したのはいうまでもない。小野妹子などは生きた心地がしなかっただろう。文面が失礼なのはもちろん、これは対等な外交を要求するものなのだから。ちなみにこのあとどうなったか？　実は小野妹子はその場で殺されることはなかった。きちんと無事に日本に帰っている。ただし途中で隋からの国書（つまり返事の手紙だ）をなくしたことになっている。まあこれはわざとなのかもしれない。煬帝は激怒したけれど、前にも述べたようにこの時期高句麗をはじめとして周りの国（中国風にいえば地域だが）との戦争状態にあったこともあって、日本を敵に回すことを避けたかったのだろう。翌年、**裴世清**《はいせいせい》という使いが日本にやってきて、交流を開始している。

成功に終わったからよかったものの、「和を大事にしろ」と言っている聖徳太子にしては、かなり大胆な外交だったことは間違いない。もしかしたら聖徳太子は、日本の国内と国外とで顔を使い分けていたのかもしれないね。

●飛鳥文化

聖徳太子の頃の文化を**飛鳥文化**《あすかぶんか》という。飛鳥文化には大きな二つの特徴がある。それは、1. 仏教中心の文化、2. 国際色の強い文化だ。

1については聖徳太子の時代なのだから当然といえば当然だよね。2については中国や朝鮮半島の**百済**《くだら》はもちろん、遠くギリシアやペルシア、インドなどの影響も受けている。

代表的なのは、もちろん何といっても**法隆寺**《ほうりゅうじ》。これは現存する世界最古の木造建築物だといわれている。金堂の柱は中央部分が軽く膨れていて、これはエンタシスと呼ばれて、ギリシアのパルテノン神殿あたりの影響を間接的に受けているのではないかといわれている。彫刻では鞍作鳥《くらつくりのとり》という人が彫ったといわれている**釈迦三尊像**《しゃかさんぞんぞう》や**百済観音像**《くだらかんのんぞう》が有名だ。釈迦三尊像は法隆寺の金堂に納められていて、国宝に指定されている。百済観音像も法隆寺にあって、これまた国宝に認定されている木彫りの像だ。それから工芸品として**玉虫厨子**《たまむしのずし》なども有名だよ。玉虫厨子というのはまあ箱なんだけどね、人が入れるくらい大きい。でもって、その周りに昆虫の玉虫の羽がはってあるんだな。これも国宝に認定されているよ。

●大化の改新

聖徳太子の死後、再び蘇我氏が力を取りもどし、天皇を困らせた。聖徳太子の息子である**山背大兄王**《やましろのおおえのおう》の一族を抹殺してしまうなど、あまりにひどい振る舞いに立ち上がったのが**中**《なかの》**大兄皇子**《おおえのおうじ》と**中臣鎌足**《なかとみのかまたり》だ。一説によると中大兄皇子が蹴鞠《けまり》（今のサッカーのリフティングみたいなものだ）をしていたところ、鞠がこぼれた。それを拾ったのが中臣鎌足で、そのときに蘇我氏を滅ぼす計画を中大兄皇子に提案したという。三韓と呼ばれる朝鮮半島の三つの国（高句麗《こうくり》―韓国名・コグリョ、百済《くだら》―韓国名・ペクチェ、新羅《しらぎ》―韓国名・シルラ）から使いが来たと嘘をつき当時の蘇我氏の中心人物**蘇我入鹿**《そがのいるか》を呼び出した。使節が天皇に貢物を渡す儀式に立ち合わせたのだが、それは皇居で行われた。皇居でしかも天皇の目前ということでさすがの入鹿も刀を預けざるを得なかった。つまりまんまと丸腰（武器を持たない状態）にさせられてしまったというわけだ。**蘇我倉山田石川麻呂**《そがのくらやまだのいしかわのまろ》（蘇我氏の一族だが皇子に味方）が使節からの手紙（上表文という）を読み上げる間に入鹿に切りつけることになっていたのだが、誰もが緊張して動けない。挙句の果てに上表文を読んでいる石川麻呂はがたがたふるえだし、入鹿に怪しまれる始末、だが、勇気を振り絞った中大兄皇子が自ら入鹿に襲いかかり、入鹿を殺害した。入鹿を失った父**蝦夷**《えみし》をはじめとする一族は屋敷に立てこもったが、中大兄皇子らに取り囲まれ、また味方してくれるはずの豪族たちも皇子の説得に応じてしまい、次々と寝返ってしまったので、蝦夷はあきらめて自ら屋敷に火をつけたそうだ。こうして古墳時代から飛鳥時代を通じて最も力をもっていた豪族蘇我氏が滅亡した。６４５年の出来事だ。

蘇我氏　む（6）し（4）ご（5）ろし　大化の改新

蘇我氏　蒸し殺し　大化の改新だ。

●改新の詔

蘇我氏を滅ぼすことに成功した朝廷は、以後様々な改革を実施した。実はこの一連の改革が大化の改新なんだ。まず歴史上初めて年号をつけた。記念すべき最初の年号はもちろん**大化**だ。年号というのは「平成」とか「昭和」とかいうあれだよ。今と違うのは今は天皇一代につき年号はひとつ、つまり一人の天皇が即位して亡くなるまでは同じ年号だけど、この時代はそうではなかった。よいことがあったり、逆に不吉なことがあったりしただけの理由でころころ年号を変えていたりするんだよ。天皇には軽皇子《かるのみこ》という皇子が即位し、孝徳天皇《こうとくてんのう》となった。え？　中大兄皇子はどうしたって？　実は彼は皇太子になった。どうしてこのときに中大兄皇子が天皇にならなかったかについてはいろいろな説があるけれど、普通に考えるときっと責任も重く行動の自由もあまりない天皇になるよりも、身動きがとりやすい皇太子を選んだのだろう。ともあれ実権は中大兄皇子の手元にあった。皇子は都を飛鳥から難波（今の大阪）に遷《うつ》した。

それから**改新《かいしん》の詔《みことのり》**という宣言を発表した。ここでは特に大事なものに触れておこう。

1．公地公民《こうちこうみん》　地というのは土地、民というのは国民。それが公つまり国のものだということだ。とはいえ、この時代の国というのはとりもなおさず天皇のこと。したがって公地公民というのは土地も国民もみんな天皇のものだぞ！　ということになる。今の感覚で考えるとひどい話だけど、この時代はそういうのが当たり前だったんだね。

2. 班田収授法《はんでんしゅうじゅのほう》の実施　中国の律令制という政治制度を手本にして、班田収授法という法律を作った。この法律によって戸籍が作られ、国民には田んぼが与えられた。これを**口分田《くぶんでん》**という。え？　田んぼがただでもらえるの？　ラッキー！　などと思ってはいけない。実はこれはありがたくない田んぼなのだ。というのもこの口分田、6歳以上になると与えられ、男子は二段《にたん》（今でいうと10メートル四方の正方形が24個分くらい）、女子にはその3分の2の口分田が与えられたのだけれど、これは死ねば国に返さなければならない土地で、しかもその面積に応じて重い税が課せられたんだ。つまり「これだけ田んぼを与えるからしっかり耕して米を納めろよ」ということ。ね、あまり欲しくない田だよね。

3. 租庸調制《そようちょうせい》　これまた中国の**律令**をモデルに新しい税制が定められた。そして3種類もの税を納めなければならなくなってしまったんだ。まず租（祖先の祖と間違えないで）は収穫の3％を納める。もちろん米だ。次に庸、これは一定期間、都でただ働きをする。工事などの土木作業が主だ。ただ、地方の人などは都まで行くのに一苦労だ。そこで実際には働く代わりに布を納めた。最後に調だが、これは各地方の特産物。農業技術が発達していないこの時代にこれだけの税を納めるのはきっと大変だっただろうね。

4. 国郡里《こくぐんり》制　また中国にならって地方を国、郡、里に分けた。今の都道府県と市町村みたいなものだ。そしてそれぞれに国司《こくし》、郡司《ぐんじ》、里長《さとおさ》を地元ではなく中央で任命して派遣した。中央集権型の国家が作りたかったんだね（ただし、これらの方針が実現するのは大宝律令以降、8世紀になってからだ）。

●白村江の戦い

朝鮮半島にあった百済は日本と親密な国だった。が、中国で隋に代わって唐《とう》が支配を始めると、唐と新羅の連合軍によって660年百済は滅ぼされてしまった。そこで朝廷は百済の再興を目指し、朝鮮半島に出兵し、唐と新羅の連合軍と戦うことになる。これが663年**白《はく》村江《すきのえ》の戦《たたか》い**だ。戦闘は当初日本が優勢であったけれど、唐の水軍の大幅な増援や、百済の生き残りの人たちの仲間割れなどがあって、結局日本は敗れた。この結果、中大兄皇子は唐の復讐《ふくしゅう》におびえることになる。

唐の復讐を恐れた中大兄皇子は、都を内陸の大津（今の滋賀県）に遷す。そしてそこで即位して**天智天皇**《てんじてんのう》（百人一首の最初の歌で有名だ）となった。そこで**近江令**《おうみりょう》といわれる法律を作ったり（実際には作ろうとしただけという説も有力）、また唐の襲撃に備えて、大宰府に**水城**《みずき》という堀と土塁でできた防御施設を建設したり、**防人**《さきもり》を配備したり、都付近各地に**山城**《やましろ》という防御施設を築いたりした。彼の晩年は唐に怯《おび》えた晩年だったといってもいいだろう。彼は671年に謎の死を遂《と》げる（急死、朝廷編纂《さん》の歴史書にも具体的な内容が描かれていないため、暗殺説も強い）。

●壬申の乱と大宝律令

672年、天智天皇の死後、その弟である**大海人皇子**《おおあまのおうじ》と息子である**大友皇子**《おおとものおうじ》の間で次の天皇位を争う戦が起こった。これを**壬申の乱**《じんしんのらん》と呼んでいる。臨終にあたって天智天皇は大海人皇子を枕元に呼んで、「これからはおまえが政治をやってほしい」と言ったという。それに対して大海人皇子は「これは罠《わな》だ、承諾すれば殺される」と考えて、「いえいえ兄上には優秀な息子がおられるではありませんか、私は出家でもして隠居しましょう」と語ったといい、その足で都を離れ、美濃《みの》（今の岐阜県）に向かったとされている。これを聞いた人は「虎《とら》に羽をつけて野に放ったようなものだ」と言ったといわれているけれど。まあ、あまりにもできすぎた話だからほんとうかどうかはわからないよね。それはともかく美濃に向かったことは事実のようで、その美濃の精鋭部隊を率いた大海人皇子は大友皇子と雌雄を決する。結果大海人皇子の軍が勝ち、大友皇子は自害して、大海人皇子は翌年**天武天皇**《てんむてんのう》として即位するよ。ちなみに大友皇子だけど、実は即位して天皇になっているという説もある。それが本当だったらこれは天皇に対する反乱ということになるね。また彼には明治になってから**弘文**《こうぶん》**天皇**《てんのう》という名前が贈られているよ。

天武天皇は飛鳥浄御原宮《あすかのきよみはらのみや》（現在の奈良県）に都を遷し、飛鳥浄御原令《あすかのきよみはられい》という日本最初の律令（法律みたいなものだ）を制定したといわれているよ。

天武天皇は謎が多い人で、中には天智天皇の弟ではなかったのではないかという説さえある（これはこれで信憑性《しんぴょうせい》もある）。ともあれ、そんな天武天皇の流れを引く王朝を天武朝と呼ぶのだけれど、実は天武朝の天皇には代々不幸が多かったんだ。彼の正妻は天智天皇の娘で、後の**持統天皇**《じとうてんのう》（百人一首二番目の歌の人）だ。彼女は自分の子供を天皇にしたいと考え、子供である**草壁皇子**《くさかべのみこ》を皇太子にした。ところが彼が即位を待たずして若くして亡くなってしまう。そこで彼女は皇子の息子**軽皇子**《かるのみこ》が成長するまで自らが持統天皇として即位するんだよ。なお持統天皇は日本で最古の金属製の貨幣である**富本銭**《ふほんせん》を鋳造したといわれ、**藤原京**という都も造設しているよ。藤原京は現在の奈良県にあったんだよ。
　軽皇子は即位し**文武天皇**《もんむてんのう》となった。実は彼も病弱で20代で亡くなっている。ただ彼の治世中の７０１年には**大宝律令**という日本で最初の本格的な律令が制定されているよ。

●和同開珎

　元明天皇の７０８年、武蔵国秩父《むさしのくにちちぶ》（今の埼玉県秩父）で銅が産出した。これを記念して年号を**和銅**《わどう》として、**和同開珎**《わどうかいちん》（または　わどうかいほう）という銅銭が鋳造された。これはのちの１９９８年に富本銭が出土されるまでは我が国最古の貨幣といわれていたんだよ。

第三章　奈良時代

【平城京と仏教の時代】

修学旅行の小中学生、いにしえの東洋の姿に感銘を受ける外国人、古代にロマンを求める若者たち、奈良公園の鹿はそんな人々を微笑ませ、奈良の大仏は勇壮なスケールで訪れる人たちを癒す。何度、脚を運んでも発見のある古都、奈良。

しかしその美しい町で生活した人々のくらしはけっして楽ではなかった。農民はもちろん、貴族ですら様々な思いを抱え、文字通り必死で生きたのが奈良時代。

大型クレーンも建築機械もない時代になぜ聖武天皇はあんな巨大な大仏を建造したのだろう。人々は仏教に何を求め、どこに救いを見出したのだろう。聖武天皇を学びながら、歴史を語るときに欠かせない仏教が力を持つ過程を眺《なが》めてみたい。

●平城京

710年　天智天皇の4女、元明天皇は唐の**長安**をモデルにして、奈良に都を作った。これが**平城京**《へいじょうきょう》だ。

な(7)っとう(10)食べて　平城京

納豆　食べて　平城京だ。　え？なんで納豆なのかって、そうだね、確かに意味がない。ではこれでどうだ？

な(7)んと(10)立派な　平城京

なんと立派な平城京だ。

語呂合わせのとおり平城京は実に立派な都だった。まず皇居がある。そこから縦に一直線に幅約70メートル、南北に約5キロメートルの朱雀大路《すざくおおじ》という大きな道路が敷かれた。朱雀大路をはさんで皇居と反対側には羅城門《らしょうもん》が設置された。そしてその道路に垂直に交わる横の道路が東西約6キロに何本も造られ、まるでオセロや将棋やチェスや碁盤の目のようにきれいな都ができ上がったんだ。

こんな歌がある。

「**あおによし　奈良の都は咲く花の　におうがごとく　今　さかりなり**」

「**万葉集**《まんようしゅう》」（詳しくは文化のところで）の小野老《おののおゆ》という歌人が平城京の見事さを詠んだ歌だ。

ちなみに平城京跡は世界文化遺産にも登録されている。平城京への遷都に関しては、あの藤原鎌足（大化の改新の功労者だね）の息子、藤原不比等《ふじわらのふひと》が中心になって働いたといわれているよ。

こんな素晴らしい都とはうらはらに、この時代はかなりつらい時代だった。人々は**良民**《りょうみん》と**賤民**《せんみん》に分けられ、賤民には自由がなく、さらにその中でも**奴婢**《ぬひ》と呼ばれた人たちは売買の対象となるというひどい扱いを受けていた。

農民たちは、租庸調の重い税に苦しんでいたし、実はこの時代になっても東国の農民などは竪穴式住居で生活していたという。また防人《さきもり》といって北九州の防御のための兵隊に行かされる人たちもいた。この時代の日本の外敵は朝鮮や中国が想定されていたから、一番近い北九州が防御の対象だったわけだ。防人はひどいよ。なんせ命懸けの仕事なのに給料はない。それどころか旅費や食費は自腹《じばら》（自分で払うこと）だ。防人には主に東国の人たちが行かされていたんだけど、電車も車もないこの時代、関東から九州まで行かされることがどんなに大変だったか。しかも防人に行っている間も税は免除されない。

まったくもってひどい話だ。先ほど紹介した万葉集には防人の詠んだ歌もある。

「父母《ちちはは》が　頭《あたま》掻《か》き撫《な》で　幸《さ》くあれて　言《い》ひし言葉《けとば》ぜ　忘《わす》れかねつる」

お父さん、お母さんが（防人として旅立つ日に）自分の頭をなでて「無事でいろよ」「元気でいてちょうだいね」と言ってくれた言葉が心に残って忘れられない　という意味だ。せつないね。またこんな歌もある。こっちは逆に父親である防人が子供をおいて行かなければならない状況で詠んだ歌だ。

「唐衣《からころも》　裾《すそ》に取《と》り付《つ》き　泣《な》く子《こ》らを　置《お》きてぞ来《こ》ぬや　母《おも》なしにして」

（自分の）服の裾にすがりついて（お父さん　行かないで）と泣く子供たちを置いて防人に出てしまったよ。子供たちには母親もいないのに。

母親がなく、父親までも奪われた子供たちが生きていけたんだろうか。あまりにむごく悲しい歌だ。

万葉集にはさらに**山上憶良**《やまのうえのおくら》という歌人の（この人は**貴族**ではあるが身分の低い人だったので貧しい生活をする農民の暮らしを歌に詠んだ）「**貧窮問答歌**《ひんきゅうもんどうか》」というのがある。これは当時の農民の貧しい暮らしがとてもよくわかる歌だ。

ちょっと長いので引用は避けるけれど、機会があったらぜひ読んでほしい。

ところで農民の暮らしのひどさはわかった。では貴族はよい生活をしていたのだろうか。実はこれもそうとはいえない。確かに貴族たちは農民のように税に苦しむわけでもなく、防人に行かされるわけでもなく、竪穴住居で暮らすわけでもなかったが、その代わりに彼らにはドロドロの権力闘争があった。この時代、身分の上の者に下手に逆らうと無実の罪を着せられ、ひどいときには処刑されたりもした。また身分の上の者同士の間でも位や役職を巡っての争いがあったから、いくら上司に逆らわずうまくやっていても、自分の上司が権力闘争に敗れれば、自分もまたその巻添いになることもあった。奴婢や農民に比べればはるかにましだったかもしれないけれど、それでも決して楽な生活ではなかったんだ。

●三世一身の法、墾田永年私財法と律令の崩壊

こんな状況の中、田は荒れて、それでも人口だけは増えたから、口分田が不足した。

朝廷は開墾《かいこん》（新しく荒地を耕し田を作ること）するように勧めるけれど、もちろん自分の口分田だけで精一杯の農民たちが新しく田を作ることは無い。そこで朝廷は新しく**三世一身**《さんぜいっしん》**の法**《ほう》という法律を作った。これは新しく田を切り開いた者には褒美《ほうび》としてその田を三世代に限り（つまり自分の孫の代まで）私有地にしてよいぞ、という法律だ。もちろん孫が死んだら国に取り上げられるのだけれど。

この法律、今なら結構魅力的かもしれない。ところがこの時代にはあまり効果がなかった。だってね、まずこの時代は耕作機械もなければ、鉄の農具さえ限られた人しか持っていなかった。だから荒地をまともな田にするには何年もかかる。その上、せっかくそうして作った田も、わずか三世代で取り上げられてしまう。え？　三世代ならいいんじゃないかって？そう、今なら三世代って結構な年数になる。だけどね、この時代は寿命も短く、逆に今の中学生くらいになれば子供を作る時代だったから、三世代なんてあっという間に過ぎてしまうんだ。要するに割に合わないってことだね。だから三世一身の法はあまり効果がなかった。

723年　三世一身の法　な(7)に(2)さ(3)三世一身の法

なにさ！　三世一身の法って感じかな。

そこで朝廷は今度は新しく開墾したら永久に自分の土地にしていいぞ、という法律を作った。これが**墾田永年私財法**《こんでんえいねんしざいほう》だ。

743年　返すのはな(7)し(4)さ(3)　こんでええねん（関西弁だ）私財法

返すのはなしさ　こんで（これで）ええねん　私財法　というわけだ。

こっちはかなり効果があった。ところがこれは本末転倒ともいえる法律で、逆に朝廷の首を締めることになるのだけれど、それについては次の平安時代で詳しく説明することにしよう。

●聖武天皇と大仏

いよいよ奈良時代のエース**聖武天皇**《しょうむてんのう》の登場だ。彼は元明天皇の孫にあたる。孫？　なんか変だね？　そう変なんだ。実は奈良時代は身体が弱い天皇や皇太子が多く、そのために次の天皇が成長するまでのとりあえずのピンチヒッターとして、亡くなった天皇の妻や母親が即位することが多かったんだ。だから奈良時代は女性の天皇、つまり女帝が多い時代でもあるんだよ。ちなみに彼の父親は**文武天皇**《もんむてんのう》というんだけど、彼も25歳のときに幼い聖武天皇（当時は首皇子《おびとのおうじ》）を残して亡くなっている。だから皇子が成長するまで、文武天皇の母である元明天皇がピンチヒッターで即位したというわけ。その後さらに叔母にあたる**元正天皇**《げんしょうてんのう》を経て、ようやく聖武天皇は即位している。ちなみにその文武天皇のお父さんは**草壁皇子**《くさかべのみこ》というんだけど、彼もまた28歳でこの世を去っている。だから文武天皇が成長するまで**持統天皇**《じとうてんのう》として即位しているんだ。まったく同じようなことが二回も繰り返されているんだね。ちなみに持統天皇は百人一首の

ピンチヒッターになった女帝

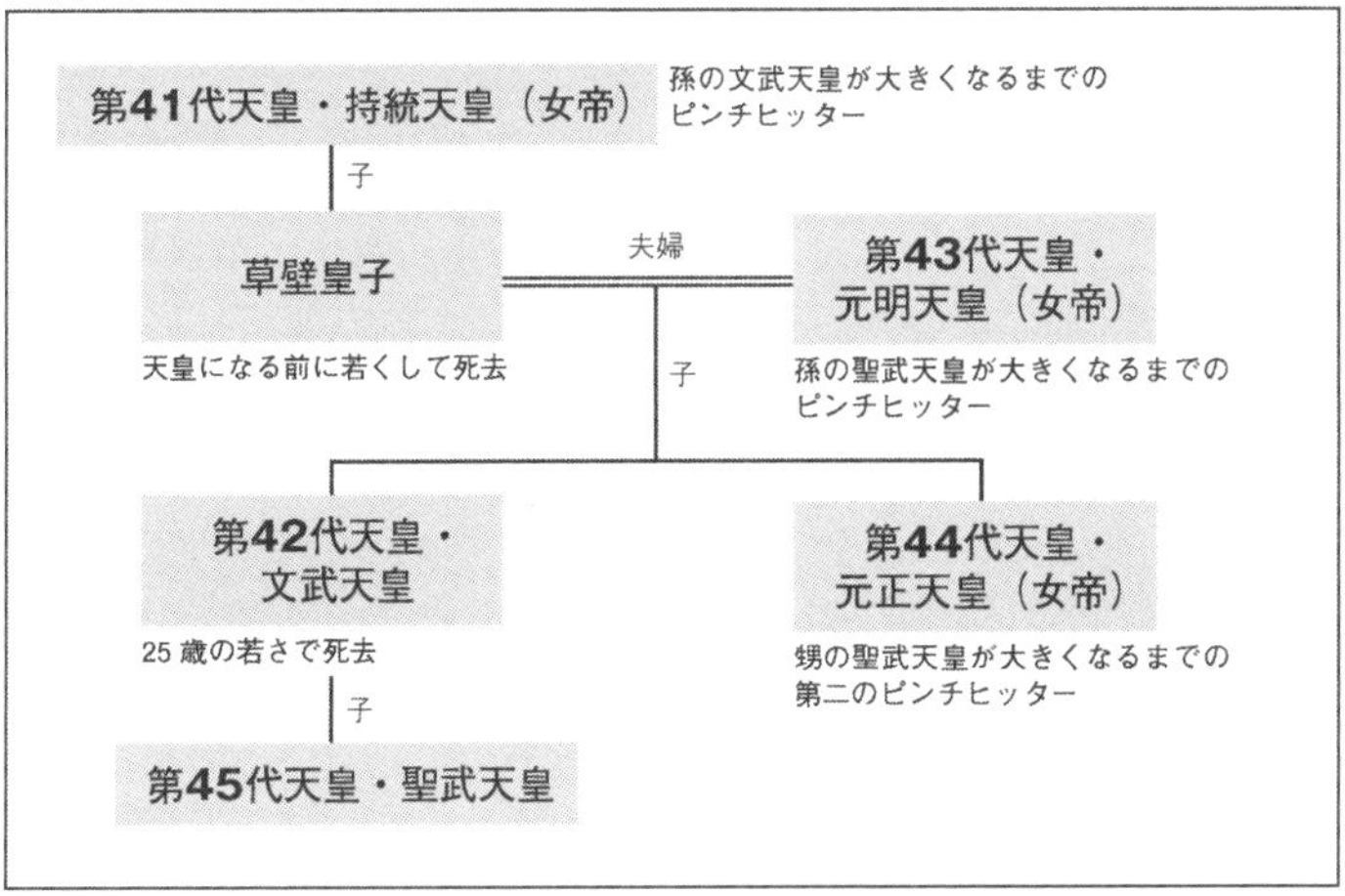

「春過ぎて　夏来にけらし　白妙の　衣ほすてふ　天の香具山」

という歌で有名だから知っている人も多いだろう。この人はあの天智天皇（中大兄皇子だね）の娘であって、しかも天武天皇の妃《きさき》だよ。

　さて待ちに待った男性天皇の登場だ。期待は大きかったことだろう。ところが、聖武天皇の時代もまたあまりよい時代ではなかった。彼の奥さんは藤原不比等の娘で光明子《こうみょうし》というんだけれど、藤原氏は彼女を皇后にしようとしていた。ところがこの時代、皇族出身以外の女性は天皇の妻にはなれても皇后にはなれなかったんだ。そこで天武天皇の孫でまだ若い聖武天皇に代わって政治を担当していた**長屋王**《ながやおう》は光明子の皇后即位に猛反対をする。ちょうどこの頃、聖武天皇と光明子の間に男の子**基王**《もといおう》が生まれるのだけれど、なんとこの子は生まれてすぐに皇太子になった。間違いなく藤原氏の血をひいた天皇を即位させるための藤原氏の必死の働きかけによるものだろうね。ところが、その必死で皇太子にした基王はなんと、1歳になる前に亡くなってしまう（また早死にだ。奈良時代の皇室の男性は本当に病弱な人が多かったんだね。ついでに言っちゃうと聖武天皇も結果的に50年以上生きるけれど、病弱だったんだよ）。この基王の死には聖武天皇も光明子も相当嘆き悲しんだ。もちろん藤原氏にとっても痛手だったんだけれど、彼らの恐ろしいのはそれすら利用してしまうことだ。基王の死は長屋王が呪いをかけていたせいだ、などととんでもない言いがかりをつけて、長屋王を自殺に追い込んでしまう（729年　長屋王の変）。この結果、反対するものがなくなり、光明子は皇族以外の出身（人臣だったね）として初めて皇后になる。なんだかやるせないよね。

長屋王が祟《たた》ったわけでもないだろうけれど、このあと**光明皇后**の兄である藤原4兄弟が病気で次々に亡くなったのをはじめとして、災害は起こるわ、天然痘《てんねんとう》（伝染病だよ）は流行《はや》るわ、でとんでもないことになってしまう。そのたびに聖武天皇は何度か遷都《せんと》したんだけれど（だから実は奈良時代にはずっと平城京が都だったわけではないんだ）、結局このひどい状況は収まらず、もとの平城京に戻ってくる。

聖武天皇はこのひどい有様を、今度は仏教の力で鎮《しず》めようとした。仏様の力で災いをふりはらってもらおうと考えたわけだ。741年、国々に命令を出し、各国ごとに**国分寺**《こくぶんじ》や**国分**《こくぶん》**尼寺**《にじ》を建てさせた。今でいうと、各県庁所在地に一つずつ国立の寺や尼寺を建てたと思えばいい（尼寺というのは女性のお坊さんのお寺）。

そして極めつけに都に**東大寺**《とうだいじ》を建立《こんりゅう》したんだ。そしてこの東大寺の金堂（大仏殿）に盧舎《るしゃ》那仏《なぶつ》を建立した。これがかの有名な**奈良の大仏**だ。大仏は青銅でできた立派なもので、完成当時は金でメッキが施されてまばゆいばかりに輝いていたといわれているが、残念ながらその後源平合戦の折と戦国時代に二度焼けてしまい、現在の大仏は江戸時代に再建されたものだ。それでも国宝に指定されているよ。

ところでこの大仏を作るにあたっては、全国各地から大勢の民が集められた。国家を挙げての一大プロジェクトだったのだからやむを得ないだろう。とはいえ、ただでさえ、疫病《えきびょう》だの飢饉《ききん》だので苦しいときにこんな大工事をやったものだから、人々の暮らしはますます苦しくなったといわれている。

この大仏を作るにあたって協力した有名な僧がいる。**行基**《ぎょうき》というお坊さんだ。実はこの時代、仏教は国を守るためのものだったのだけれど、彼は人々を救うために全国各地をまわって、教えを説いたり、ため池を作ったり、用水路を作ったり、病人の看病をしたりした。これはすばらしいことなんだけど、当時は国の許可を得ていないお坊さんは私度僧《しどそう》といって罪人として扱われたんだ。そこで行基も初めは国から弾圧を受けた。ところがあまりに民衆の間で評判がよく人気も高かったために、朝廷も彼の力を利用しようとしたんだね。大仏建立に手を貸すように命じた。彼がどう考えたかはわからない。しかし結果として彼は大勢の人々に大仏のありがたさを説き、聖武天皇に協力したんだよ。

●遣唐使

この当時の中国は**唐**《とう》という王朝が治めていた。飛鳥時代の隋の次の王朝だ。唐も隋と同じように統一王朝だよ。しかも短命だった隋と違って唐は約３００年も続く。もちろん日本はこの唐に使いを送って唐の進んだ文化や仏教を学んでいた。これが**遣唐使**《けんとうし》だ。最初の遣唐使は飛鳥時代、大化の改新の15年前の６３０年に派遣された。犬上御田鍬《いぬがみのみたすき》という人たちだったよ。遣唐使はこのあと、平安時代の８９４年に廃止されるまでに十数回派遣されたのだけれど、ここではその中で有名な人を見ていこう。

まずは**阿倍仲麻呂**《あべのなかまろ》。この人は非常に優秀でなんと留学先の唐で役人になった。その後何度か帰国しようとするが失敗、ついに日本に帰ることができぬままに唐で一生を終えた。今のベトナムの総督まで務めているんだよ。

その仲麻呂の、日本を思う気持ちがよく表れている有名な歌がある。

「**天**《あま》**の原**《はら》　**ふりさけみれば**　**春日**《かすが》**なる**　**三笠**《みかさ》**の山**《やま》**に**　**出**《い》**でし月**《つき》**かも**」

天をあおいでみると、月が見える。この月は私の故郷である日本の春日の（奈良の）三笠山に出ている月と同じなのだなあ。

という歌だ。実はこの歌は仲麻呂が日本に帰るときの送別会で詠んだ歌らしい。ところが彼の乗った船は難破してしまって唐に漂流してしまい、日本に帰ることはできなかった。皮肉なことだね。

次に**鑑真**《がんじん》を紹介しよう。彼もまた偉大な人物だ。彼は唐の偉い僧だった。あるとき日本からの留学僧らが鑑真のもとを訪れ、日本に来て仏教のことを教えてほしい、とお願いした。もちろん鑑真はとても偉い坊さんだったから、留学僧たちは鑑真に弟子の派遣をお願いしたんだ。ところが弟子たちはみんな尻込みして行きたがらない。それはそうだろう。当時の唐は世界でも有数の文明国だ。それに対して日本は唐の真似はしているものの海の向こうの田舎の島。そんなところへ行きたがる人はいない。鑑真のすごいのはここからだ。日本へ行きたがらない弟子たちを嘆き、それならば自分が行くと言い出したんだ。仏教の尊い教えを広めるためには自らが命をかける、こんなスゴイお坊さん、今ではあまりお目にかかれない。

鑑真自身が出かけるとあっては弟子たちも放っておくわけにはいかない。そこで弟子たちもようやく思い直し日本に行くことにした。ところが大変なのはここからなんだ。鑑真を引き止めたい弟子の妨害にあったり、せっかく出た船が嵐にあって戻ってきてしまったり、別の島に漂着してしまったり、鑑真を信じてついてきた弟子が死んでしまったり。たび重なる航海の失敗のはてに鑑真はついに失明してしまう（目が見えなくなることだ）。それでもまだ鑑真は日本に仏教のありがたい教えを伝えるために頑張ったんだ。彼の才能を惜しむ唐の皇帝が鑑真の出発を反対するのをふりきり、こっそり遣唐使船に乗り込み、ついに10年の月日を経て彼は念願の日本に着いた。

（ちなみに最後の船も嵐にあって、予定外の薩摩、つまり今の鹿児島にようやく漂着したんだよ。この時代の航海がいかに大変だったかをわかってほしい）

彼はその後、都に招かれ、仏教はもちろん建築や彫刻それに薬の知識など、様々な技術を日本人に伝えてくれた。彼はのちに唐招提寺《とうしょうだいじ》という寺を建立するよ。日本に渡って10年後、彼は亡くなってしまうのだけれど、それを惜しんだ弟子が鑑真の彫刻の像を作った。この像は今でも残っていて唐招提寺にあるのだけれど、国宝に指定されている。

●天平文化

奈良時代の文化は、聖武天皇の頃の年号にちなんで**天平文化**《てんぴょうぶんか》と呼ばれている。ここでは天平文化について語ることにしよう。

まずはその特徴だけれど、仏教の影響を強く受けている。それから唐の影響も強いね。建築では何といっても東大寺だ。特に**正倉院**《しょうそういん》という宝物を納めておく蔵は有名だよ。

歌集では「**万葉集**」を覚えておきたい。防人の歌とか貧窮問答歌のあの万葉集だ。これはすごい歌集で、なんと4500首もの歌が収められている。このあともこうした歌集は編集されるけど、万葉集だけの特徴としては天皇や貴族、僧侶以外の普通の民衆の歌も収められているということが挙げられる。これは世界でも例がないんだよ。

当時の日本人が、言葉というものや歌というものをどれほど大切に考えていたか、それがわかるよね。

次に歴史の本、「**古事記**《こじき》」と「**日本書紀**《にほんしょき》」を覚えておこう。

古事記の「記」は日記の「記」、日本書紀の「紀」は世紀の「紀」だから注意してね。

古事記は古いことを記録したから日記の記だ。天武天皇の命令で**太安万侶**《おおのやすまろ》という人が編纂《へんさん》したらしい。**稗田阿礼**《ひえだのあれ》というすごい人がいて、この人は一度目にしたり耳にしたりしたことは忘れなかったそうだ。そこでこの人に歴史を語ってもらい、それを太安万侶が文字に書き表したという。完成したのは元明天皇の時代712年、歴代の天皇とそのエピソードが描かれている。

一方日本書紀は、これもまた天武天皇の命令でその皇子の**舎人親王**《とねりしんのう》が中心になって編纂された。

これら二つの歴史書は、この時代の天皇の支配の正当性を証明するために書かれたといわれている。なんせ天武天皇は壬申の乱で、兄の息子である大友皇子を倒して天皇になっているからね。実際そのせいか、かなり不自然な記述もあるらしい。興味がある人は研究してみてね。

さて歴史といえばペアになるのは地理。地理の本としては「**風土記**《ふどき》」が編纂された。風土記は各地方ごとにその地方の文化や特産物、それにその地方に伝わる神話などが書かれたといわれているが、残念ながら今も完全に残っているのは出雲《いずも》（今の島根県）の風土記のみだ。あとは常陸《ひたち》（今の茨城県）、播磨《はりま》（今の兵庫県）、豊後（今の大分県）、肥前（今の佐賀県）の4つの風土記が不完全な形とはいえ残っている。ほかの地方のものは今は見つからないけれど、もしかしたら、どこかの古いお寺とか建築現場から出土するかもしれないね。

第四章　平安時代

【藤原摂関政治から武士の時代へ】

なくよ　うぐいす　平安京

日本人なら誰でも知っているこのフレーズ。十二単《ひとえ》を身にまとい、百人一首にまとめられているような素敵な和歌を詠む。そんな優雅な貴族ばかりが印象にあることの時代。けれど平安時代はそんなに単純なものではない。

日本の歴史の時代区分では一番長い時代であり、四つの時期に分けることができる。天皇親政→藤原氏摂関政治→上皇らによる院政→平清盛に代表される武士の台頭。ここではそれぞれの時代を学び、天皇から貴族、貴族から武士へ政権がうつりゆくさまを眺めてみたい。同時に、日本独自の文化を築く背景にも触れてみよう。

●桓武天皇の遷都

794年、**桓武天皇**《かんむてんのう》はそれまでの奈良の都（平城京）に代わって、新しい都を今の京都の地に建設した。これが**平安京**だ。そしてこの平安京はなんとこのあと、江戸時代の終わりまで実に千年以上もの間日本の都となる。次の鎌倉時代にものちの江戸時代にもずっと都は京都だ。これは勘違いしそうな重要点だから、忘れないでほしい。

実は桓武天皇、その10年ほど前にも京都の南、長岡京市に長岡京という都を作っている。これについてはわずか十年ほどしか使わなかった都ということであまり重要視はしなくていい。ただよほど都を遷《うつ》したい事情があったんだろうなということは知っていても損はないだろう。平安京に都を遷した（遷都《せんと》という）わけは一般的には、「奈良の都、平城京では仏教勢力の力が強くなった」からだといわれている。これは覚えておいたほうがいいだろう。でもほんとはもっと深い理由があったかもしれないね。

●坂上田村麻呂に命じた蝦夷征伐

桓武天皇は京都の平安神宮に祀《まつ》られているけれど、随分いろいろ思い切ったことをした天皇でもある。たとえばこの人は徴兵制を廃止した。今の平和憲法のできる実に千年以上も前にそんな画期的なことをやってしまったわけだ（ちなみに今でも世界で軍隊をもたない国は日本だけだよ）。これは非常に重要なことだけれど、案外知られていない。

その代わりに健児《こんでい》という制度を正式採用した。郡司《ぐんじ》と呼ばれる地方の役人の子供の中で馬に乗ることが上手だったり、武芸に長《た》けている者を集めて軍隊を組織した。これによって農民などは軍隊に属さなくてもよいようになったわけだ。

ほかにもやはり地方の役人である国司《こくし》の不正、つまりインチキを取り締まるために勘解由使《かげゆし》という役人を設置したり、いろいろな政治をやった。でも平安京への遷都と並んで一番有名なのはやはり坂上田村麻呂に命じた**蝦夷**《えぞ》征伐《せいばつ》だろう。

この時代、東北地方に朝廷に従わない蝦夷と呼ばれる人たちがいた。この人たちは決して悪い人たちではなく、ただ単に京都にいた朝廷の支配下に置かれることを嫌がっただけだから、「征伐」という言葉はほんとはふさわしくない気がする。ただ当時は「征伐」と呼んでいたのだから、その言葉をそのまま使ったほうが当時の朝廷の人たちのおごり（いばること）などもそのままわかるから、この本ではあまりよくない言葉でもできるだけそのままの言葉で使うからね。さて、その「蝦夷」だけどこれがなかなか強い。

今の岩手県を中心に**アテルイ**という英雄に率いられて、何度も朝廷軍を撃破した。そこで満を持して送り込まれたのが**坂上田村麻呂**《さかのうえのたむらまろ》だ。彼は**征夷大将軍**《せいいたいしょうぐん》という位をもらった。この征夷大将軍というのは文字どおり「蝦夷」を「征伐」する「大将軍」という意味だけれど、のちに日本中の武士の統領という意味になって、幕府で一番偉い人という位になるから覚えておいても損はない。坂上田村麻呂は勇猛果敢であるだけでなく、男気の塊《かたまり》のような男で、降伏したアテルイの命を救うよう桓武天皇に願い出たんだ。下手をすると裏切り者扱いされかねないのだから、勇気のある行動だよね。しかし残念ながらこの願いは聞き届けられず、アテルイは処刑されてしまった。坂上田村麻呂も無念だったことだろう。ちなみにこの坂上田村麻呂の建立とされるのが、かの有名な清水寺だ。修学旅行などで訪れた人も多いことだろう。

●平安新仏教

この頃、つまり平安初期の日本は律令制度に従って、天皇による親政（天皇自身が政治を行う）が続いていた。文化面においては遣唐使が唐から新しい文化を次々にもち込んだ。この時代の日本は、まだまだ中国の影響なしでは語れなかったわけだ。

そんな中、やはり遣唐使として留学した二人の僧が、それまでの奈良を中心とした古い仏教と異なる新しい仏教を日本に伝えた。それが**最澄**《さいちょう》の**天台宗**《てんだいしゅう》と**空海**《くうかい》の**真言宗**《しんごんしゅう》だ。

天才（天台宗の最澄）と真空（真言宗の空海）と覚えておくといいよ。彼らの伝えた仏教は**密教**と呼ばれるもので、山に寺を作ってこもり、そこで修行することで悟りを目指すという点が大きな特徴だ。最澄は**比叡山**（滋賀県と京都府）に**延暦寺**《えんりゃくじ》を建て、空海は**高野山**（和歌山県）に**金剛峰寺**《こんごうぶじ》を建てた。どちらも京都の近くだよね。朝廷にはこれらの寺の力で京の都を守ろうという考えもあったんだろう。仏様が大勢描かれている曼荼羅《まんだら》と呼ばれる絵とか（正式には絵ではないのだけれど）、「オン　アビラ　ウンケン」などという真言《しんごん》とか、マンガやゲームなどにも意外に密教の専門用語は登場しているね。二人とものちの日本の仏教に大きな影響を及ぼした。最澄はのちに**伝教大師**《でんきょうだいし》、空海は後に**弘法大師**《こうぼうだいし》と呼ばれているよ。

特に弘法のほうは「弘法も筆の誤り」などということわざにもなっているから、親しみがあるんじゃないかな。このことわざの意味は弘法大師のような字の上手な人でも（弘法大師空海は日本で字のうまい人トップ3である三筆の一人だった）書き損なうことがある、という意味だ。「名人でもやり損なうことはあるから油断はするな」ってことだね。さらにこの弘法大師空海は地理のほうでも有名だ。今の香川県、当時の讃岐の国に満濃池《まんのういけ》と呼ばれている、ため池を作ったといわれているよ。

●藤原氏による摂関政治

9世紀の後半からはそれまでの天皇親政に代わり、藤原氏による**摂関政治**《せっかんせいじ》が始まった。この藤原氏、ご先祖は**藤原鎌足**《ふじわらのかまたり》だ。覚えているかな？ そう、大化の改新で中大兄皇子とともに活躍した中臣鎌足、彼がその功績《こうせき》を称《たた》えられ、つまり手がらを認められてご褒美《ほうび》にもらったのが「藤原」という姓だった。その子供の不比等《ふひと》もまた大宝律令の制定などで大活躍、さらにその娘の光明子《こうみょうし》に至っては、なんと聖武天皇の妃《きさき》になって、しかも皇后になってしまった。

その後、藤原氏は一族の娘を天皇の妃にして、そして生まれた男の子が天皇になるのを待って（あるいは強引に天皇にしてしまって）自分は天皇の親戚であるおじいさん（外戚というよ）になって摂政とか関白という位について、天皇に代わって政治を行う。これを**摂政**《せっしょう》や**関白**《かんぱく》による政治ということで**摂関政治**と呼ぶ。ちなみに摂政は聖徳太子のところで学んだけれど、天皇が幼少だったり女性のときに代わりに政治を行う人だった。関白は天皇の成人後も（つまり大人の天皇がいるのに）代わりに政治を行う人だよ。

大人の天皇がいるのに代わりに政治を行うなんて、いかにも無理やりって気がするよねえ。のちに藤原良房《よしふさ》という人がこれまた人臣で（天皇家以外で）、初の**太政大臣**になってさらに実質上の摂政となり、その甥《おい》で義房の養子の基経《もとつね》に至っては、ついに人臣初の関白になってしまう。そしてここから藤原氏の摂関政治が続くわけだ。

●遣唐使の廃止と国風文化と菅原道真の左遷

藤原氏による摂関政治が続いていた894年、**菅原道真**《すがわらのみちざね》の提案で**遣唐使が廃止**されることになった。実はこの時代、唐は国内での戦争状態が続き、とてもじゃないけれど、安心して学べるどころではなかった。ちなみにそのきっかけのひとつがかの有名な楊貴妃《ようきひ》。時の皇帝玄宗《げんそう》はこの楊貴妃かわいさのあまりに楊一族にえこひいきして、その結果安史の乱などという大規模な国内反乱が起こる。そしてそれ以降唐は100年続くものの、もはや力はなく、874年に起きた黄巣《こうそう》の乱という反乱で致命傷を負う。一応907年までその王朝は続いたけれど、そんな状態の国で学べるわけがない。命を守るだけで精一杯だよね。そんなところにわざわざ出かけるのも馬鹿馬鹿しい。もうひとつ、日本から唐へ出かけるときは北九州から朝鮮半島の海岸沿いに航行していたのだけれど（最短距離は直線だけどレーダーもないこの時代に、陸が見えない海に船を出すことは命懸けどころじゃないよね）、その朝鮮と日本との関係もこの時期よくなかった。だから海岸沿いの航路をたどることが困難だったわけだ。

以上のような二つの理由から、遣唐使は廃止されることになった。そしてこれが今日まで続く日本の文化を打ち立てるきっかけになるんだ。

それまでの日本は唐の文化のものまねばかりだった。だって命懸けとはいえ、唐まで足を運べば、それまで見たこともなかった新しいすぐれた文化がどんどん手に入ったんだから、自分たちで考えたり文化を築くなんて面倒なことはあまりしなかった。ところが、遣唐使の廃止によって、もはや中国から進んだ文化を入手できなくなった。そこで日本人は自分たちの手で、自分たちにあった文化を育てることを遅ればせながら始めたわけだ。

こうして生まれた日本風の文化のことを**国風文化**《こくふうぶんか》という。ほら「国」というのは「日本」という意味も表すよね。国語って科目は日本語を学ぶ科目でしょ。だから国風文化というのは難しい名前だけど、なんてことはない日本風の文化ということだ。これは数ある日本の文化の中でも外国の影響を受けない独自の文化という点でとても大切な文化だからぜひ覚えてほしい。国風文化の内容についてはあとから説明するから、ここではまず菅原道真が８９４年に遣唐使の廃止を提案した、そしてその結果、国風文化が生まれた、この流れだけしっかり確認しておいてね。

さてその菅原道真、実はこの人、学問の神様としてとても有名な人だ。東京の受験生が多く訪れる湯島天神、関西では北野天満宮、そして全国各地の受験生が合格の願いを込めてお参りをする福岡の大宰府天満宮、そこに祀《まつ》られている学問の神様こそが天神様こと菅原道真だ。道真は非常に頭がよく時の天皇である宇多天皇にかわいがられた。その結果、菅原氏というけっして身分の高くない家の出身でありながら、その息子の醍醐天皇のときにはなんと右大臣にまでなってしまう。これが藤原氏の嫉妬や怖れを招いたのだろう。藤原時平の陰謀で、あることないこと（というよりないことないことだね）でっち上げられ、当時はまったくの田舎だった福岡の**大宰府**に左遷されてしまう。今でこそ福岡は立派な町だし、有名なお祭りもあるし、ラーメンはうまいし、ホークスの応援もできるけれど、当時の福岡は海外への玄関口とはいえ、やはり京の都のような都会ではなかった。特に道真は学問や文学が好きだったのだけれど、貴重な本などは大宰府では入手できなかっただろうし、そのつらさといったら相当なものがあったのだろう。京都を離れるときに残した

「**東風《こち》吹かば　にほひ《おい》おこせよ　梅の花　あるじなしとて　春な忘れそ**」

という歌はとても有名だ。この歌の意味は「東風が吹いてきたら、その風にのせて（西にある）大宰府の私のところまで香りを届けてくれよ。頼むぞ、可愛がっていた梅の花よ。主人である私がいなくなるからといって、春を忘れてはいけないよ」という意味だけど、京を離れる道真の後ろ髪をひかれるような思いがよく伝わる歌だ。

さてその道真、赴任《ふにん》先の大宰府で2年後に死んでしまった。大変なのはそれからだ。

今の感覚でいえばまったくの偶然とされるのだろうけど、道真の死後、京の都では重要人物の死や天変地異《てんぺんちい》があとを絶たなくなった。代表的なものを挙げると、道真を陥《おとしい》れた時平が若くして死亡、醍醐天皇の皇太子も死亡、その次の皇太子も死亡、さらに天皇のすまいであ

る皇居に雷が落ちて、大勢の人が死んだり重症を負った。雷が電気だと発見したのはアメリカのフランクリンだ。それもこの時代より１１００年もあとのこと。この時代の人々はそんなことは知らなかった。だからどう考えたか、もうわかると思う。これらの出来事は道真のたたりだと思ったんだ。そこで道真が雷の神様である天神様になったと考え、怨霊《おんりょう》となった道真の恨《うら》みを鎮《しず》めるために北野天満宮を建てて彼を祀ることになったんだ。以後、学問の神様＝道真＝雷の神様＝天神様となったというわけ。ちょっと不気味な童謡「とおりゃんせ」の歌詞にある「天神様の細道じゃ」の天神様というのは、だから道真のことなんだね。こんなことは試験にはあまり出ないけれど、やっぱり知っておきたいよね。それにつけても恐るべきは藤原氏だ。その権力へのなりふりかまわない姿勢ときたら、もはや軽蔑《けいべつ》を通り越して、根性に関しては脱帽ものだね。

●武士の起こり

普通、平安時代というと真っ先に頭に浮かぶのが貴族だけれど、実は次の時代の主役になる武士が誕生したのもこの頃だ。もちろんまだ主役ではなく、デビューしたての新人さんだけどね。話は奈良時代に遡《さかのぼ》る。口分田の不足を解消するために墾田永年私財法が７４３年に制定された。この結果大化の改新以降続いていた公地公民が崩れ、自分で耕した土地なら国のものではなく自分自身のものにできるようになったわけだ（**荘園**《しょうえん》という）。耕したら自分のものにできるのだからみんな必死だ。次々に新しい土地が開墾されていく。

ところが。そうして開墾した土地、確かに自分のものになるはずだけれど、この時代は裁判所なんてない。裁判するときに助けてくれる弁護士さんなんてのもいない。普通の国民や農民を守ってくれるような警察もこの時代にはない。そんなわけでせっかく自分のものにした土地も、力のない人たちは守ることができなくて奪われてしまう危険があった。そこで力のない農民や地元の小豪族はこういうことを考えた。土地を藤原氏などの有力な貴族やそれにお寺や神社に寄付するんだ（これを**寄進**という）。え？　寄付しちゃうの？　もったいない！　待て待て、ちゃんとその先がある。そうして寄付すればその土地は貴族や寺社のもち物になる。貴族や寺社は朝廷から、自分たちのもつ荘園に対して**不輸《ふゆ》の権《けん》**と**不入《ふにゅう》の権《けん》**というものを認められていた。この不輸の権というのは自分たちがもつ荘園に関して税金を納めなくてよい権利、そして不入の権というのは荘園に国司などの役人が立ち入るのを拒む権利だ。この二つの権利があったので貴族や寺社にとって荘園は非常にメリットのあるものだった。貴族や寺社は自分たちに荘園を寄進してくれた人たちを荘管《しょうかん》として雇った。つまり荘園を管理するものだ。その荘管たちには給料代わりに荘園からの収穫を与えた。その代わりに収穫の一部を**年貢**として納めさせたわけだ。貴族や寺社は自分たちは働かなくても、収入が得られるようになったってことだね。でもこれってよくよく考えてみると、本当は国に入るはずの税が貴族や寺社のふところへ入ってしまうということだ。

　だからこの時代の日本の国は実はかなり貧しかった。そしてこの時代の国というのはとりもなおさず天皇のことになるわけだから、実は天皇といえどもそんなに裕福なわけではなかったんだね。代わりに富を手に入れたのが藤原氏をはじめとする貴族や有力な寺社だったというわけだ。

ところでこんなおかしな状態だと、やはり国の政治も地方の政治も乱れる。国に十分なお金もないから警察もあてにできない。都でも地方でも、土地や財産を奪う野盗や海賊などが活動を強めた。ほっておいたら土地も財産も、家族も命も危ない。そこでガードマンを雇う必要が出てきたわけだ。もうわかったと思う。実はこのガードマンが武士になる。

武士というのは初めは武装した農民だったんだね。さらにあちこちに武士が登場するようになると、もともとは身分の高かった元貴族や国の警察や軍に所属していた人たちも武士になっていく。

これが**武士団**《ぶしだん》だ。一人で戦うより大勢で戦ったほうがいいから武士は集まって組織を作る。そして小さな武士団同士でいさかいがあると、勝ったほうは負けたほうを吸収したりしてどんどん武士団は大きくなっていく。やがて大武士団が形成されるわけだ。特に大きな武士団は、桓武天皇の血をひく**平氏**《へいし》と清和天皇の血をひく**源氏**《げんじ》だった。この平氏と源氏は平安時代の終わりに大決戦をするのだけれど、それについてはまだ置いておこう。

●平将門の乱と藤原純友の乱

初めは天皇や貴族からはたいした扱いを受けていなかった武士だけれど、10世紀に起こった二つの反乱をきっかけにその力が恐れられるようになった。それが935年の**平将門**《たいらのまさかど》**の乱**《らん》と939年の**藤原純友**《ふじわらのすみとも》**の乱**《らん》だ。二つをあわせて**承平**《じょうへい》**・天慶**《てんぎょう》**の乱**《らん》などとも呼ばれているよ。

平将門はもともとは下総《しもうさ》（今の千葉県あたり）に住む武士だった。将門はおじをはじめとする一族と縄張り争いをしていた。この時点では、あくまでも純粋な一族内部の争いにすぎなかった。ところが将門は朝廷の役人を敵に回してしまった。こうなると朝廷への反逆となってしまうわけだ。ここで将門は朝廷に事情を説明して降伏《こうふく》することもできたのだけれど、そうはしなかった（実際降伏して命や領地が守られる保証もなかっただろう）。朝廷は天皇の一族、自分自身もまた桓武天皇の血をひく高貴な家柄の人間、違いはないじゃないかと。そこで新しい天皇、**新皇**《しんのう》と名乗り、今の関東地方に朝廷に属さない自分たちだけの独立した政府を打ちたてようとした。実は長い歴史の中で面と向かって天皇にはむかった人物はほとんどいない（これが他の国にはない日本の歴史だけの特徴だ）。そういう意味では将門というのは極めてめずらしい人物なんだ。

同じ頃、瀬戸内海では海賊の親分、藤原純友がこれまた朝廷に反乱を起こした。

東と西で朝廷への反乱がほぼ同じ時期に起こったので、朝廷では二人が示し合わせているのではと恐れたというけれど、インターネットはもちろん電話も郵便制度もない時代、さすがにそれはないだろう。とはいえ、現実に東と西で同時期に反乱が起こったのだから、朝廷は大慌てだった。結局将門は戦死し、純友も逃亡先の九州で捕らえられ処刑された。つまり武士の反乱は失敗に終わったんだけれど、皮肉なことにこの結果、朝廷は武士というものを甘く見てはいけないと思うようになった。何せ武士のおかげでとんでもない目にあったからね。これ以降武士は、御所の警備や都のガードマンとしていろいろなところで活躍すること

后になった藤原道長の娘たち

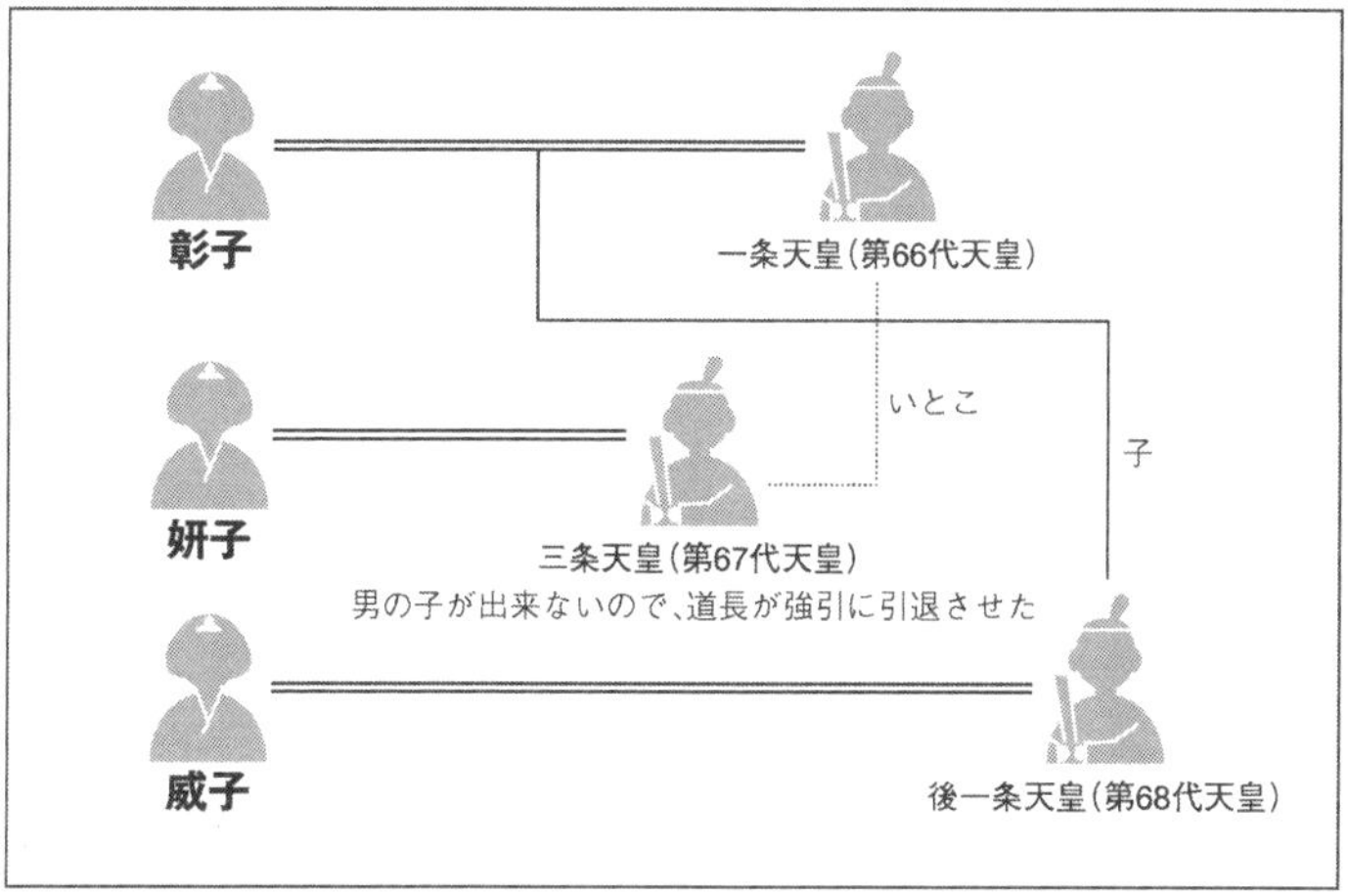

になるよ。

●藤原道長、頼通親子

11世紀になると藤原氏の摂関政治が最盛期を迎える。その主役は**藤原道長《みちなが》**だ。

実はこの道長、意外なことに関白に就任したことはない。それでもその勢いは天皇ですらかなわないほどのものだったので**御堂関白《みどうかんぱく》**などとあだ名がつけられている。道長のすさまじいのは三人の娘を三人の天皇の后としてしまったこと（一家三后《いっかさんこう》）。これは今まで誰にもできなかった快挙だった。まずは娘の彰《しょう》子《し》を一条天皇のもとへ。ちなみにこのときの彰子の家庭教師が「源氏物語」で有名な紫式部だ（これについては後から説明するよ）。このとき一条天皇には定子《ていし》という奥さんがいたんだけれど（ちなみにこの定子の家庭教師が「枕草子」で有名な清少納言だ）、道長の政治力であとから来た彰子が正式な奥さんになってしまった。さらにここで保険をかけて一条天皇のいとこの三条天皇にこれまた娘の妍子《けんし》を嫁がせる。この二人には男の子ができなかったが、強引に三条天皇を天皇をやめるようにしむけて、一条天皇と彰子の間に生まれた天皇（後一条天皇）に即位させるようにする。さらにさらにこの後一条天皇に娘の威子《いし》を嫁がせて、これで一族に三人の皇后の完成だ。

ついでにいうともう一人、嬉子《きし》という娘がいるのだけれど、この娘も実は皇后にこそなっていないけれど、後の後朱雀天皇が皇太子だったとき嫁がせている。一家三后どころかもう少しで一家四后だったわけだ。驚いてしまうね。

あまりに何もかも自分の思うようにいくので、道長はこんな歌も詠んでいる。

「この世をば　我が世とぞ思ふ　望月の　欠けたることも　なしと思へば」

この意味はすごいよ。

「この世の中は俺のもんじゃなかろうか。満月がどこも欠けたところがないように　すべてが思いどおりになっちゃうぜ」

こんな感じだ。うらやましいもんだね。一生に一回くらいそう言ってみたいものだ。

もちろんそんな強引な道長だから敵も多かったし、随分とひどいこともしているけれど、彼は彼なりに人並み以上の苦労はしていたのかもしれないね。

●浄土教と頼通

さて道長の息子が**頼通**《よりみち》なんだけど（「道」じゃなくて「通」）、彼はちょっと変わったことで有名なんだ。彼はね、ある有名な建物を建てた。その建物というのは実はキミたちがほとんど毎日お目にかかっている建物だ。ただしホンモノではなくて絵でね。その建物の名前を**平等院鳳凰堂**《びょうどういんほうおうどう》という。京都の宇治にある建物だ。

これは10円玉の表に描かれている。ああ、あれか、と思った人、そう、あれです。この建物は**寝殿造**《しんでんづくり》と呼ばれる当時の貴族の屋敷などに使われた建築様式で建てられている。寝殿造というのは簡単にいうと、昔の学校のような建築様式だ。

つまりいくつか建物があって、その建物同士を渡り廊下で結ぶ。そして真ん中には池なんかがあったりして。なんとなくわかったでしょ。

寝殿造はとても重要なんだけど、もうひとつ覚えてほしいのは、この建物がなんのために建てられたのかという目的だ。それを説明するには浄土教という新しい仏教について説明する必要がある。

この時期、末法思想という考え方が流行した。仏教を始めたのは**お釈迦様**《しゃかさま》だけど、その釈迦が死んでしまった（入滅《にゅうめつ》という）あと、１５００年から２０００年を経過すると、正しい釈迦の教えが伝わらない世の中になるという考え方。日本ではちょうどこの頃末法になると信じられていたんだけど、貴族たちはこれを恐れたんだね。釈迦の正しい教えが伝わらない、というのがどんどん大きく解釈されるようになってしまって、この世の終わりが来るとか、暗黒の時代になるとかね。おいおい　そんなわけないじゃん、なんて今だから言えるけど、実はぼくらは彼のことを笑えないんだ。だってつい最近１９９９年に同じような考え方が大流行した。「ノストラダムスの大予言」というのがそれだ。

　１５００年代にフランスにノストラダムスという予言者がいた。彼は自分の予言を記録にまとめていたそうなんだけど、それらが将来の出来事をことごとく的中させていたと大騒ぎになった（実際はそうでもないんだけどね）。そして彼の予言の中に「１９９９年世界が滅亡する」（ほんとは違うんだけど）と書いてある、と大騒ぎになった。実際には１９９９年を過ぎても世界は滅亡しなかったんだけど（だからぼくはこうしてキミたちに本を届けている）、子供はもちろん、いい大人までが結構本気になって信じちゃってね、もう大変だったよ。数年前でさえそんなのだから、平安時代の貴族たちが騒然としても文句は言えないね。

　そんなわけで平安時代の貴族たちにとって（特に彼らはあの世を信じているから余計に）、末法の世になるというのは深刻な問題だった。そこで末法になってもどうにか救われる方法を一生懸命に探した。そして見つけたんだ。それが**浄土教**《じょうどきょう》という教え。浄土教の「浄土」というのは「**極楽浄土**」のこと。よく天国とごっちゃにしている人がいるけれど、ほんとはまるで違う。天国というのはキリスト教の新約聖書の中に出てくるものだから。**阿弥陀仏**《あみだぶつ》という偉い人がいたと思ってほしい（正確には阿弥陀仏は人ではないのだが）。で、その阿弥陀仏は遠い昔にこういう約束をしてくれた。

「私がもし悟りを開いて仏になれたとしたら、そのときは私を信じる者はみんな極楽浄土へ行けるようにしてあげましょう」と。

実はこの後、阿弥陀仏がほんとに悟りを開いて仏様になれたかどうかは定かではないのだが。とにかく誰もがこの教えにすがった。だって末法だろうがなんだろうが、阿弥陀様におすがりすれば死んでから極楽浄土へ行けるのだから。阿弥陀様は自分を信じる者は、としか言ってないのだから、とにかく信じさえすればいいのだけれど、でもね、やっぱり人はそれだけでは不安になる。特に貴族なんかはお金はあるのだから、

「私はこぉんなに信じてますよぉ」と阿弥陀様のための建物なんかをドーンと作ってしまうわけだ。それが頼通の建てた「平等院鳳凰堂」だ。だからこの建物には阿弥陀仏が納められている。末法思想と浄土教と頼通と平等院の関連、わかったかな。いつの時代も人間は救われたがっているものなんだね。

●国風文化

前にも述べたようにこの時代の文化を**国風文化**と呼ぶのだけれど、ここでそれらを簡単にまとめておこう。まず何といっても忘れてはならないのは、**かな文字**の発明だ。これがなければ「**源氏物語**」も「**枕草子**」もなかったかもしれないからね。かな文字には二種類あって、それがひらがなとカタカナなのは皆さんご存じだろう。この二つはでき方が少し違う。両方ともに漢字をもとにしているんだけれど、ひらがなのほうは漢字を崩して作ったのに対し、カタカナのほうは漢字の一部分を取ってできたんだ。

こんな具合だよ。

安↓あ　以↓い　宇↓う　衣↓え　於↓お　阿↓ア　伊↓イ　宇↓ウ　江↓エ　於↓オ

そしてこのかな文字を使って様々な文学作品が作られた。歌集では**紀貫之《きのつらゆき》**編さんの「**古今和歌集《こきんわかしゅう》**」（かな文字だけではないのだけれど）、小説物語では**紫式部《むらさきしきぶ》**の「**源氏物語《げんじものがたり》**」、そして作者はわかっていないけれど最古の物語といわれている「**竹取物語《たけとりものがたり》**」、随筆では**清少納言《せいしょうなごん》**の「**枕草子《まくらのそうし》**」、紀行文《きこうぶん》（旅先での文章）では紀貫之の「**土佐日記**」などが有名だ。

建築に関しては当時の貴族の館、**寝殿造**が大切だということは述べたよね。すでに説明した**平等院鳳凰堂**のほかに**奥州藤原氏**の建てた**中尊寺金色堂《ちゅうそんじこんじきどう》**も有名だよ。

また**大和絵《やまとえ》**と呼ばれる細いタッチで描かれる日本独自の絵も発展して、**絵巻物《えまきもの》**の「**源氏物語絵巻**」など美しいものが残っているよ。

●白河上皇の院政

9世紀に始まった摂関政治は11世紀前半、道長、頼通の時代にピークを迎えたんだけど、11世紀後半の後冷泉天皇のとき、ついに藤原氏の后に子供が生まれず、藤原氏の血をほとんどひいていない後三条天皇が即位した。彼はこれをきっかけに藤原氏を排除するためのシステムを考えた。それが**院政《いんせい》**だ。

そもそも藤原氏がなぜ口出しできるかといえば、摂政や関白になるからだ。摂政や関白というのは天皇に代わって政治を行う人だったよね。ということはだ。天皇以外の人には口出

チェック！　これだけは覚えておきたい重要用語

摂政

天皇が幼少だったり女性だった場合に代わりに政治を行う人。聖徳太子も推古天皇の摂政だったが、藤原氏の摂政が有名。

関白

天皇が成人後でも代わりに政治を行う人。これも、藤原氏が有名。豊臣秀吉も関白になったよ。

院政

上皇（元天皇）や法皇（出家した元天皇）が天皇の代わりに政治を行う。「院」という場所で政治を行ったから院政という。白河上皇が最初の院政を行った。

しできないことになる。そこで後三条天皇が思いついたのは自分がさっさと天皇をやめてしまい**上皇**《じょうこう》という位につくこと。上皇というのは要するに元天皇だけど、わかりやすくいえば社長の上に会長がいるようなもんだ。部活でいうと部長の上にさらに顧問がいるという感じかな。そして**院**《いん》という場所で政治を行う。だから院政だね。ちなみに院というのは今でも場所を表す言葉で「病院」とか「学院」とかのような単語に名残があるよね。ただこの時代「院」といった場合、上皇がいる場所ともうひとつ、上皇自身を指すこともあるから古典などでは気をつけてほしい。もうひとつ説明しておくと、上皇がさらに出家して（頭を丸めて＝坊さんになって）**法皇**《ほうおう》というのになることもあるよ。

　ともあれ、このナイスなアイディア「院政」だったんだけど、残念ながら後三条天皇はそれを実施する前に死んでしまった。そこであとを継いだ息子の白河上皇が院政を始めた。1086年のことだ。

院政はどやろ?（白河上皇は当然関西人だ）10（とお）8（や）6（ろ）だね。

実は白河上皇のほうは藤原氏が母親だったんだけど、皮肉なことにその白河上皇の手で院政が始まったわけだ。ただ実際はこれ以降も藤原氏はずっと（明治まで）摂政関白になって政治に口をはさむけれど、前世紀のような勢いはなくなってしまうんだね。

●保元の乱、平治の乱

院政が行われるようになって、藤原氏の力は弱まっていった。ところが朝廷にはまたもや問題が発生したんだ。というのも上皇や法皇というのは元天皇だよね。この時代は今と違って天皇は死ぬまで天皇を務めるわけではない。そうなると場合によっては元天皇がごろごろ存在することになる。いやそれどころか天皇であるうちは院政ができないのだから、たいていの天皇は進んで天皇をやめて上皇になろうとする。その結果同じ時代に何人もの上皇がいるようになる。そうなると今度は上皇同士で争いが起きる。「俺が政治をやる」「いやいや私が」「何言ってるんですか　ぼくがやります」という具合に。ちなみにこういうとき政治の実権をもっている上皇や法皇を「治天《じてん》の君《きみ》」というけれど、難しい言葉なので今は覚えなくていいだろう。さてさて、上皇同士あるいは上皇と法皇が争いながらも院政は続くのだけれど、今度は現役の天皇と上皇の間で政権争いが勃発《ぼっぱつ》した。

よく考えてみたらこれも当然のことだ。天皇にしてみたら「せっかく自分が天皇になったのになんでこのオッサン余計な口はさむんだよ」ってなもんだね。

さてこの争いがついに言い争いにとどまらなくなった。それが１１５６年の**保元《ほうげん》の乱《らん》**だ。メインの二人は**崇徳上皇《すとくじょうこう》**と**後白河天皇《ごしらかわてんのう》**。

上皇が**藤原頼長《よりなが》**を味方につけると、天皇は同じく**藤原忠通《ただみち》**を味方に。ちなみにこの二人は兄弟同士。忠通が兄で頼長が弟だ。一族内部で誰が中心になるか（難しいいい方をすると家《か》督《とく》争いという）で争ったんだね。さてさらに上皇と天皇はそれぞれお抱えの武士を雇う。いざ戦いとなると頼りになるのは武士だからね。上皇が**平忠正《ただまさ》**を呼び入れると、天皇は**平清盛《きよもり》**を引き入れた。この清盛はこのあとリーダーになる人物だ。ついでにいっておくと、この忠正と清盛はおじと甥の関係だ。これまた一族内部の争い。さらにさらに上皇が源氏の**源為義《ためよし》**を引き入れると、負けじと天皇は**源義朝《よしとも》**を味方に加え入れた。この二人に至ってはなんと父と子。親と子が殺し合わねばならないなんて嫌な時代だよね。

さて結論からいってしまうと、天皇方の圧勝に終わった。

負けた崇徳上皇は讃岐《さぬき》（今の香川県　讃岐うどんで有名だね）に流される。本来ならば負けたのだから首を切られてしまうところなのだろうけれど、さすがに上皇ではそういうわけにはいかない。これ以後も上皇が負ける戦はいくつもあるけれど、島流しにされることはあっても処刑されることはないよ。

これは試験などには出ないが、あまりに有名な話なので書いておこう。この崇徳上皇、その後おだやかに讃岐で写経を始める。お経を書き写したんだね。そうして完成したものを「いろいろあったけれどごめんな、朝廷のためにありがたいお経を書き写したんで、どうか納めてほしい」と京都の朝廷に送ったところ、なんと送り返された。これを知った崇徳上皇は大激怒。「反省して、敵であったおまえたちのためにこんなことまでしてやったのに」と思ったかどうかはわからないが、「俺はもうおまえらを許さん」と自分の舌を噛み切り、そのお経に血で呪いの言葉を書き込み、「わしはこれから日本国の大魔王になって天皇家をずっと呪ってやるぞ、王が家来になって家来が王になる国にしてやる」と言い、爪だの髪だのひげだのを伸ばしつづけ壮絶な姿で亡くなった。彼の呪いが本当に存在するかどうかは別にして、朝廷は実際に彼のことを随分恐れていたようだ。なんと明治になってから明治天皇がお参りしているからね。ただそんな崇徳上皇だけれど、すごく素敵な歌を作るロマンティストでもあった。百人一首で有名な

「**瀬を早み　岩にせかるる　滝川の　われても末に　あはむとぞ思ふ**」

「岩によって　二つに引き裂かれてしまう滝川の水だけれど　一度は引き裂かれた水も再びひとつになります。そのように私とあなたも現世（この世）では結ばれなくても来世（生まれ変わったのちの世）ではきっと結ばれましょう」

という歌を詠んでいる。この歌は非常に人気のある歌で、人気投票などでは必ず上位にランクインしているよ。逆にこれだけ繊細な人だったからこそ、思いが受け入れられなかったときにあれだけ怖い人（魔王？）になってしまったのかもしれないね。

貴族社会から武士社会へ

●保元の乱（1156年）天皇と上皇の戦い

	天皇側		上皇側
【天皇家】	後白河天皇	VS	崇徳上皇
【摂関家】	藤原忠通（兄）		藤原頼長（弟）
【平氏】	平清盛（おい）		平忠正（おじ）
【源氏】	源義朝（子）		源為義（父）

↓ 天皇側の勝利

●平治の乱（1159年）勝ち組内の武士の争い（平氏と源氏の戦い）

平清盛 VS 源義朝

↓ 平氏の勝利

平清盛の全盛を迎える

他の敗者に関しては、頼長は討ち死に、忠正、為義は京都の有名な処刑場（そんなので有名になるのは嫌だね）六条河原で処刑された。為義にいたっては命令とはいえ実の息子の義朝の手にかけられたというのだから、ひどい話だよね。実はこの処刑、日本では数百年ぶりの死刑なんだ。貴族は怨霊を信じていたから、あまり人を殺したくなかったんだろうね。これから武士の時代になっていくと、処刑は頻繁《ひんぱん》に行われるようになってしまう。

さて次は勝ったほうのお話をしよう。ここで特に問題になるのは平清盛と源義朝の二人だ。この二人、どちらも武士、どちらも自分が手がらをたてた、自分のおかげで保元の乱に勝利したという自負（プライド）がある。結論からいってしまうとこの二人のうち、後白河がかわいがったのは平清盛のほうだった。当然義朝は気に入らない。自分の父親を手にかけてまでも後白河の勝利に尽くしたのだから。そこに毎度おなじみ朝廷内の争いと藤原摂関家の内部争いが加わって、戦となる。これが**平治の乱**だ。1159年の出来事。

普通にやれば源義朝が圧勝する戦だったけれど、油断したこともあって逆転敗北してしまう。義朝は敗走先の尾張の内海（今の愛知県のセントレアの近くだ）で元部下に裏切られて殺害された。実はこのときに義朝の息子の**源頼朝**《よりとも》も戦に参加していた。そうあのいいくにつくろうの頼朝だ。だからほんとうなら頼朝はここで処刑されるはずだった。ところが清盛の継母にあたる池禅尼《いけのぜんに》という人がいて、頼朝の顔が自分の死んでしまった息子に似ているといって命乞い（助命ともいう。殺さないでくれと頼むこと）をしたんだ。清盛も初めは許す気はなかったけれど、池禅尼が頼朝の命を助けてくれなかったら何も食べないなんて断食を始めてしまうものだから（ハンガーストライキ、ハンストという）、仕方なく彼の命を助け伊豆へ島流しにした。その結果、のちに平家は滅ぼされてしまうのだから、池禅尼もいいことをしたのか悪いことをしたのか。ともあれこうして、鎌倉時代最初の主役になる頼朝は命拾いをした。

このとき、あの有名な牛若丸こと頼朝の弟（ただし母親が違う）の**源義経**《よしつね》も危機一髪の状況にあった。彼はまだ生まれたばかりの赤ん坊だったんだけれど、今若、乙若の二人の兄とともに母親の常盤御前《ときわごぜん》に連れられて逃げていた。が、常盤の母が人質に取られ常盤は清盛のもとへ名乗り出る。ここで清盛は常盤の美しさに目がくらんだ。自分のもとへ来ることを条件に三人の子供の命を助けてしまう。このとき赤ん坊の義経は京都の鞍馬寺《くらまでら》にあずけられるわけだ。義経となって源平合戦で活躍するのはもう少し先のことになるよ。

●平清盛と日宋貿易

平治の乱でライバルの源義朝を蹴落としてからの**平清盛**の勢いといったら、それはもうすさまじかった。もちろんあくまでも一番力のあるのは後白河院だったけれど、実際に武力を握っていたのは清盛だからね。清盛はその武力を背景に**太政大臣**《だじょうだいじん》（今の総理大臣）にまでのし上がった。実は武士が太政大臣になったのはこれが初めてのことだ。そして自分以外の平家の一族も朝廷の重要な役職を独占して、

「平家にあらずんば人にあらず」（平家でないものは人ではない）

といわれるほどになったんだ。さらに清盛は当時の中国の**宋**《そう》と神戸で貿易を開始した。これを**日宋貿易**《にっそうぼうえき》という。当時の神戸はまだ港として開かれていなかったから、ここに大和田泊《おおわだのとまり》という大規模な港を作って貿易を開始した。

これで武力の面でも経済力（要するにお金だ）の面でも、清盛は力をもったわけだね。

●源平合戦

しかし平家の天下も長くは続かなかった。「おごる平家は久しからず」という言葉がある。「おごる」というのは「いばる」という意味なんだけど、平家は高位高官を独占して、昔の藤原氏のように大いばりしたから、敵も多かったんだね。自分の命令を聞かなくなった平家

に対して、後白河法皇が倒してしまうための計画を立てたり（鹿ケ谷《ししがたに》の密談。これはばれてしまって、このとき参加した連中はみんなひどい目にあう。中でも俊寛《しゅんかん》というお坊さんが気の毒な目にあったことが「平家物語」に描かれているよ）、後白河法皇の息子の**以仁王**《もちひとおう》なんかは平家追討《ついとう》（追討というのは倒せという命令だ）の命令を諸国の武士にくだした。これを受けた**源頼政**《よりまさ》（ぬえ退治で有名）らの挙兵《きょへい》（相手を倒すために兵隊を集めること）は失敗に終わったけれど、この以仁王の行動はのちに実を結んだ。それが源平合戦だ。以仁王の命令を一番喜んだのは諸国の源氏だった。だって源氏は平家の世の中になってからというもの、ずっと裏方でさみしい思いをしてたんだから。

それが堂々と平家を討てるということで各地の源氏は奮い立った。特に頑張ったのが伊豆にいた頼朝と木曽（今の長野県）にいた**義仲**《よしなか》だ。

まず頼朝。彼は伊豆の豪族たちに監視されていたんだけれど、その豪族のひとつ、北条氏《ほうじょうし》の娘、政子と結婚して北条氏を味方につけることに成功した。

このときの北条氏の親分時政《ときまさ》にしてみれば、これは大きなかけだっただろうね。そのまま平家の世が続くかもしれなかったのだから。平家の世が続けば時政は反乱軍として処罰されてしまう。北条氏はあまり大切にされなかったとはいえ平家の一族だったから、この頼朝と政子の結婚とそのあとの打倒平家の挙兵はまさに命懸けだったろう。実際頼朝は初戦は勝ったものの、そのあとの石橋山の合戦ではこてんぱんにやられた。ここで有名な命拾いをする（この人、よく命拾いしているよね）。戦に負けて大きな木のうしろに隠れていたところ、敵の**梶原景時**《かじわらのかげとき》に見つかってしまった。ところがこの景時はなんとそれを見逃したというんだ。ただこのあと頼朝は安房《あわ》（今の千葉県）に逃れ、そこで関東各地から集まった源氏の兵を集めて再び挙兵する。それ以降自分の命を助けてくれた景時をとても大切にする。景時は実はこのあと出てくる頼朝の弟の義経とは仲が悪くて、義経は平家を滅ぼすんだけど、そんな手がらを立てながらも頼朝に滅ぼされてしまうんだ。これには景時の発言の影響もあったといわれているよ。

さて安房に逃れた頼朝は体制を立て直し、静岡の富士川で平家軍と向かい合った。これが**富士川の戦い**だ。ちなみにこのときに鞍馬寺から脱出、奥州平泉《おうしゅうひらいずみ》（奥州は今の東北）に逃れ、奥州藤原氏（京都の藤原氏とは別の一族だ。当時金が取れた奥州で朝廷や平家に勝るとも劣らない勢力を誇った一族だよ）にかくまわれていた義経が、兄の頼朝と初めて対面しているよ。そんなこともあったこの富士川の戦い、実は意外な形で決着がついた。源氏側は平家の様子を見ようと偵察部隊を派遣したんだけど、富士川を渡るとき、その偵察部隊の音に川にとまっていた鳥が驚いて一斉に羽ばたいた。その音を聞いて源氏の夜襲（夜、油断しているときに攻めることだね）と勘違いした平家軍は大慌てで戦わずに逃げてしまった。こうして頼朝は戦わずして勝利を収めたんだ。

ところが頼朝はその勢いで一気に都まで攻め込むことはしなかった。この隙に関東を一つにまとめようとしたんだ。頼朝のこの方針は正しかった。この慎重さがあとから出てくる義仲との決定的な差を生む。

富士川の敗戦を聞くと清盛は大激怒だ。それはそうだろう。かつて命を救ってやった頼朝が恩を仇で返したのだから。ところが残念なことにこのとき清盛は熱病にかかってしまっていた。一説によるとあまりの熱さに清盛の額の水がすぐにお湯に変わってしまったらしい。さすがにこれは大げさだと思うけれど、今のマラリアという病気ではないかといわれている。ともあれ清盛はこの病気のせいで命を閉じた。「葬式はしなくていいから、自分の墓の前に頼朝の首をたむけるように」と言い残したというから、その恨みは相当なものだっただろう。

大黒柱の清盛を失ってしまった平家にさらに痛烈なダメージを負わせたのは意外なことに頼朝ではなかった。それが義仲だったんだ。義仲は頼朝のいとこにあたる。実は同じ源氏でも頼朝の一族とは仲がよくなかった。父の義賢《よしかた》が自分が2歳のとき頼朝の兄の義平《よしひら》に殺され、それ以降木曽（今の長野県）に匿《かくま》われて育ったんだ。

この義仲もまた以仁王の命令で挙兵した。こちらは、だから頼朝とは完全に別口。

義仲は越中と加賀の国境（今の富山県と石川県の県境）の倶利伽羅峠《くりからとうげ》で牛の角に火のついたたいまつをつけて平家軍を撃破したといわれている。これが**倶利伽羅峠の戦い**だ。

この勢いで義仲軍は都へ流れ込み、平家軍は都を捨てて逃げていった。このとき平家は後白河法皇を一緒に連れていこうとしたけれど、その気配を察した後白河法皇はいち早く逃げたから、結局平家は幼少の安徳天皇《あんとくてんのう》だけを連れて都を去った。平家はかつて藤原氏がやったように、一族の娘を天皇に嫁がせて生まれた男の子を天皇にしていたんだ。後白河法皇の息子、高倉天皇に清盛の娘、徳子《とくこ》（後に建礼門院《けんれいもんいん》と呼ばれる）を嫁がせてできた男の子が安徳天皇だった。

都を捨てて逃げた平家に代わって義仲が都入りした。大いばりの平家を追い出してくれたということで最初は義仲軍はとても人気があった。ところが義仲軍は田舎者の集まりで力は強かったけれど、がさつだったからすぐに都の人たちの人気も失ってしまった。

なんせ宝物を奪ったり、姫たちに乱暴を働いたりしたということで、都の人たちに「これならば、まだ平家のほうがましだった」などと言われてしまう始末。義仲は旭将軍などと呼ばれ最初はよかったのだけれど、勢いを盛り返した平家軍に負けてしまう。

そして後白河法王の義仲追討（義仲軍を倒せ）という命令を受けた頼朝軍（頼朝は実際には出てこなくて義経がリーダーだった）に、宇治川の合戦で敗れる。義仲は力はあったけれど政治を行うにはあまりにも単純すぎたんだろう。頼朝には長男を人質として差し出して、その長男は頼朝の長女と婚約していた。にもかかわらず殺されてしまうよ。

さて勢いを盛り返した平家と義経をリーダーとした頼朝軍はこの後、一《いち》の谷《たに》で戦う（今の兵庫県）。ここは海のすぐ近くにがけがある所で、義経が攻めるにはがけを使うしかなかった。そのがけもとても険しいがけでね、普通だったらギブアップするところなんだけど、ここが義経のすごいところ。地元の人間をつかまえて、「このがけは馬が下れるか」と聞く。「そんなことは無理です」と答えられると、「では鹿ならどうだ？」と。地元の案内は「鹿は下ることができます」と答える。すると義経は「おい　みんな聞いたか？　鹿が降りられるのなら同じ四本の足を持つ馬が降りられないわけがないよな」と。「そんな無茶な」って話だけれど、それをやってしまった。馬で降りるのが怖くて馬を担いで降りた武士もいたそうだけど、そんなこんなで降りられるはずのないがけから平家に奇襲をかけた。さあ、平家軍は大慌てだ、なんせ来るはずのないがけから源氏の軍勢がやってくる。こうして源氏はまたもや大勝利を収めた。

この戦では、古典で有名な熊谷次郎直実《くまがやじろうなおざね》と敦盛《あつもり》のエピソードがある。沖へ逃げ去ろうとした平家の若武者に直実は「武士ならば戦え」と声をかける。逃げようとしていた武士はそれを聞いて戻ってくる。二人は戦うのだけれどそのとき、相手の立派な武者の顔が見えた。「子供ではないか、しかもあまりに美しい」。そこで直実は自分の子供と同じくらいの年のその武者に命を助けてやるから逃げろという。ところがそれを聞いて武者は「（私は）おまえの手がらになる相手だ。早く（俺の）首をはねろ」と言う。直実が泣く泣く首をはねると、あとからわかったことにはその武者は清盛の弟、経盛《つねもり》の子の敦盛《あつもり》だった。敵とはいえさすがに平家の武者、おめおめと逃げようとせず戦ったのはあっぱれだと。とはいえ、我が子のような敦盛の命を奪ってしまったことを直実は嘆き、のちに出家することになる。

その後四国に逃れた平家軍は、讃岐国屋島（今の香川県）で義経軍を迎え撃つ。この戦いでは「扇《おうぎ》の的《まと》」のエピソードが有名だね。平家の女官が船の上に竿《さお》を立て、そのてっぺんに扇を置いて、「これが射抜けるものならうってみよ」と源氏を挑発。これに対して義経は逃げては源氏の名折れだと弓の名人「那須与一《なすのよいち》」にこれを射ることを命ずる。与一はあまりの大役に尻込みするも、命令違反は許さんとの義経の厳しい言葉に八幡大菩薩《はちまんだいぼさつ》（武士の神様）

に祈りを捧げ、見事にこれを射抜くというエピソードだ。戦のほうは源氏の勝利、平家はいよいよあとがない。

あとのない平家は水軍を集め**壇《だん》ノ《の》浦《うら》**（今の山口県、関門海峡）で得意の海戦を挑んだ。この戦は初めは義経軍がおされていたが、潮の流れが逆転、さらには義経の漕ぎ手を射るというゲリラ戦法の効果もあって、ついに源氏の勝利になる。ここに平家が滅亡するわけだ（といってもすべての一族が滅びたわけではないのだけれど）。このときわずか8歳の**安徳天皇《あんとくてんのう》**が祖母の**二《に》位《い》尼《あま》**（清盛の未亡人）に抱きかかえられ入水、天皇の母**建礼門院《けんれいもんいん》 平 徳子《たいらのとくこ》**（高倉天皇の皇后）も入水するが、こちらは助け出されてしまう。

このときに三種の神器のひとつ、**草薙《くさなぎ》の剣《つるぎ》**が紛失してしまっている。

●義経のその後

このあと頼朝が征夷大将軍に即位し、鎌倉時代が始まることになるのだけれど、その前に悲しい義経のその後を少しだけ語っておこう。彼は平家を滅ぼすという大手がらを立てていながら、後白河法皇から頼朝に無断で勝手に位を受けたことなどをとがめられ、追われる身となる（ちなみにこのときに義経追討の名目で設置したのが守護と地頭だ）。

彼はその後、鎌倉に入ることを許されず、手前の腰越《こしごえ》で手紙を書くが（腰越状）許されず、かつて自分をかくまってくれた奥州平泉へ逃れることにする。ちなみに歌舞伎などで有名な「勧進帳《かんじんちょう》」のエピソードはこのときの逃れる途中での出来事だ。奥州では藤原秀衡《ふじわらのひでひら》が

「義経を将軍として頼朝と戦え」と遺言を残して死んでいくのだけれど、あとを継いだ藤原泰衡《ふじわらのやすひら》は頼朝を恐れて義経を襲う。このときにあの有名な「武蔵坊弁慶の仁王立ち」のエピソードの場面があった（義経を守るため仁王立ちになった弁慶に雨のように矢がつきささるが、かれはびくともしない。弁慶を怖れていた泰衡の手の者が、あまりに動かないので不審に思い近づいたところ、すでにこときれていたというお話）。義経は火をかけて自害したといわれているが、彼の人気は高く、のちに義経は衣川の戦い（今お話している戦いのことだ）では生き延びて大陸に渡って、ジンギスカン（チンギス＝ハン）になったという説さえあったんだよ（さすがにそれは否定されているけどね）。

「判官びいき」（ほうがんびいき、はんがんびいき）などという言葉も彼から生まれた。史実の彼は出っ歯のブ男だったらしいけれど、今でも人気のある武将だね。

第五章　鎌倉時代

【北条執権と鎌倉御家人、兵どもが夢のあと】

平氏を滅ぼした源頼朝が征夷大将軍に任じられ、鎌倉幕府をうちたて、武士の、武士の手による、武士のための政治が始められる。それは目立たないけれど、近畿と並んで日本の中心となる関東が初めてクローズアップされた時代でもあった。以降、この国の歴史は京都を中心とする近畿地方と、東京・江戸・鎌倉を中心とする関東の二箇所を舞台に繰り広げられるようになる。

また、あまりに有名な頼朝だけれど、幕府成立後実際に力を握ったのは北条一族だった。執権として政権をになう彼らと幕府を支える御家人たちの時代、それが鎌倉時代だ。義時・泰時・時宗の三人の執権を中心にこの時代を眺めてみよう。

●幕府の仕組み

鎌倉幕府の仕組みはかなりシンプルだ。まず地方を治めるために**守護**《しゅご》と**地頭**《じとう》を設置する。守護っていうのは国ごとの武士の責任者ってとこかな。ここで気をつけたいのは、国というのは今の都道府県みたいなものだということだね。地頭は荘園ごとに設置。これで武士も荘園から収穫の一部を徴収することができるようになった。

次に肝心の中央だけど、三つの役所が中心になった。**御家人**《ごけにん》という頼朝の家来を取り締まるための**侍所**《さむらいどころ》、幕府のお金を管理する（難しい言葉でいうと財政だ）ための**政所**《まんどころ》、それに裁判をする**問注所**《もんちゅうじょ》だ。これらをまとめる一番偉い人がもちろん将軍。そしてその下に将軍の次に偉い**執権**《しっけん》という人がいる。この執権というのはあとで重要になってくるから覚えておきたいね。

頼朝と御家人たちは土地を間にはさんで**御恩**と**奉公**の関係で結ばれていた。

御恩というのは、頼朝が御家人に領地を与えてくれたり、その領地を守ってくれたりすること。奉公というのは、その代わりに御家人が幕府の役人になって働いたり、「いざ鎌倉」といって鎌倉に何か大事件が起こったときは命懸けで駆けつけたりすることだ。今風にいえばギブアンドテイクってやつだね。何かしてあげる代わりに何かしてもらう。この時代だからその対象がお金ではなく土地だったということだ。そしてこの仕組みを**封建制度**というよ。

●気の毒な源氏

ささてさて幕府も無事作ることができて、めでたしめでたしといきたいところなんだけど、源氏の天下は長くは続かなかった。まず初代将軍で御家人たちの人気も高かった頼朝だけど、彼はなんと馬から落ちてそれがもとで寝込んで死んでしまう。武士がそう簡単に落馬するのか？　落馬するにしてもひどい怪我にならないように上手に落馬するんじゃないのか？　何かおかしいぞ。と思った君は偉い。そのとおりでこの頼朝の死には暗殺説もある。だけどそれは証明されていない。ここでは頼朝が死んでしまったことだけ知っておこう。

さて、すると2代目の将軍様の出番だ。幸い頼朝にはあと取りがいた。長男の**頼家**《よりいえ》がその人だ。このとき頼家は既に成人だった。ところがところが、彼は御家人の評判が悪かった。もちろん将軍様だから、みんな言うことはきくんだけど、「あんな将軍じゃやってられないよ」という声は日増しに強くなっていった。その理由なんだけど、ひとつには頼家がお嫁さんの実家をひいきしたといわれている。この一族は比企一族というんだけど、のちに滅ぼされてしまう。かわいそうだよね。次に頼家は御家人の気持ちがわからぬいい加減な将軍だったといわれている。たとえばこんな話がある。、この時代御家人たちにとって命の次に大事なものは土地だった。いや、土地は命懸けで戦って手に入れたのだから、命の次どころか命以上だった御家人もいるだろう。「一生懸命」って言葉を知っているよね。あれはもともと「一所懸命」という言葉だったんだ。文字どおり一つの所、つまり土地を手に入れるために必死で戦ったことからできた言葉なんだよ。それくらい大切な土地なのに頼家将軍はそれを軽く考えていた。あるとき御家人同士で土地についての裁判があったんだ。「この土地は先祖代々わしの家のものだ」「何を言うか、ここから先はわしの土地じゃ」、そんな感じで争いがあったんだろう。それを裁判する頼家は、おもむろに筆を取り出し、土地の図面に一本線をひいて、「ほい、ここからこちらがおまえの土地、でもって、ここからこっちがおまえの土地だ。これでいいのだ」なんてやったといわれている。これじゃああんまりだよね。結局、頼家将軍は御家人たちから追放されて、伊豆で亡くなった。これも暗殺といわれている。

でも、いくらダメ将軍でも命懸けで争っている土地をそんないい加減に扱うものかなあ？もしかして頼家将軍が邪魔だった人たちの仕業かもしれないよね。で、これもそういう説が有力ではある。だけど証明はできていない。

で次の将軍。頼家将軍には息子がいたんだけれど、長男は殺されてしまった。次男はお寺に出されてしまった。そこで三代目の将軍には頼朝の次男で頼家の弟である**実朝**《さねとも》が選ばれた。この実朝将軍、この人もまた気の毒な運命の人だ。

兄の悲惨な死を見ていたせいなのかな、この人は将軍をやりたがらなかったんだよね。武士もあまり好きじゃなかったようだ。で　武士の統領でありながら、京都の朝廷や公家に憧れていた。だからこの将軍、政治的にも戦もたいした活躍はしていない代わりに、なんと歌集を出している。今でいえば総理大臣が政治はまるでやらないで、自分の作った曲でCDを出したようなものだ。個人の歌集のことを私家集《しかしゅう》（私歌集《かしゅう》じゃないよ。気をつけて）というんだけど、実朝はその私家集を出した。「金塊和歌集《きんかいわかしゅう》」という。これは結構評判が高いよ。

歴史じゃなくて国語でテストの問題になったりするくらいだ。ついでに言っておくと彼の歌は百人一首にも選ばれているんだぜ。「ええっ？　だって源実朝なんて人、いなかったけどな」という君、なかなかよく勉強してるじゃないか。そう、源実朝という名前ではない。彼は鎌倉に住んでいて、そして朝廷では右大臣という役職に就いていたから「鎌倉右大臣」と呼ばれている。

世《よ》の中《なか》は　常《つね》にもがもな　渚《なぎさ》こぐ　あまの小舟《おぶね》の　綱手《つなで》　かなしも

という歌が選ばれているよ。ちなみにこの時代最高の天才歌人といわれていたのが、藤原《ふじわらの》定家《ていか》なんだけど（百人一首、新古今和歌集の選者でもある）、実朝の歌の師匠はこの人だったんだ。ただしこれは御家人たちにはあまり歓迎されていない。「そんな公家みたいに歌ばっかり読んでないで、武士らしく馬でも乗ったらどうだ」って感じだったんだろうね。

ついでにいうと彼は日本を脱出しようとしたこともある。大きな船を作って、中国へ逃げ出そうとした。これも船が壊れて失敗に終わった。もしかしたら彼は身の危険を感じていたのかもしれないね。そしてその嫌な予感は実際に的中してしまう。

１２１９年1月27日、この日、実朝が右大臣になったお祝いに鶴岡八幡宮《つるがおかはちまんぐう》（有名な神社だ。源氏の守り神として知られているよ）に参拝することになっていた。お参りをすませ、帰るところを、大銀杏の木の陰に隠れていた公暁《くぎょう》にさされ、暗殺されてしまった。

ここでは実朝は暗殺されたということだけ覚えておいてくれればいい。ちなみに彼を暗殺した公暁は実朝の兄、頼家の次男。だから公暁は他の御家人に「あなたの父親を殺したのは実朝将軍だ。あいつは自分が将軍になりたいものだからあなたの父親を殺した。実朝を殺せば父の仇がうてるばかりか、次の将軍はあなただ。きょうは絶好のチャンス、やるしかありませんよ」などとそそのかされたのではないかといわれている。

ちなみに公暁をそそのかしたのは誰かというのは今も謎だ。北条氏ではないかという説もあれば、いやいや三浦氏だろう、という説もある。このあたりは歴史が好きになったら自分で研究してほしい。え？　公暁はどうなったかって？　このあと大急ぎで三浦氏の所へ駆け込んだらしい。ところが三浦氏は公暁を幕府に引き渡したそうだ。その結果公暁は処刑されている。

●執権政治の確立、北条氏の時代

そんなわけでせっかくの鎌倉幕府なのに源氏の支配はわずか3代、27年で終わってしまった。さみしいものだよね。そのあと我がもの顔でやりたい放題だったのが北条一族だ。彼らにはひとつの大きな強みがあった。それはね、幕府を作った英雄源頼朝の妻が**北条政子**《ほうじょうまさこ》（**北条時政**《ときまさ》の娘）、つまり北条一族の人間であるということ。しかもこの時点ではまだ彼女は生きていて、強い影響力をもっていたということ（それはそうだよね、初代将軍の未亡人だからね）。とはいえ、さすがに将軍にはなれなかった。だって将軍になるには家柄が必要だったから。頼朝の一族は清和天皇の子孫である源氏の中心だったからね（もっとも北条も先祖をたどれば平氏で桓武天皇につながるのだけれど、さすがにこの時代では血が薄すぎたんだろう)。困った北条一族は都から将軍を招くことを考えた。つまり、とりあえず家柄がよくて偉い人を連れてきて、将軍になってもらう。それで自分たちはその下の執権の位について将軍に代わり政治を行うというわけだ。これを聞いて「あれ？ どこかで聞いたような話だな」と思った君はセンスがあるぞ。そう、平安時代の藤原氏の摂関政治と同じ方法だ。というか、実は鎌倉時代になっても藤原氏はずっと摂政関白を続けているんだよ。ただ鎌倉の力が強いから目立たないだけ。

北条氏は初めは天皇の子供を連れてこようとした。この頃の朝廷で一番力をもったのは**後《ご》鳥《と》羽《ば》上皇《じょうこう》**だったんだけど（彼の名前はあとからもう一度出てくる）、幕府など邪魔でしょうがなかった上皇はこれを断った。仕方がないので藤原氏の一族、九条道家の四男を連れてきて将軍とした。彼はまだ子供だったんだけれど、それは実権を握りたかった北条氏にはかえって好都合だったんだろうね。のちに九条頼経《くじょうよりつね》という名前になるけれど、無理して覚えなくていいよ。ちなみに彼ものちに大人になって力をつけたら追放されてしまうんだ。ひどい話だよね。

●義時、承久の乱

無事に形だけの将軍も連れてきて、さあ執権として大いばり、となるはずだった北条義時なんだけど、大変なことが起きた。

それが**承久《じょうきゅう》の乱《らん》**だ。

前々から幕府の存在を苦々しく思っていた後鳥羽上皇が、諸国の武士たちに幕府を滅ぼすよう命令した。正確には**北条義時**追討の院宣《いんぜん》（上皇や法皇の命令）が出されたわけだ。さあ鎌倉は大混乱。それはそうだろう。北条義時にすれば、このままほっておけば自分は謀反《むほん》を働いた罪人として上皇の軍隊に殺されてしまう。一方、御家人たちも焦った。自分たちは鎌倉幕府の役人、だがこのままでは自分たちは上皇に逆らうことになってしまう。この時代は天皇や上皇に逆らうなどということは普通では考えられなかった時代だから（幕府も形の上では朝廷の許可を得て政治を行っていた）、自分が謀反人になることなど考えたくない。一体どっちの味方をしていいのやら。

さすがに上皇の権威は大きく、一時は幕府側からもかなりの者が上皇に味方しようとしていた。ところが、ここに起死回生の大逆転を起こす人物が登場する。しかもその人物は女性。もうわかったね？　そう北条政子だ。頼朝の死後は**尼将軍**《あましょうぐん》と呼ばれ、御家人の尊敬を集めていた政子がついに立ち上がった。彼女はもちろん自分が武器を持って戦うことはしない。では何をしたのか？　演説だ。迷っている御家人たちを集めて名演説をはなった。

「みなのもの、よく聞きなさい。頼朝将軍がこの鎌倉に幕府を作る前、みんなの生活はどうでしたか？　何もしない天皇や公家の命令で都まで行ってただ働きをさせられ、へとへとになって帰ってきていたではありませんか。命懸けで手に入れた土地の所有も認められず、身分も保証されず、ひどい扱いを受けていたではありませんか。それがこうして武士のための幕府ができて、自分たちの土地を守ることができるようになったのは誰のおかげですか？

今は亡き頼朝殿のおかげではないのですか？　それなのに頼朝殿の恩を忘れ、昔のように公家の言いなりになって生活したいのなら、私は止めません。さっさとここから立ち去って上皇側につけばいい」

だいたいこんな感じで大演説をした。武士というのはどちらかというとアタマよりも体育系。根は単純。こんな話を聞かされたら一気にその気になってしまう。

「そうだそうだ！　俺たちは鎌倉を守るぞ！　おう！」

なんて具合に燃えたに違いない。

さていったんその気になってしまえば、もはや上皇軍は敵ではない。なんせこっちは本職のプロの武士たちの集まりだからね。つい最近まで戦をやっていて経験も豊富だし。寄せ集めの京都中心の上皇軍には負けるわけがない。

結局幕府方の勝利で終わった。とはいえ、さすがに相手は上皇なので殺すわけにもいかない。上皇は隠岐というところに島流しにされた。

さらに、またこういうようなことがあるといけないということで、天皇のいる京都に見張りのための役所を作ることにした。これが**六波羅探題**《ろくはらたんだい》だ。六波羅というのは京都の地名。探題というのは問題を探す、つまりスパイ組織だと思えば間違いない。今風にいえば幕府情報部京都支部という感じだね。

この一連の承久の乱で覚えておいてほしいのは、

1221年、承久の乱という戦があったこと。

北条義時ＶＳ後鳥羽上皇、政子の演説により気合が入った幕府方が勝利したこと。
そしてその結果、京都に六波羅探題が設置されたこと。
これだけ覚えておいてくれたらいいよ。

●御成敗式目

最大のライバルである朝廷に勝利して、しばらくは幕府の安泰《あんたい》が続く。義時の死後、次の執権になったのは嫡男《ちゃくなん》の**北条泰時《やすとき》**だった。泰時は武士にも公家にも評判がよかったらしいんだけど、日本で最初のすごいことをやったんだ。それが**御成敗式目《ごせいばいしきもく》の制定《せいてい》**。

御成敗式目というのは別名、**貞永式目《じょうえいしきもく》**といって、まあ簡単にいえば法律だね。
では何がすごいのかといえば、これは武士が作った最初の法律なんだ。それまでにも法律はあったけれど、それは朝廷が作ったもの。これは武士による武士のための最初の法律なんだね。１２３２年のことだといわれている。この後ずっと武士の法律の手本にされたそうだよ。

●時頼の「鉢の木」エピソード

その後、北条氏の執権政治はゆるぐことなく続く。特に有名なのは北条時頼の「鉢《はち》の木」のエピソードだ。これは作り話らしいけれど、あまりにも有名な話なのでちょっとだけお話ししておこう。この時頼は生きているうちに執権を譲《ゆず》って出家するんだけど（出家というのは髪の毛をそって坊さんになることだ）、のちに水戸黄門のように諸国を旅してまわったといわれている。守護や地頭がインチキをしていないか、民を苦しめていないかを見回ったんだろう。あるとき、大雪にあって坊さんの姿をした時頼は旅先で一晩泊めてもらうことになった。主はみすぼらしい身なりで、貧乏を恥じて断ろうとしたくらいだったんだけれど、それでも精一杯時頼をもてなした。たきぎがなく寒かったのだけど、なんとこの男は自分が大事にしている鉢の木（何年もかけて育てた花だと思ってくれたらいい）を、このお客のために惜しむことなく燃やした。食事をしながら話をしていると、実はこのみずぼらしい主はかつては立派な御家人だったとわかる。そして彼はこんなに情けない姿になっていても「いざ鎌倉」というときには、真っ先に駆けつけ幕府のために命をかける覚悟だという。この話に時頼は心を動かされた。鎌倉に帰ってから早速御家人たちを呼び出すと、あの男は古い鎧《よろい》を着てやせ馬にのって現れたという。時頼はこれを見て、彼の言葉に嘘がなかったことに感動して、彼が奪われていた領地を取り戻してやり、新しく別の領地も与えたそうだ。これは作り話だけど（もとになった話が中国にある、そっちはちょっと怖いよ）、有名な謡曲《ようきょく》（能だと思ってくれたらいい）になっているから一応触れておいたよ。

●時宗を襲った元寇

さてさて北条氏の執権政治はまだまだ続くけれど、ここへ来てまた困ったことが起きた。今度の敵はなんと外国だ。

お隣の中国、その北にモンゴルという地域がある。そのモンゴルには遊牧民族が住んでいた。遊牧民族っていうのはどういう人たちかというと、一箇所に定住せず、畑を耕したり、田んぼで米を作ったりせず、羊や馬を飼いながら、草原を移住して生活する人たちのことだ。彼らは普段から馬を乗り回していたし、狩りをして生活していたから、戦には強かった。だけどね、遊牧民族である彼らには国を作るという考え方がない。だって移住するわけだから、一箇所に住み着くわけではないから。だからさほど大きくない部族単位で生活していたわけだ。ところがそのモンゴルに英雄が現れた。**チンギス＝ハン**だ。君たちにはジンギスカンといったほうがわかりやすいかもしれないね。そのチンギス＝ハンはそれまで部族ごとにばらばらだったモンゴルの遊牧民を１２００年ごろから統一し始めた。そしてその結果、一大帝国を築いてしまったんだ。それが**モンゴル帝国**。モンゴル帝国は最盛期（一番すごい時期ということだ）にはなんと東南アジアと日本を除くアジアのほとんどと、さらにはヨーロッパの一部まで支配してしまった。ちなみに世界の歴史上一番大きな国は実はこのモンゴル帝国なんだ。あの有名なローマ帝国をはるかにしのぐ領地を誇ったんだぜ。ただモンゴル民族（蒙古民族という）たちは均分相続といって、親が亡くなるとその領土は子供たちが均等に分割して相続する仕組みだった。だから代を重ねるにしたがって、つまりチンギス＝ハンの子供、さらにその子供と進むにしたがって、領地は細切れになって最後は滅びてしまう（蒙古民族自体は滅びてないよ）。

けれど、その中でチンギス＝ハンの孫の**フビライ＝ハン**は一味違った。彼は今の中国の部

13世紀のモンゴル帝国

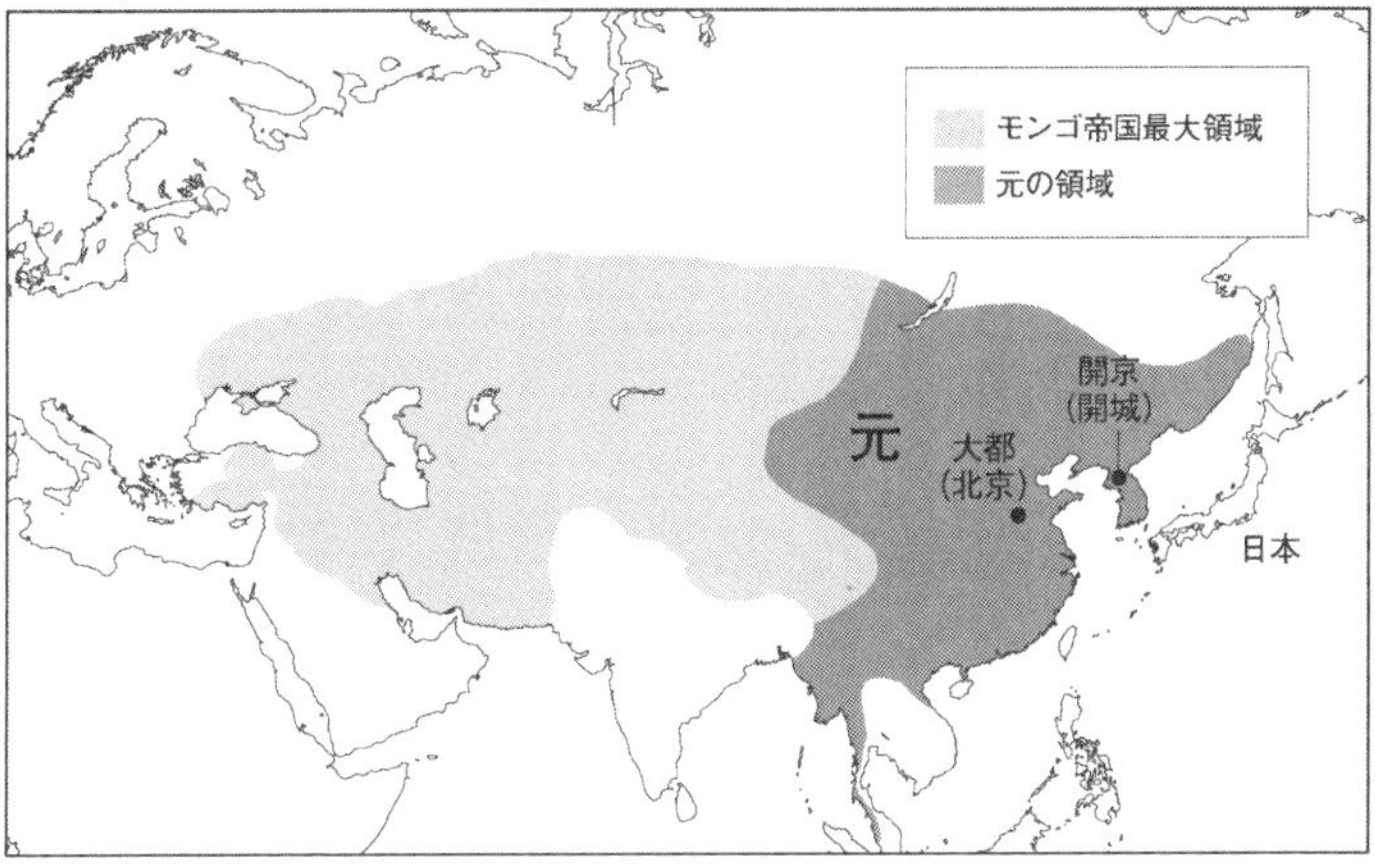

歴史上、世界最大の帝国であった

分を支配したのだけれど、中国を支配するにあたって中国人の風習を取り入れたんだ。だから国にまず名前をつけた。それが**元**《げん》だ。そして中国風の組織を作って、中国風の法律を作ったんだね。チンギス＝ハンは周辺の国を降伏させた。その中で覚えておいてほしいのは当時の朝鮮半島にあった**高麗**《こうらい》という国だ。そしてこの高麗を従えて次はいよいよ海をはさんで日本を攻略しようということになったわけだ。ちなみにこの当時、イタリア出身の商人でチンギスハンに仕えた**マルコポーロ**という人がいる。この人はのちに**東方見聞録**《とうほうけんぶんろく》と(世界の記述)という有名な本を書いて、日本を黄金の国ジパングとして紹介しているよ(まあ迷惑な話だけどね、のちに黄金目当てに日本に来る人たちがいるから)。さてフビライ＝ハンの日本遠征だけど、初めは元は平和的に使者を送ってきた。降参して属国（家来の国）になれっていうわけだ。その使者に対して幕府は強気で臨み、それどころかしまいには使者を切ってしまう。そこでついに元が日本へ攻めてくることになるわけだ。ただしもちろんフビライ＝ハン自らが日本に出向くわけではないし、元の軍隊の多くはモンゴル人ではなく、征服されて言うことを聞かざるを得なかった高麗や宋（中国の南にあった国だ）の人たちだった。

戦場は北九州。鎌倉じゃないから注意してね。もちろん朝鮮半島から一番近い場所だ。幕府は御家人を集め、北九州に出動。海岸に防塁《ぼうるい》（壁みたいなもんだ）を作って、臨戦体制で元軍を迎えた。

肝心の戦だけれど、幕府軍は大苦戦した。その原因は二つある。ひとつは元の集団戦法だ。集団戦法というとなんだかすごい戦法のような気がするけれど、実はたいしたことはない。ごく普通に大勢が集まって戦ったというだけのこと。ではなぜ日本軍が苦戦したか。実は当時の日本の武士の戦いは一騎打ちが主流だった。こんな具合だ。

右と左にそれぞれの軍勢が集まる。

その中から一人前へ出てくる。そしておもむろに名乗りをあげる。

「やあやあ、我こそは、なんたらかんたらの息子でなんたらかんたらの位についているなんたらかんたらなるぞ。わしの先祖は昔どこそこの場所でなんたらの戦でこれこれの手がらを立て、かれかれの領地を授かった偉い人なのだ。そちらに誰かわしとつり合う身分の者がいればいざ勝負」

ざっとこんな感じだ。でもって、それを聞いて相手方からも。やめよう（笑）長くなる。もうイメージは湧くよね。こんな一騎打ちが中心だったから、集団戦法にはてこずったことだろう。

日本軍が苦戦したもう一つの原因は元軍の新兵器だ。その名も**「てつはう」**。気をつけてほしいのは鉄砲ではないということだ。要するに火薬だと思えばいい。この火薬、人間よりもむしろ馬を相手に効果があったようだ。つまり火薬の「ドカーン」という音に馬が驚いて暴れてしまう。そうなると馬に乗っている武士たちもふり落とされる。そしてそこを集団戦法の元軍にやられてしまうわけだ。かくして日本軍は大苦戦。ところがここで奇跡が起こった。

台風がやってきて沖に停泊していた元の船を次から次へ壊してしまったのだ。もちろん船に乗っていた元の兵士たちもある者は溺れ、ある者は流されて捕らえられた。

こうしてわずかに残った元の船は退却するしかなくなった。一応日本軍の勝利ということになるわけだ。この出来事を**文永《ぶんえい》の役《えき》**と呼んでいる。1274年の出来事だ。

さてその知らせを聞いたフビライ＝ハンだが、そんなことではあきらめない。再び船団を整え7年後にまたまた日本にやってきた。1281年の出来事。これを**弘安《こうあん》の役《えき》**という。

執権、北条時宗はもちろんこれを迎え撃つ（まあ自分が北九州まで出かけたわけではないけれど）。さあ結果はいかに？

これがねえ、実はまたまた元の船が嵐にあって…。あとはわかるよね。

こうして神の助け？　もあって、日本軍は元軍を撃破したんだ。

けれど勝ったには勝ったけど、幕府はとても弱ってしまった。

●元寇の影響と幕府の滅亡

勝ったのに何で困るの？　元がまた来たの？　いやいやそうじゃない。

あのね、戦に勝ったんだよね。ならば当然命懸けで戦った御家人たちに褒美《ほうび》をやらなければならない。やればいいじゃん？　いやいやそう簡単ではないのだ。この時代の褒美はなんだっけ？　そう土地だ。では戦に勝ったときに恩賞《おんしょう》（褒美のことだ）として与えられる土地はどういう土地か知ってるかい？　実は滅ぼした相手、つまり戦に負けた相手の領土を奪ってそれをそのまま分け与えていたんだよ。となると、もうわかるよね。

今回の場合、相手は海の向こうだ。だから戦には勝ってもその領土を奪うことはできなかった。君たちだって目一杯頑張ってご褒美に「よーし、よく頑張った、これはご褒美だ。月の土地だ。いい場所だぞぉ」なんて言われても困るよね。実際にそこへ行けるわけでなし。そんなわけで御家人たちは褒美がもらえず、幕府も満足に褒美を与えることができず困ってしまった。そうそう、君たちが元寇を習うときに教科書なんかに必ず出ている絵がある。馬に乗った武者がふり落とされそうになっていて、近くで火薬が爆発したところを描いている絵だ。これはね「蒙古襲来絵詞《もうこしゅうらいえことば》」というんだけど、これはね、竹崎季長《たけざきすえなが》という人が、褒美をもらうために描かせたものなんだ。つまり「オレはこんなに頑張ったのだからどうか褒美をください」ということだね。彼はその甲斐あって恩賞をもらっているけれど、大半の御家人はもらえなかったんだね。

今なら「せっかく頑張ったのにご褒美なしか、ちぇ」くらいですむかもしれないけれど、このときの御家人たちはそれではすまなかった。というのは、彼らは自腹、つまり鎌倉から北九州までの交通費、鎧や馬、槍、刀などの武具代、鎌倉を出てから戦って帰るまでの食料費、それらすべてを幕府からもらうことなく、自分で払っていたんだ。それもこれも勝てさえすれば、手がらをたてさえすれば、あとから給料が（もちろん土地）もらえると信じていたからだ。なのにそれが一切なかった。

仕方がないので御家人たちは借金をした。さすがにサラ金などはなかったけれど、顔なじみのお店などから借金をしたのだろう。

それを見ていた幕府は考えた。このままでは御家人がかわいそうだ。それに幕府に不満をもつだろう。といって土地を与えることはできないし、そうだ！　こうしよう！　で**徳政令**《とくせいれい》（**永仁**《えいにん》**の徳政令**）を発布したんだ。では徳政令ってなんだろう？

それはね、幕府が出した法律のようなものなんだけど、内容は「御家人がお店などからした借金はなかったことにする」というもの。えーっ？　そんなのあり？

そう、おかしいよね。借りたものは返すのが当たり前だよね。でも実際にはこういうのはよくあることなんだ。

で、この徳政令、どうだったと思う？　御家人たちは喜んだと思うかい？

普通だったら大喜びだよね。今までにした借金は帳消しになって払わなくていいというんだから。誰だい？　そんなことならもっと借りておけばよかったなんて言ってるのは？　まあ確かにそう思った御家人もいたかもしれないね。実際徳政令が出されてすぐには、確かに一旦御家人は喜んだ。でもね。結果として徳政令は御家人の生活をさらに苦しめることになったんだ。え？　なぜだかわからない？　そうだよね、じゃあ順を追って説明しよう。

御家人は貧乏になった↓借金した↓徳政令が出た↓借金が帳消しになった。

ここまではいいよね？　問題はこのあとなんだ。御家人たちにお金を貸していたのに返してもらうことができなくなったお店の人たちなどはどうなる？　そう、当然困るよね。腹も立てただろう。今なら裁判なんてのもあるけれど、この時代にはそんなものはない。ひどい命令だけど身分が上の武士たちに逆らうことはできない。泣き寝入りするしかなかった。でもね、これから先は御家人には絶対にお金を貸さない、という予防手段はとれるよね。そして実際にそうなったんだ。つまり徳政令以降は御家人たちは借金すらできなくなった、ということだ。貧乏だけどお金を借りながらどうにか生活ができていた御家人たちは、もはやそれすらできなくなった。つまり結果として、前よりもひどくなってしまったわけだね。どうしようもなくなった御家人の不満は爆発する。

そこに**後醍醐天皇**《ごだいごてんのう》をはじめとする朝廷側の働きかけがあって、ついに１３３３年鎌倉幕府は終わりを告げることになる。実際にはそう簡単に幕府が滅びたわけではなかったんだけどね。そのあたりは次の章でお話しすることにしよう。

●鎌倉文化

鎌倉時代の文化を「鎌倉文化」と呼んでいる。武士の時代にふさわしく「素朴で力強い文化」だよ。ここでは鎌倉文化についてまとめておこう。

まず文学、歌集では**藤原定家《ふじわらのていか》**編さんの「**新古今和歌集《しんこきんわかしゅう》**」、「**小倉百人一首《おぐらひゃくにんいっしゅ》**」を挙げるのもいいね。それから随筆、

「行《ゆ》く川《かわ》のながれは絶《た》えずして、しかも本《もと》の水《みず》にあらず。よどみに浮《う》ぶうたかたは、かつ消《き》えかつ結《むす》びて久《ひさ》しくとゞ《ど》まりたるためしなし。世《よ》の中《なか》にある人《ひと》とすみかと、またかくの如《ごと》し」

（流れ行く川の流れは絶えることがない。そして水は次々に新しい水に入れ替わっている。水溜《みずたま》りに浮かんでいる泡も、消えたりまたできたりしてとどまることがない。この世の中にいる人もまた住まいも同じようなものだ）

という**無常観《むじょうかん》**（仏教的な考え方。形ある物はいつかは壊れ、生きている者はいつかは死んでしまう、永遠に存在するものなどこの世にはないという考え）を表した冒頭で有名な**鴨《かもの》長明《ちょうめい》**作の「**方丈記《ほうじょうき》**」は傑作。また同じく冒頭の

「つれづれなるままに　日《ひ》ぐらしすずりにむかひ《い》て　こころにうつりゆくよしなしごとをそこはかとなく書《か》きつくれば　あやしう《ゆ》こそものぐるほ《お》しけれ」

（これといってすることもなく退屈なままに　一日中紙を前にして　心に思い浮かぶあんなことやこんなことを　とりとめもなく書いてみれば　不思議な気分になって落ち着いてはい

られなくなる）

という一節が有名な**吉田兼好**《よしだけんこう》（兼好法師、卜部兼好ともいう）の「**徒然草**《つれづれぐさ》」も有名な作品。これもまたテーマは「無常」。

さらに鎌倉時代に生まれたジャンルである**軍記物語**《ぐんきものがたり》（軍記物《もの》ともいう）では、源平合戦を描いた「**平家物語**」がある。この平家物語は盲目の**琵琶法師**《びわほうし》らによってギターのような弦楽器琵琶で弾き語りをされ、それをモデルにのちに**小泉八雲**《こいずみやくも》（本名、ラフカディオ・ハーン）の「怪談」の中で「**耳なし芳一**《みみなしほういち》」のお話も作られているね。

建築ではこの時代の武士の館の建築様式**武家造**《ぶけづくり》。さらに**東大寺南大門**《とうだいじなんだいもん》や**円覚寺舎利殿**《えんかくじしゃりでん》が有名だ。

また彫刻においては**運慶**《うんけい》、**快慶**《かいけい》の**金剛力士像**《こんごうりきしぞう》が力強い魅力をもった作品だよ。

●鎌倉新仏教

鎌倉時代には新しい仏教の宗派も多く誕生した。これも紹介しないわけにはいかないだろう。まずは浄土信仰系の宗派二つ、**法然**《ほうねん》の**浄土宗**《じょうどしゅう》とその弟子の**親鸞**《しんらん》の**浄土真宗**《じょうどしんしゅう》だ。どちらも阿弥陀仏への帰依を勧めるものだけれど、法然の浄土宗が「**南無阿弥陀仏**《なむあみだぶつ》」という**念仏**を唱えることを必要としたのに対して、親鸞の浄土真宗は、阿弥陀仏は自分にすがる者はすべて極楽浄土に往生させる、と約束してくれているのだから、念仏など必要がない。何もしなくても阿弥陀仏を信じてさえいれば極楽へ行けると説いたんだよ。なお彼は僧侶でありながら妻帯して（妻を持って）子供ももうけている。**歎異抄**《たんにしょう》の中で、彼のあまりにも有名な言葉「善人《ぜんにん》なほ《お》もて往生《おうじょう》をとぐ、いは《わ》んや悪人《あくにん》をや」が語られている。

（善人でさえ往生できるというのに、まして悪人が往生できないということはあるまい）

これは**悪人正機説**《あくにんしょうきせつ》といわれているんだけれど、なんだかおかしいのがわかるかな？　普通逆だよね、悪人でさえ往生できるのなら…となるはずだ。ところがこれは間違いではないんだ。彼の理論では、善人は善人だから自分の力で往生しようとする、これがよくないというんだ。阿弥陀仏にすがるという**他力本願**《たりきほんがん》が重要だと彼は説く。だから悪人は「自分は悪いことばかりしていたから到底救われない、せめて阿弥陀仏におすがりしなければ」と必死ですがるから、**自力本願**ではなく、他力本願を自然にできる、ということで悪人のほうが救われやすいと説いたんだね。なんだか納得いかないだろうけれど、こうした考え方は実はキリスト教にもイスラム教にもある。「神は人間の想像を超えたところで善悪を判断しているのだから、人間の目で善に見えても、悪に見えても、神がそう判断するとは限らない」というわけなんだね。ちなみに親鸞の宗派は**本願寺**に受け継がれるよ。浄土真宗はのちに**一向宗**《いっこうしゅう》と呼ばれるようにもなる。あの**一向一揆**《いっこういっき》の**一向宗**だよ。

次に禅宗の宗派を二つ紹介しよう。**栄西**《えいさい》の**臨済宗**《りんざいしゅう》と**道元**《どうげん》の**曹洞宗**《そうとうしゅう》だ。お釈迦様は座禅を組むことで悟りを開いたといわれている。だからこの二つの宗派は共に座禅を組んで自らの力で悟りを得ることを勧めたわけだ。これは武士の気風にもあっていたので、幕府の保護を受け、禅宗は鎌倉時代に大いに発達することになる。ちなみに曹洞宗の本山があの有名な福井県の**永平寺**《えいへいじ》だよ。

次にちょっと変わった宗派を紹介しよう。**一遍**《いっぺん》の**時宗**《じしゅう》だ。時宗も浄土系の仏教だ。だからもちろん阿弥陀仏を信仰する（ちなみに時宗の信者を時「衆」と呼び、名前に「…阿弥」がつくことが多いよ。室町時代の観阿弥、世阿弥親子が有名だね）。ただし浄土宗系と違うのは「阿弥陀仏は偉大だから信仰などしなくても念仏さえ唱えれば、阿弥陀仏は勝手に救ってくれる」と考えたところだ。そこで時宗では念仏が重要になる。ただし念仏も救われるための条件ではなく、「ああ、これで私は救われた。よかったよかった、ありがとう」というお礼のような位置づけだ。**賦算**《ふさん》といって「南無阿弥陀仏、決定往生六十万人」と書かれた札をばらまくことを勧めたり、**踊**《おど》**り念仏**《ねんぶつ》といって、太鼓や鉦《かね》を打ち鳴らしながら、踊って念仏を唱えたのが特徴だよ。

最後に大物を紹介しよう。**日蓮宗**の**日蓮**《にちれん》だ。彼はあらゆる仏教のお経の中で**法華経**《ほけきょう》だけが唯一正しく、あとは誤りでろくなもんじゃないと主張した。そして**南無妙法蓮華経**《なむみょうほうれんげきょう》の**題目**《だいもく》を唱えることのみで人やこの国は救われると説いたんだ。したがって日蓮宗は仏教にはめずらしく非常に排他的（他の存在を許さない）な宗派で、彼の有名な言葉に「念仏無間《ねんぶつむげん》、禅天魔《ぜんてんま》、真言亡国《しんごんぼうこく》、律国賊《りっこくぞく》」というのがある。
（念仏など唱えていると無間地獄へ落ちるぞ、禅などは悪の魔王である天魔のなせる技だ。真言など信じていると国は滅びるし、律宗など信仰している者は国を滅ぼす国賊だ）。どう？

ちょっとひと休み！　仏教の変遷

●奈良時代

国家仏教　国を治めるための仏教。鑑真が唐招提寺を建立

●平安時代

初期【平安新仏教の登場】　最澄、空海の密教が、貴族に祈祷を通じて圧倒的支持される

最澄
天台宗
（比叡山延暦寺）

空海
真言宗
（高野山金剛峰寺）

中期以降　末法思想からくる浄土教（阿弥陀仏を信仰し来世に極楽浄土へ行く）が貴族に広がる

●鎌倉時代

【鎌倉新仏教の登場】　一遍を除いて、みな、もともとは天台宗（比叡山）に学んでいるが、比叡山を批判したため、弾圧を受けている。

浄土教系（念仏を唱え、阿弥陀仏を信仰）

法然
浄土宗（念仏＝「南無阿弥陀仏」を唱えれば極楽往生がかなうと説く）

親鸞
浄土真宗（法然の弟子、悪人正機説で念仏を広める）

一遍
時宗（踊り念仏で民衆に念仏を爆発的に広げる）

禅宗　（座禅で悟りを開く。鎌倉幕府と結びついて広がる）

栄西
臨済宗（禅宗を日本で広めた。お茶を宋から日本に持ってきたことでも有名）

道元
曹洞宗（栄西の建立した建仁寺に学ぶ、座禅を第一とする。本山は永平寺）

法華経

日蓮
日蓮宗（「南無妙法蓮華経」と題目を唱え、法華経至上主義で他宗派を徹底批判）

すごいでしょ？　こんな具合だから彼は当然強い迫害を受ける。それでも彼はめげない。逆に正しい教えを説くものは迫害にあう（法難《ほうなん》という）と法華経で説かれているのだから、私は正しい教えを広めているのだ、と自信をもってしまう。

「**立正安国論**《りっしょうあんこくろん》」という著書まで書いて、当時の前執権**北条時頼**《ときより》（鉢の木の人だね）に意見さえしている。「私の言うことを信じないと国外からの侵略にあって国が滅びますよ」と。のちに元寇があったから彼の予言はあたっている気もするし、でも日本は滅びなかったからはずれている気もするし。また彼は自分自身が釈迦の生まれ変わりだと信じていた（正確には釈迦↓上行《じょうぎょう》菩薩《ぼさつ》↓日蓮と考えた）。だから日蓮宗では法華経はもちろんのこと、日蓮自身を崇拝することにもなる。非常にエキセントリックなこの宗派に魅力を感じた有名人は多く、「雨ニモ負ケズ」の詩で有名な童話作家の**宮沢賢治**や日中戦争の頃の陸軍の大物**石原莞爾**《いしはらかんじ》なども日蓮宗の信者だったといわれているよ。

第六章　室町時代

【足利幕府と南北朝】

室町時代が苦手な人は多い。なんせわかりにくいし、それに地味だ（笑）。わかりにくさから説明しよう。実は教科書で室町時代とされている中にはいくつかの時代が含まれる。普通だとひとつの時代が終わったら次の時代が始まるでしょ。だけど室町はそうじゃない。時代と時代がダブっている。だからわかりにくい。次に地味な理由。本当は室町は先ほど挙げた時代全部を含んでいるんだから、とても派手なはずなんだけどあまり目立たない。というのは「初めて」が少ないから。だけどね、この時代、ある意味本当に日本の歴史の特徴が凝縮されているんだ。表向きは地味だけど一皮めくると実に派手で面白い。そんな室町を案内しよう。

●建武の新政

1333年、鎌倉幕府が滅びると、**後醍醐天皇**《ごだいごてんのう》は早速自らが中心となる政治（親政）を開始した。これを**建武**《けんむ》**の新政**《しんせい》という。建武の新政は天皇自らが政治を行う「親政」でありながら、「新しい政治」ということで「新政」だからちょっとややこしいよ。

さてこの建武の新政、新しいとは名ばかりで、やっている内容はとてつもなく古い。どれくらい古いかというと、鎌倉時代を通り越して平安時代、それも清盛による政治や、白河上皇らの院政、さらに藤原氏の摂関政治の頃を越えて、醍醐・村上両天皇の頃を理想としていた。この二人の天皇の時代は天皇自身による親政が行われ、**延喜天暦**《えんぎてんりゃく》**の治**《ち》と呼ばれ、後年の天皇たちにとっては理想とされていた。ちなみにこれらの天皇が活躍したのは900年代、つまり10世紀のこと。建武の新政開始時が1334年だから、なんと400年も前の時代に遡《さかのぼ》ろうとしていたわけだ。こんな無理なことが通るわけがないよね。だって、明日から江戸時代に戻るぞ、って言われても無理でしょ。それと同じだよね。特にひどかったのは、鎌倉幕府を滅ぼすために命懸けで働いた武士たちをないがしろにしたこと。武士たちは手がらを立てても褒美ももらえず、それどころか今まで持っていた土地を取り上げられたりして、「これじゃあ鎌倉幕府よりひどいじゃないか、何のために命懸けで戦って幕府を滅ぼしたんだ」と。そして当然その声は集まって「もう一度誰かに幕府を開いてもらおう。そして武士の権利を認めてもらおう」となるわけだ。

1334　さ(3)　あさ(3)　し(4)　っかり　後醍醐天皇

さあさしっかり、建武の新政。

だけどあんまりしっかりやらなかったというか、変な方向にしっかりやっちゃったというか、だから新政はわずか数年で終わってしまった。武士が主役の時代に皇室と公家《くげ》（貴族のことね）だけを大事にしてちゃダメだよね。

●室町幕府のはじまりと南北朝時代

後醍醐天皇の建武の新政に不満をもった武士たちの声を代表したのが**足利尊氏**《あしかがたかうじ》だった。彼は幕府を滅ぼすのに手がらを立てたし（実際に鎌倉を攻めたのは新田義貞《にったよしさだ》だったけれど）、源氏の血をひく名門だったし（北条氏よりも家柄が上）、何より天皇にゴマをすらず、武士たちの言い分を聞いてくれたから、武士たちにとっては願ってもない人物だった。

彼はけっして天皇を追い出して自分が天下をとろうという野心満々というタイプではなかったけれど、武士たちを無視するわけにもいかなかったんだろう。幕府を開くことを決意した。ところがだ。幕府を開くには征夷大将軍に任命されなければならない。征夷大将軍に任命する権利があるのはほかでもない天皇だ。後醍醐天皇は武士が嫌い、幕府は大嫌い。そんな天皇が尊氏を将軍に任命するわけがない。そこで尊氏は新しい天皇を連れてきた。実は、鎌倉時代の末期から朝廷は二つの血統に分かれていて、それぞれが激しく天皇の地位を争っていた。持明院統《じみょういんとう》と大覚寺統《だいかくじとう》がそれだ。そもそものきっかけは鎌倉時代に遡る。時の天皇、後嵯峨天皇《ごさがてんのう》は息子の後深草天皇《ごふかくさてんのう》に位を譲って（譲位《じょうい》という）院政を開始した。そのままだったらよかったんだけど、後嵯峨上皇（すでに院政を始めているから天皇ではなくて上皇だ）は、聡明でかわいくて仕方がなかったもう一人の息子を天皇にするために、後深草天皇を無理やりやめさせてしまう。このとき即位した後嵯峨上皇にかわいがられていた皇子がのちの亀山天皇だ。以後、後深草天皇の系統（持明院統）と亀山天皇の血統（大覚寺統）が皇位を争うことになったというわけ。「そんなもん、お互い交代で天皇になるようにすればいいじゃん」と考えたあなた、偉い！　そのとおり。そして実際に鎌倉幕府がそのように提案してお互いが交互に天皇の位につくことになった。これを文保《ぶんぽう》の御和談《ごわだん》と呼んでいる。ところが後醍醐天皇はこれが気に入らなかった。細かいことは省くけど、この方式だと自分の子供を天皇にすることができなくなってしまうからだ。実は彼が幕府を滅ぼすことに夢中になったのにはそういう結構身勝手な理由もあったんだ。だから建武の新政のとき、後醍醐天皇の血統（大覚寺統）のほかにもう一つの血統（持明院統）があって、そちらの皇族たちはあまり恵まれない生活をしていた。尊氏はそこに目をつけたんだ。貧しい恵まれない生活をしていた持明院統の天皇に近づき、自分を征夷大将軍に任命してくれることを条件に、自分の武力で力づくで天皇に即位させてやると働きかけた。こうして後醍醐天皇とはまったく別の新しい天皇**光明天皇《こうみょうてんのう》**が誕生し、その光明天皇によって足利尊氏は征夷大将軍に任命され、幕府を開くことになった。これがのちの**室町幕府《むろまちばくふ》**になる。

1338年　さ(3)っさ(3)とや(8)ろうぜ　室町幕府

さあさやろうよ、足利尊氏。１３３８年、足利尊氏が室町幕府を開く。

北朝(持明院統)と南朝(大覚寺統)

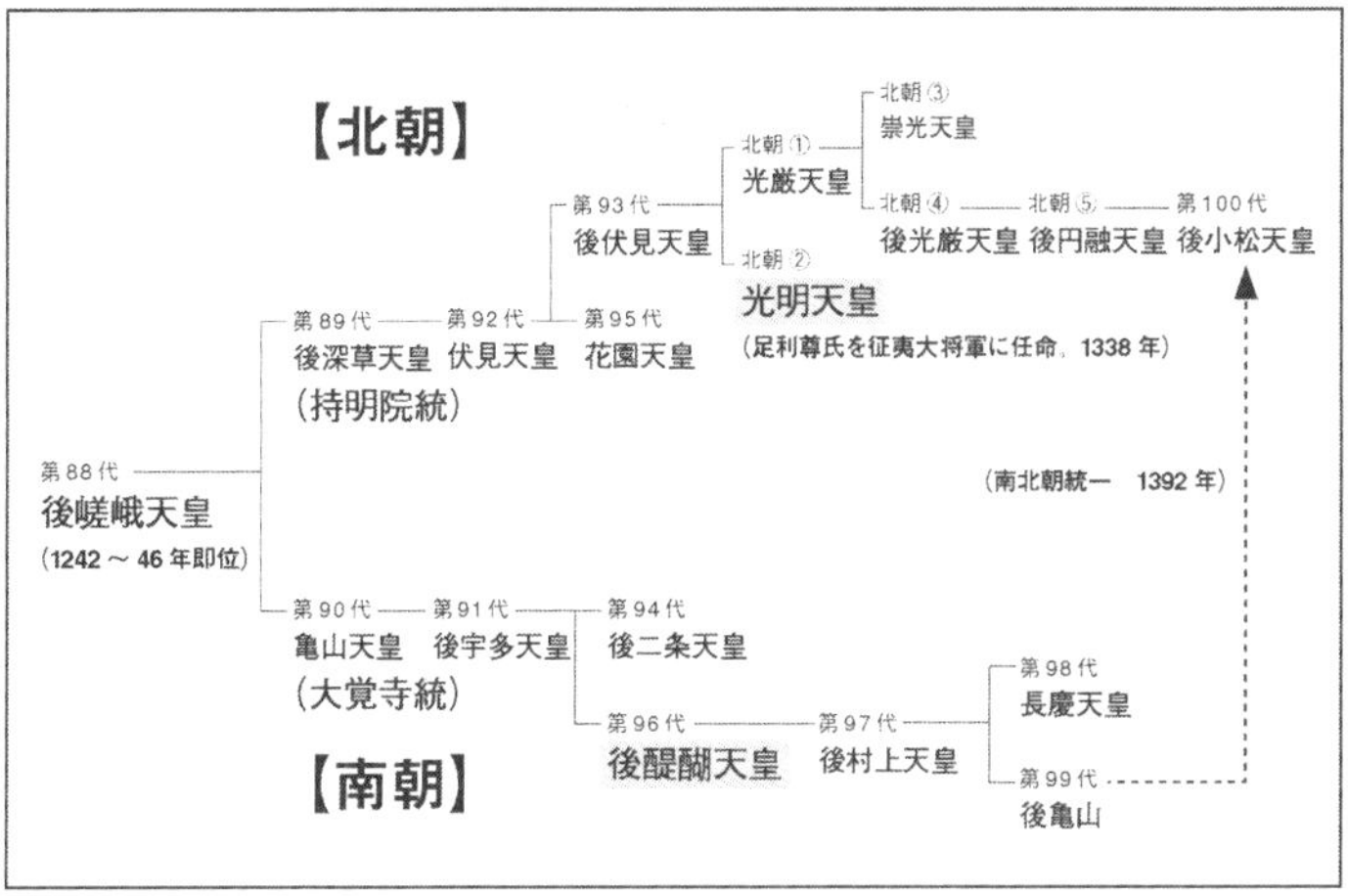

室町幕府の仕組みはほとんど鎌倉幕府と変わらない。ただ鎌倉幕府でいう六波羅探題の代わりに**鎌倉府**《かまくらふ》という出張所があって**関東公方**《かんとうくぼう》が置かれ、そのもとに**関東管領**《かんとうかんれい》が置かれた。さらに鎌倉幕府では将軍の下には執権がいて勢力をもっていたけれど、室町幕府では**管領**《かんれい》と呼ばれる役職があった。執権は代々北条氏によって受け継がれたけど、管領のほうは**斯波**《しば》、**細川**《ほそかわ》、**畠山**《はたけやま》の三つの一族が交代で務めた。ちなみにこの三つの一族を**三管領**《さんかんれい》という。参考までにその次に偉い侍所の長官は**山名**《やまな》、**赤松**《あかまつ》、**一色**《いっしき》、**京極**《きょうごく》の四つの一族が担当したので、彼らを**四職**《ししき》と呼ぶ。地方には**守護大名**たちがいたが、室町幕府は将軍の力が弱く、守護大名の連合政権のようなものだった(一部の将軍の時期を除いては)。

ところで光明天皇が即位しても、後醍醐天皇はそれを認めなかった。「そんなもん、にせの天皇じゃないか、本物は俺だけだ」と。とはいうものの光明天皇には足利尊氏をはじめとする武士たちがついている。そこで後醍醐天皇は奈良の吉野に逃れて、そこで政治を続ける。これ以降、1392年まで日本では京都の光明天皇の朝廷と　奈良の吉野の後醍醐天皇の朝廷の二つの朝廷が同時に存在する時代を迎える。二つあるとややこしいので、京都の朝廷を北朝（京都は「き」ょうと、だから北だ）、奈良の朝廷を南朝（奈良は「な」だから「なん朝だ）と呼んだ。

尊氏、光明天皇、京都の北朝。後醍醐天皇、奈良、吉野の南朝だ。

ただし当時はそれぞれ自分だけが正しい天皇であり、自分たちだけが正統な朝廷だと言い張っていたので、自分たちのことを北朝とか南朝とは呼んでなかったけどね。

●足利義満の登場

尊氏が征夷大将軍に任命され幕府を開いたものの、南北朝の争いは容易には終わらなかった。そして幕府の命令に従う大名もまだまだ多くなかった。この時代、各地の守護は守護大名と呼ばれるようになってかなり力をつけていたが、それぞれ自分たちの勢力を伸ばすために北朝に味方したり南朝に味方したり、昨日の敵が今日は味方になって、とんでもなくめまぐるしい戦いが続いていた。このあたりのことは「太平記」という軍記物語に詳しい。漫画版でもいいので一度ぜひ読んでみてほしい。

南北朝時代がいかにめちゃめちゃだったかが一番よくわかるエピソードを語ると、尊氏に

ポイント整理
鎌倉幕府崩壊から室町幕府成立まで

1318年　後醍醐天皇即位

↓

天皇が鎌倉幕府打倒を計画
2度失敗（正中の変、元弘の変）

↓

天皇が倒幕の命令書を散布
全国各地で倒幕挙兵

↓

1333年　鎌倉幕府崩壊

足利尊氏が京の六波羅探題（幕府側）を倒す
新田義貞が鎌倉幕府の北条氏を滅ばす

↓

後醍醐天皇による建武の新政

↓

軽視された武士が不満を爆発させる

↓

1336年　足利尊氏が反乱、一度は敗れるが後醍醐天皇を幽閉

↓

1338年　足利尊氏は光明天皇から征夷大将軍に任命され、室町幕府を立てる

は直義《ただよし》という弟がいた。尊氏は戦の名人、それに対して直義は政治の名人、二人仲良く幕府を運営していたのだけれど、これがなんと仲たがいして、ついには直義は南朝についてしまう。一度は尊氏を追い詰め（殺すこともできた）るほど勢いのあった直義だけど、最後には尊氏の配下によって殺されてしまう。どう？　味方がいきなり敵になっているスゴイ時代でしょ。のちの戦国時代でさえここまでひどくはないよ。

これら魅力的な人物たちの活躍に機会があったら触れてみてほしい。

さてそんな状況の中、尊氏の息子の**足利義詮**《よしあきら》が二代将軍となったが、彼は戦に継ぐ戦のうちに人生を終えてしまった。幕府が最盛期を迎えるのはその息子**足利義満**《よしみつ》の時代だ。この義満は一説によれば、自分の息子**義嗣**《よしつぐ》を天皇にすることで皇室をのっとろうとしたとさえいわれているスゴイ男だ（実際死後、太政天皇《だいじょうてんのう》という位を朝廷から与えられている。ただし義満にあまりかわいがられていなかったもう一人の息子で、将軍だった**義持**《よしもち》によって辞退されているが）。このスゴイ男のやったことをこれから見ていこう。ちなみに室町幕府の名前は、義満が京都の室町に**花の御所**と呼ばれる屋敷を作ってそこで政治を行ったことに由来しているよ。

●義満の政治

義満は、尊氏も義詮もできなかった南北朝をひとつにまとめるという偉業を達成した。

1392年　い(1)ざ(3)く(9)に(2)まとまる南北朝の合一

いざ国まとまる　南北朝の合一　だ。

実はこれは詐欺《さぎ》のような手法で行われた。すでにこの時代、南朝に味方する武士は数少なく、南朝はほそぼそと奈良の吉野で政治を行っていたのだけれど、そこにつけこんだ義満は「これからは南朝と北朝、それぞれが交代で天皇を出すことにしよう。とりあえずまずは（自分たちの）北朝から始めたい」と提案する。鎌倉時代の「文保の御和談」と同じだね。そして「ついては天皇の位の証拠でもある三種《さんしゅ》の神器《じんぎ》を渡してくれ」と言って、南朝にもちかけ、承諾を得て、三種の神器を受け取った。ちなみに「三種の神器」というのは**八咫鏡**《やたのかがみ》、**天**《あめの》**叢雲剣**《むらくものつるぎ》、これは別名**草薙剣**《くさなぎのつるぎ》、そして**八尺瓊勾玉**《やさかにのまがたま》の三つの宝物をいう。このうち八咫鏡は三重県の伊勢神宮に、天叢雲剣は愛知県名古屋市の熱田神宮に、八尺瓊勾玉は皇居にそれぞれ大切に安置されている。歴代天皇が正式の天皇であることの証拠として保持していた品だ。ただし実は三種の神器、天皇ですらホンモノを目で見たことはないといわれている。すべて過去において紛失していて、今存在しているのはレプリカ（複製）だという意見もあるくらいだ。とはいえ、誰もホンモノを見たことがないのだから、どの説が正しいかも永遠の謎だ。

ともあれ、義満は手段は卑怯ではあったけれど、一滴の血を流すこともなく南北朝をひとつにまとめ、一つの国に二つの政府、二人の天皇が存在する状態を解消したのだから、やはりたいした政治家であるといえるだろう。

この頃、中国や朝鮮の沿岸部に**倭寇**《わこう》と呼ばれる日本人の海賊たちが出没した。この当時、中国は**明**《みん》が支配していたが、明の皇帝は義満に倭寇の取り締まりを要求、「日本国王源道義」

（道義というのは義満の僧としての名前だ）と名乗り、すでに天皇を差し置いて日本の王として、明に貢物《みつぎもの》を送り、その支配に属していた義満はこれを承諾する（このあたりでさりげなく義満が天皇をないがしろにしていたことがわかるよね）。ただし義満もただでは引き受けない。せっかくだからと明との間で貿易を開始する。その際、倭寇の船ではない正式な許可を得た貿易船であることを証明するために**勘合**《かんごう》といわれる合札を持つようにした。勘合はもともとは木の1枚の札で、そこに「本字壱号」のような文字がはんこで押されていた。相手の明にも残りの半分があって、これを二つ合わせてピッタリと字が読めればＯＫというわけだ。よく少年マンガ週刊誌の裏表紙や、縁日や観光地などで売られているカップル同士で半分ずつ持ち合うハート形のペンダントがあるでしょ。あれと同じだと思えばいい。勘合または**勘合符**《かんごうふ》と呼ばれる合札を用いて貿易を行ったので、この貿易を**勘合貿易**という。

勘合貿易は１４０４年に開始されたが、日本からは主に刀剣や銅や硫黄を輸出し、明からは主に明銭や生糸や絹織物などを輸入した。この貿易で義満の経済力はさらにアップしたよ。

スゴイ男義満だけど、なんといっても一番有名なのは**金閣**を建てたことだろう。

世界文化遺産にも登録されているこの金閣は、もともとは義満の別荘として建てられた。

現在30代以上の大人の人にはなつかしい「一休さん」というテレビアニメがあったけれど、そこではよく「将軍様」こと義満がこの金閣で一休さんにとんちでやりこめられていたものだ（両者ともに実在の人物だけど、アニメのエピソードはもちろん実話ではないよ）。応仁の乱で周りの建物が焼け、戦後放火で焼失しまった金閣だが（従って現在の金閣は再建）、当時は表面に金箔をぬった豪華な建物だったという。金閣に代表する室町初期の文化を北山文化というよ。

●恐怖のくじ引き将軍、義教

天下を極めた義満だったが、突然急死してしまう（暗殺説もある）。そのあとを継いだのは義満の生前から将軍となっていた義持だが、彼は弟の義嗣ばかりかわいがる義満が好きではなかった。だから義満のやってきたことを否定し、義嗣を殺害してしまったりもした。とはいえ、けっしてダメ将軍ではなかった義持なんだけど43歳で死んでしまう。すでに16歳の長男**義量**《よしかず》にあとを託していたけれど、この義量は病気がちで、将軍になってわずか2年後に義持より先に亡くなってしまっていた。一説によると、大酒のみがたたったらしい。そんなわけで、義持の死んだあとを誰が引き継ぐかが大きな問題となった。

管領の提案で、次の将軍はなんとくじ引きで決められることになった。くじ引きというとびっくりしてしまうだろうけど、この時代くじ引きというのは神が決定すると考えられていたから、この将軍は神様に選ばれた将軍ということになるわけだ。4人の候補者のうち、僧侶の大物になっていた義円《ぎえん》が選ばれ、義教《よしのり》を名乗る（実はこのくじ引きが八百長だった可能性も高い）。

この将軍、小中学校の歴史の教科書には出てこないし、試験にも出ないけれど、実は義満を上回るスゴイヤツだ。管領の手元にあった政治の実権を取り戻して親政を始め、義持以降中断されていた勘合貿易を再開し、有力守護大名のあと継ぎ決定に口をはさみ、自分の指示に従う者にあとを継がせるようにしたり、言う事を聞かない大名に関しては殺害までした。さらに将軍直属の部隊を編成し軍事力を増強し、南朝の生き残り後南朝《ごなんちょう》の問題にも取り組む。また、関東公方《かんとうくぼう》の足利持氏《もちうじ》を自殺に追い込んだのは特筆ものだ。関東公方というのは、京都にある室町幕府が、鎌倉幕府が滅んでもなお有力御家人の多かった鎌倉を中心とする関東を支配するために設置された、ちょうど鎌倉幕府の六波羅探題にあたるものだ。ところが同じ足利の一族とはいえ、関東と京都では距離も離れていたため、代を重ねるごとに関東公方は力を増し、幕府の政治にも口をはさむようになった。実はあの義満でさえ、関東公方には手を焼いていたのだ。義教は関東公方の補佐役（助手）である関東管領《かんとうかんれい》の**上杉憲実**《うえすぎのりざね》を抱き込んで、その関東公方持氏を自害に追い込んでしまったというわけである（永享《えいきょう》の乱《らん》といわれている）。ちなみにこの上杉憲実は当時の学問所（学校みたいなもんだ）である**足利学校**の再興《さいこう》（一度落ち目になったものに再び力を与えること）の主役でもあることで有名だ。

　さてさて、まだまだ義教の偉業は多い。これまた義満でさえできなかった九州の平定を成しとげてしまった。さらに公家や寺社でも政治に口を出す場合は容赦なく処罰し、なんとあの信長よりも先に比叡山《ひえいざん》の焼き討ちも行っている。これを宗教の弾圧と見る考え方もあるけれど、この時代の比叡山は僧兵といって殺生を禁じられているはずのお坊さんが武器を持って兵隊となって政治に口を出していたのだから、そういう意味では義教のやったことはほめられたことではないかもしれないけれど、筋は通っている。

ただこんな具合に筋を通さない者にはとことん厳しかったので**万人恐怖**《ばんにんきょうふ》、**天魔**《てんま》などと呼ばれている。

こんな義教だったから、最後は守護大名の**赤松満祐**《あかまつみつすけ》によって暗殺されてしまった。これを**嘉吉の変**《かきつのへん》という。ともあれ、地味なイメージのある室町時代でさらに地味な足利将軍家だけど、こんなスゴイヤツがいたことは知っておいても損はない。

ところで義教のあとはわずか9歳の**義勝**《よしかつ》が継いだ。とはいえ、彼は満足な政治などできるはずもなく、しかも2年後に死んでしまう（死因については暗殺説も含めていろいろな説があるが、赤痢による病死説が有力）。

●究極のダメ将軍、義政と応仁の乱

義勝には当然息子などいなかったから、弟の**足利義政**《よしまさ》が8代将軍となった。この義政、尊氏、義満とともに室町時代を語るには絶対に外せない人物。義満がスゴイ男ならばこの義政は最高の将軍、ただし最高の「ダメ」将軍だ。

まずこの義政、とんでもない年上好きだった。なにせ自分の乳母（要するに母親代わり）を愛してしまう。これではあと継ぎが生まれない。そこで周りの家臣たちは若い健康な娘を勧めるのだけど、ダメ将軍義政はまるで興味をもたない。ばあさん、いやおばさんでないとダメなのだ。一応正妻には**日野富子**《ひのとみこ》が迎えられるが、そんなわけなのであと継ぎは生まれなかった。そこで義政の弟ですでに僧籍に入っていた（お坊さんになっていた）**義尋**《ぎじん》にお声がかかって、武士に戻らせて義視《よしみ》と名乗らせ、義政の養子にしてあと継ぎにしようとした。これを義視はかなり拒んだらしい。だってそうだろう。もし義視が養子になったあとで富子に男の子が生まれれば自分は邪魔者になってしまう。そうなると下手をすると命が危ない。坊さんとはいえ、この時代の身分の高い坊さんはかなり豊かな暮らしをしていたから、義視も危険を冒してまで義政の養子にはなりたくなかったことだろう。しかし義視の説得が続き、ようやく当時の幕府の実力者細川勝元《ほそかわかつもと》を後見人《こうけんにん》（まあ証人のようなものだ）にすることで納得させた。この時点であと継ぎが決定したのだから、義政は絶対に子供を作ってはいけなかった。にもかかわらず、翌年富子は男子を産んでしまう。さあ、大変だ。義政のあとを弟であり養子の義視が継ぐのか、実の息子の義尚《よしひさ》が継ぐのか、あと継ぎをめぐって緊張した状態になってしまった。

それでもこの時点で義政が「あと継ぎは○○にする」と宣言すればまだよかった。それでも争いのタネは残るだろうけれど、一応は収まったはずだ。ところが、この義政、一番やってはいけないことをしてしまったのだ。なんと、義政、家出をしてしまうのである。

「どうせ俺の命令なんか誰も聞きやしないじゃないか、それだったら決めてもしょうがない、あと継ぎはあんたたちで決めろよ」と、あと継ぎを決めることなく、趣味に没頭してしまうのだ（ちなみにあとで述べるが、義政は将軍としては究極のダメ将軍だけど、趣味の庭いじりや建築に関しては素晴らしいセンスの持ち主だった）。

こんなことをしていたら、あと継ぎ争いの戦が起こるに決まっている。かくして、足利義視、細川勝元を中心とする東軍《とうぐん》と足利義尚、日野富子、山名宗全《やまなそうぜん》（こちらもまた有力な守護大名だ）を中心とする西軍《せいぐん》の間で戦が始まった。これを**応仁《おうにん》の乱《らん》**と呼ぶ。

途中で義視と義尚、富子が入れかわるなど、応仁の乱も敵味方入り乱れて、なんと11年も続いた。しかもまずいことには戦場が京都である。平安の昔からのありとあらゆる貴重な建物が焼かれ、仏像などが破壊され、書物などが灰になってしまった。

それにしてもこんな戦、義政がもっとしっかりしていれば防げた戦だけに残念な話だ。むなしいねえ。

1467　ひと(1)のよ(4)む(6)な(7)しく応仁の乱

人の世　むなしく　応仁の乱　だ。

さてこの応仁の乱だが、結局ははっきりした勝敗もつかずに終わってしまう。その結果、残ったのは焼け野原となった都。そしてこの応仁の乱をきっかけに、それまでも弱まっていた幕府の力はますます衰えた。一応室町幕府はこのあと１５７３年、

い(1)ご(5)な(7)み(3)だの室町幕府

以後涙の室町幕府、以後涙の足利氏まで継続はするが、この頃から将軍の命令もろくに聞かず、各地の守護大名たちは勝手にふるまうようになった、それどころか実力で守護大名を追い出したり倒したりして、自分自身が大名になる者まで現れた。いよいよ戦国時代の始まりだ。

●銀閣と東山文化

ところで義政は将軍としては究極のダメ将軍だけど、趣味のセンスは超一流だと言った。そのことについて触れておこう。彼は京都の東山に**銀閣**という別荘を建てる。この銀閣は、金閣に比べて非常に地味だが、実は文化的には金閣以上に評価されている。というのも、現在の私たちの住む日本家屋に大きな影響を与えているからだ。銀閣の建築様式は**書院造**《しょいんづくり》という。禅寺の建築様式を真似たものだ。障子、ふすま、そして何といっても床の間、これらが作る落ち着いたたたずまいは美学《びがく》という学問の対象にさえなっている（外国人留学生に日本の美学の研究生が案外多いのだ）。

この銀閣は東山文化の代表的建築物とされている。金閣同様、世界文化遺産に登録されているよ。そしてこちらは再建ではなく当時のままの姿で残っているから、国宝にも指定されている。

●室町時代の社会と一揆

室町時代は商人や農民の間でも様々な動きが見られた時代でもあった。ここではそれらを紹介しよう。

まず運送業、馬を使った陸の運送業（要するに宅配便やトラック輸送の馬版だ）は**馬借**《ばしゃく》と呼ばれた。一方で船を使って海から物を運ぶのは**問丸**《といまる》と呼ばれた。**東回り航路**や**西回り航路**が用いられた。今でいう銀行のような仕事は**酒屋**《さかや》や**土倉**《どそう》と呼ばれる業者がやっていた。酒屋なんていうと、お酒を売る店のように勘違いしてしまいそうだから注意したい。同業者の組合である**座**《ざ》も重要だ。座については少し補足しておこう。たとえば塩なら塩、しょうゆならしょうゆを扱う業者が集まって「座」を作る。本当はライバル同士のはずなのに、なんでそんなものを作るのか？　その秘密はこれから先にある。この座の仲間でお金を出し合い、幕府や将軍その他の有力者にお金を差し出す。そしてその代わりに、自分たち以外はその商品を扱ってはいけないとか、もし商売したらとんでもない税金をかけてもらうようにする。まあ早い話が「賄賂《わいろ》」だ。この結果、座に加盟している商人は、自分たちだけが特定の商品を売ることができるようになるので大もうけできるというわけ。これはのちに江戸時代には**株**《かぶ》**仲間**《なかま》という組織に発展する。まあ内容は似たようなものだ。

農村もまた発展した。鎌倉時代に都を中心とする近畿地方で始まった**二毛作**は、この時代になると全国に広まった。また農村では**惣**《そう》と呼ぶまとまりを作り、その会議である**寄合**《よりあい》が頻繁に行われるようになった。これはのちに一揆とか自治に発展していくよ。

団結を固めた村人たちは集団で武装し、土倉や酒屋などを襲う**一揆**《いっき》を起こすようになった。ここでは主な一揆を紹介したい。

正長の土一揆

1428年に近江の馬借や農民が徳政令を求めて起こした一揆。日本の歴史上最初の一揆であるといわれている。

加賀の一向一揆

1488年、加賀国《かがのくに》（今の石川県）で一向宗の信者たちが、当時の加賀の守護**富樫政親**《とがしまさちか》を自害に追い込んだ一揆。以後百年間ほど加賀は守護不在となり、「百姓のもちたる国」といわれるようになる。

山城の国一揆

1485年山城国《やましろのくに》（今の京都）で起こった一揆。当時山城国では応仁の乱後の家督争いで、**畠山義就**《はたけやまよしなり》と**畠山政長**《はたけやままさなが》が争い、土地は荒れ果て、戦災にあう恐れがあった。そこで**国人**《こくじん》と呼ばれる地侍《じざむらい》（地元の侍）が農民と団結して、この両軍を追い出し、8年間自治を行った。

●室町文化

すでに金閣の北山文化、銀閣の東山文化についてはべたけれど、それ以外の室町時代の主な文化について語ろう。

まずは**能**《のう》、能楽ともいう。簡単にいうと能面というお面をつけて役者が演じる劇。登場人物が少ないこと、霊や鬼、天狗といったものが登場するちょっとオカルト的な内容が多いことなどが特徴だ。能自体はもともと存在したけれど、芸術の一分野として認められるようになったのはなんといっても**観阿弥**《かんあみ》、**世阿弥**《ぜあみ》親子の貢献によるものだ。この二人は義満と同時代の人物で、特に世阿弥は義満に非常にかわいがられた。彼は「**風姿花伝**《ふうしかでん》」という演劇論も書いていて、「秘すれば花」、「**幽玄**《ゆうげん》」「初心忘るるべからず」などという言葉は今も残っている。

次に**狂言**《きょうげん》。実は能も狂言も同じ**猿楽**《さるがく》という演劇から生まれたんだけど、能が神秘的な真面目な内容であるのに対して、狂言は少しこっけいでユニークな笑いをとるような親しみやすいものとなっている。最近ブームになっているから知っている人も多いんじゃないかな。

それから**連歌**《れんが》もまた室町時代に盛んになった。連歌とは文字どおり歌を連ねていくもの。もちろんここでいう歌というのは和歌のことだよ。貴族の屋敷や寺社などに当時の知識人が集まって、上の句と下の句を交互に詠み合う遊び。世阿弥の師匠でもある**二条良基**《にじょうよしもと》や**宗祇**《そうぎ》によって大成させられた。

さらに「**浦島太郎**」や「**鉢かづき**」「**一寸法師**」のようなおとぎ話も盛んになった。これらは「**御伽草子**《おとぎぞうし》」と呼ばれている。

また絵画では中国と禅の影響を受けた**水墨画**《すいぼくが》が盛んになった。

黒一色の墨で絵を描くあれだ。水墨画の世界では**雪舟**という天才が登場するよ。

この雪舟には有名なエピソードがあるよ。

幼い頃、お寺に預けられていた雪舟は絵ばかり描いていてお経を読もうとしない。そこで和尚さんに罰として柱に縛りつけられてしまった。涙を流した雪舟はその涙を使って足でネズミの絵を描いたという。その絵のあまりの見事さに雪舟は縄を解かれたとか。ほんとか嘘かはわからない。ただそんなエピソードが残るくらいだから、相当子供の頃から絵がうまかったのだろう。

第七章 戦国・安土桃山時代

【群雄割拠から天下統一へ】

日本の歴史で女性人気ナンバーワンが平安時代とするならば、男性人気ナンバーワンは英雄たちが合戦を繰り広げるこの戦国・安土桃山時代。

応仁の乱のあと、勢力を失った幕府に代わって、それぞれの地方で戦国大名たちがそれぞれの政治を繰り広げる。実はこれは明治維新までの長さに渡る、地方分権の時代のはじまりでもあった。武田信玄や上杉謙信らの時代を経て、織田信長・豊臣秀吉・徳川家康の三英傑による天下統一までの相次ぐ戦いは、壮大なスケールの合戦絵巻として大河ドラマやシミュレーションゲームでもおなじみ。

この章では彼らの活躍とその時代背景を眺めてみたい。

●戦国大名と下剋上

戦国時代の特徴は何といっても、各地で身分の上下をものともせず、実力で領地を広げる**戦国大名**の登場だろう。戦国時代を象徴する四字熟語として**群雄割拠**《ぐんゆうかっきょ》という言葉がある。「多くの英雄が各地で活躍する様」を表現している言葉なんだけれど、まさに戦国時代をいいあてているよね。戦国大名たちは武力だけでなく、知恵を使った作戦や時には謀略や諜報活動《ちょうほうかつどう》（スパイを使った作戦のことだ）なども行って、文字どおり実力で自分より身分が上の相手に取って代わったりもした。こういう風潮を**下剋上**《げこくじょう》というよ。たとえばあの有名な信長だって、実は織田家の統領ですらなかったんだよね。下剋上で名を馳《は》せたのは何といっても美濃《みの》（今の岐阜県）のマムシこと**齋藤道三**《さいとうどうざん》だ。彼は一応は武士の子供だけれど、お寺に出され、のちに油売りの商人になって、その情報網を生かして、ついには美濃の大名となってしまうんだ。これまでには考えられない大出世だね。

関東の覇者《はしゃ》、**北条早雲**《ほうじょうそううん》も負けてはいない。彼は足利家に仕えた身分の低い武士だったけれど、妹が**駿河**《するが》（今の静岡県）の名門、今川氏に嫁いだことをきっかけに、その後継ぎ争いを利用して一城の主になってしまう。最後には**相模**《さがみ》（今の神奈川県）を治める大名になってしまうんだから、これまたすごいよね。

さてそうした戦国大名たちは、それぞれ自分の領地だけに適用する独自の法律を作っていた。それらをまとめて**分国法**《ぶんこくほう》という。**越前**《えちぜん》（今の福井県）の朝倉氏の「**朝倉敏景十七箇条**《あさくらとしかげじゅうななかじょう》」や、ご存じ**甲斐**《かい》（今の山梨県）の武田氏の「**信玄家法**《しんげんかほう》」、先ほど登場した今川氏の「**今川仮**《いまがわか》

主な戦国大名たち（1540年ごろ）

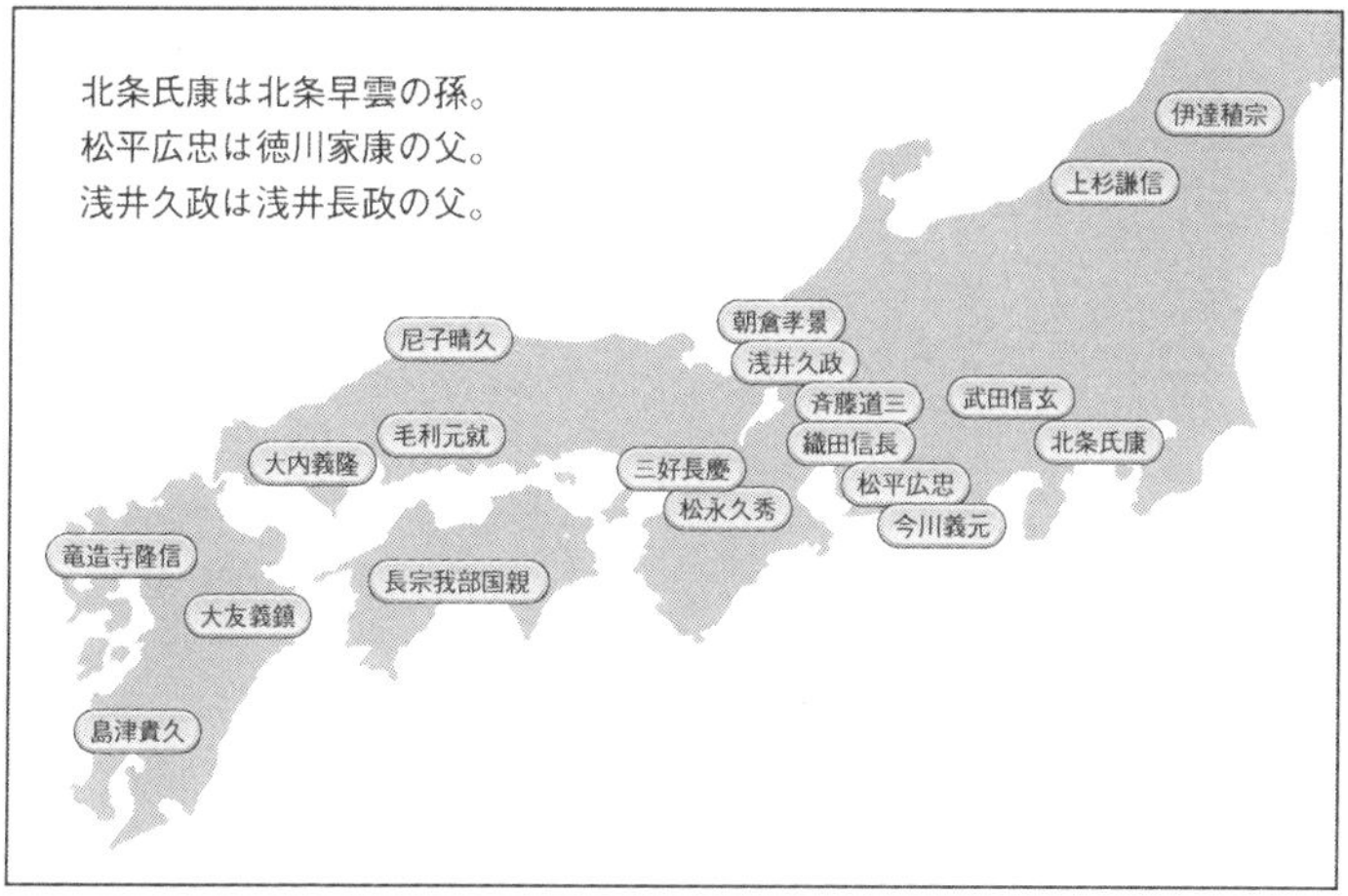

名目録《なもくろく》」などが有名だ。これらの分国法はいかにも戦国大名らしくどれも実用的なものだったよ。戦国大名たちは数えきれないほどの合戦を繰り広げたけれど、特に**武田信玄《たけだしんげん》**と**越《えち》後《ご》**（今の新潟県）の**上杉謙信《うえすぎけんしん》**によって12年間五度にわたって争われた**川中島の戦い**がとても有名だね。史実かどうかは別にしてこの二人には、「一騎打ちをしたことがある」とか「敵に塩をおくる」なんてエピソードが残っているよ。

戦国大名たちは城を築き、その周りに町を作った。これが**城下町《じょうかまち》**だ。城は初めの頃は**山《やま》城《しろ》**といって、地形を利用して山のてっぺんなどに築かれていたけれど、のちに**平城《ひらじろ》**といって、平地に天守閣や堀を持った城が建てられるようになるよ。

ちなみに城下町のほかにもお寺や神社を中心に栄えた**門前町《もんぜんまち》**、港を中心に栄えた**港町**なんてのもある。
今の大阪府にある**堺**《さかい》の町などは港町として栄えただけでなく、貿易で得た多額のお金を利用して、町の周りに堀をめぐらせ、各大名相手に商売したり、贈答をしたりして、どの大名にも属さない**町衆**《まちしゅう》といわれる町の有力者たちを中心の自治を行っていた。これもすごいことだね。

●鉄砲伝来とキリスト教の伝来

1543年、薩摩《さつま》(今の鹿児島県)の**種子島**にポルトガル人を乗せた舟が流れ着いた。このときにポルトガル人は日本にはまだなかった武器である鉄砲を持っていた。鉄砲はその後全国に広まる。驚くべきは日本人は鉄砲の技術をわずか数年でものにしてしまい、自分たちで生産できるようにしてしまった。数十年後には世界で一、二を争う鉄砲保有国になったというのだから、日本人の技術力というのはすごかったんだね。

い(1)ご(5)よ(4)さん(3)かかる　鉄砲伝来

「以後　予算かかる　鉄砲伝来」だ。鉄砲は高いからね。それでも相手が持っていたら自分たちも用意しないわけにはいかない。鉄砲のおかげで大名たちもお金が必要になったということだ。ちなみに鉄砲はてっ「ぽ」う、だから伝えたのは「ポ」ルトガル人だよ。
鉄砲伝来から6年後、今度は鹿児島の地にキリスト教宣教師の**フランシスコ=ザビエル**がやってきて、**キリスト教**を日本に伝えた。この時期ザビエルが日本にやってきたのには実はわけがある。ザビエルの来日から遡《さかのぼ》ること32年、ヨーロッパではそれまでのキリスト教の中心だった**ローマカトリック教会**（カトリック）が一人の男から激しい攻撃を受けていた。その頃カトリックでは、**免罪符**《めんざいふ》というお札をお金と引き換えに発行していた。これを手に入れれば罪が免《まぬが》れるというもの。もちろん**イエス＝キリスト**はそんなものの存在を認めてはいないし、新約聖書のどこにもそんなものはどこにも書いてない。権威をもったカトリック教会がお金を稼ぐために考えた手法だ。それに対してドイツ人の**ルター**が「それはおかしいじゃないか」と言い出したわけだ。これが**宗教改革**《しゅうきょうかいかく》の始まりだ。この動きはヨーロッパ全土に波及する。フランスでは**カルバン**（カルビン）らが同じように運動を始め、**プロテスタント**と呼ばれる新しいキリスト教を開始した。古いものと新しいもの、どっちに勢いがある？そう、普通は新しいほうに勢いがあるよね。そんなわけでカトリックの側はプロテスタントに対して押されぎみになった。そこで当時の最大のカトリック国でもあるスペインでは教団（**イエズス会**）を組織して、まだキリスト教が普及されていないアジアなどの地域へ宣教師を派遣したんだ。それで日本にもザビエルがやってきたわけだね。キリスト教の宣教師としてはザビエルのほかに**ルイス＝フロイス**も有名だ。彼のほうはポルトガル人。信長らとの交流を描いた「**日本史**」という本を書いているよ。

い(1)ご(5)よ(4)く(9)広まる　キリスト教

「以後　よく広まる　キリスト教」だ。１５４９年、キリスト教伝来。
キリ「ス」ト教は「ス」ペイン人のザビエルによって伝えられたよ。

鉄砲のポルトガルとごっちゃにしないように注意したいね。

宣教師たちはその後、日本の各地で布教活動をして、**セミナリヨ**と呼ばれる学校や、病院、孤児院などを作って、多くのキリスト教信者（**キリシタン**）を得たよ。中には**キリシタン大名**といって、自らがキリスト教の信者になった大名もいた。**高山右近**《たかやまうこん》や**小西行長**《こにしゆきなが》らが有名だ。

●南蛮貿易

ポルトガル人やスペイン人は当時、**南蛮人**《なんばんじん》と呼ばれた。この言葉はもともと中国の言葉で、あまりよい意味ではないんだ。だって「南」の野「蛮」人だからね。実際には彼らは日本にはない文化をもっていて、野蛮ではなかったのだけれど、まあでも、ポルトガルもスペインも南アメリカやアジアで原住民を侵略してるし、見た目がひげぼうぼうで大男で野蛮人に見えたのかもしれないね。当時の商人や大名は長崎や平戸（今の長崎県）で彼らと貿易を行った。これを**南蛮貿易**と呼ぶ。今までの貿易は中国や朝鮮ばかりだったよね。ここへ来てついにヨーロッパと貿易を開始したことになる。日本からは銀などが輸出され、南蛮からは鉄砲や火薬などが輸入されたよ。そのほかにもめずらしいガラス細工などは喜ばれたらしい。そうそう、タバコとかカボチャとか、ジャガイモやカルタもこのときに日本にもたらされたんだ。だから外来語なんだね。

織田信長

豊臣秀吉

●織田信長

群雄割拠《ぐんゆうかっきょ》の戦国時代も、ようやく一人の英雄の登場で終結に向かう。その英雄が**織田信《おだのぶ》長《なが》**だ。彼は尾張国《おわりのくに》（今の愛知県北部）の武将**織田信秀《おだのぶひで》**の三男として生まれる。したがって必ずしも彼はあとを継げるわけではなかったんだ。だから彼はまず織田家を統一するところからスタートした。そして1559年、やっとの思いで織田家の統一、さらに本家筋の別の織田家にも打ち勝ち尾張の統一に成功すると、休む間もなく翌年有名な**桶狭間《おけはざま》の合《がっ》戦《せん》**を迎える。駿河《するが》（今の静岡県）の大大名**今《いま》川義元《がわよしもと》**が大群を率いて尾張へ侵攻したのだ。迎え撃つ信長は死を覚悟していたといわれている。かの有名な

「**人間五十年《にんげんごじゅうねん》　下天《てんか》の内《うち》を　くらぶれば**
夢幻《ゆめまぼろし》のごとくなり」

（人間の一生なんてたかが50年のもの　悠久

の時が流れる天と比べたら　この地上の流れなどは　夢や幻のようにはかない一瞬のものだ）と「**敦盛**《あつもり》」の舞を舞ったという。ちなみにこの敦盛とは、平安時代の源平合戦のところで紹介した平敦盛のことだよ。この舞を舞ったあとで信長はわずか数騎で熱田神宮へ向かい、戦勝祈願をし、遅れてついてきた家臣たちを従えて二万五千の大群を相手にその10分の1の二千そこその兵で奇襲戦法を仕掛け、義元の首を討ち取ったという。

その後、自分の妻**濃姫**《のうひめ》の父親である斎藤道三の仇《かたき》の**斎藤義龍**《さいとうよしたつ》の子**龍興**《たつおき》の支配する稲葉山《いなばやま》城《じょう》を攻め落とし、この地を**岐阜**と改名した。1567年のことだ。尾張についで美濃も支配下に治めたことになる。なお岐阜という名前は、かつて中国の**周王朝**が岐山というところから発して天下をとったことにちなんでいるらしい。この頃から「**天下布武**《てんかふぶ》」の印を用いているところからも、彼はこの時点ですでに天下統一の野望をもっていたということが推測できる。そうそうこれは秀吉の話になるけれど、当時**木下藤吉郎**《きのしたとうきちろう》だった秀吉が墨俣《すのまた》に一夜にして城を築いたというのは、このときのことだよ。

さて翌年信長は、自分のもとに保護を願い出てやってきた十二代将軍**足利義晴**《あしかがよしはる》の子で、十三代将軍**義輝**《よしてる》の弟の**足利義昭**《よしあき》を助け、上洛《じょうらく》し、彼を十五代将軍にすることに力を貸した。

信長のおかげで将軍になった義昭だけれど、将軍を将軍とも思わず、自分の操り人形のように利用する信長との間には溝ができた。義昭は甲斐の**武田信玄**、越前の**朝倉義景**《あさくらよしかげ》などの大名や大阪の**石山本願寺**、さらに**比叡山延暦寺**らの勢力に呼びかけ**信長包囲網**《のぶながほういもう》を作る。

信長は大ピンチだった。妹の**市**が嫁いでいる近江の**浅井長政**《あさいながまさ》を頼りにして、越前朝倉攻めに向かったところ、なんと長政の裏切りにあう。さすがの信長もほうほうのていで逃げ帰った。ちなみにこのとき一番危険な**しんがり**（最後について戦いながら味方がうまく逃げられるようにする部隊）を務めたのが、**徳川家康**と**木下秀吉**だ。彼らの命懸けの活躍もあって逃げ延びるとすぐさま体勢を整えて、1570年**姉川の戦い**で朝倉、浅井の連合軍を討ち破る。普通は死ぬような目にあったら臆病になってしまうか、少なくとも少し休養をとるのだけれど、それをしないですぐに取って返すのが彼の非凡なところだね。

信長包囲網の一角を討ち破った彼は、さらに翌1571年には比叡山に焼き討ちをかける。これは彼が最初にやったように思われているが、あの足利義教もやっていたよね。これは単なる宗教弾圧ではないよ。この時代の寺社は武装して軍隊を持っていたのだからね。

翌1572年にはまたもやピンチを迎える。武田信玄の無敵を誇る騎馬軍団に対し、織田徳川連合軍（ただし実質は徳川軍。信長は出陣していない）が現在の静岡県浜松付近での**三方原**《みかたがはら》**の戦**《たたか》**い**に敗れてしまうんだ。ちなみにこのときに家康は敗走しているけれど、その折、馬上にアレ（大きい方）をもらしてしまったといわれているよ。信長はこの勢いに乗る信玄の相手をしなければならない羽目に陥るところだったのだけれど、なんと信玄が病気になり武田軍は引き上げる。信玄は道中で病死してしまうよ。信長はとてもラッキーだったといえるね。

信長包囲網を完璧に討ち破った信長は、諸悪の根源、目の上のたんこぶである将軍義昭を京から追放する。これが1573年のこと。これをもって室町幕府の滅亡とするのが通説だよ。

い（1）ご（5）はな（7）み（3）だの　室町幕府

以後は涙の室町幕府。1573年、室町幕府滅亡だ。

翌1574年には信長の本拠地の足元、伊勢長島（今の三重県）で起こった一向一揆を鎮圧、このときには女子供まで容赦なく殺したという。

さらに翌1575年にはあの有名な**長篠の戦い**《ながしののたたかい》があった。これは今でいう静岡との県境近くの愛知県の長篠での**武田勝頼**《たけだかつより》の軍勢との対決。ここでは家康と組んで鉄砲隊を利用し勝利したといわれているね（鉄砲隊の威力はさほどでもなかったという説も有力だけど）。同じ年、彼は**柴田勝家**《しばたかついえ》に命じて、室町時代の一揆のところで紹介した**加賀の一向一揆**を制圧しているよ。

翌1576年、都に近い琵琶湖のほとり安土に**安土城**《あづちじょう》を築き始める。この城は大型の**天守閣**《てんしゅかく》を持つ初めての城で、豪華で壮大なものだったといわれている。

この地で城下町を作り上げ、信長は天下一統を目指すのだけれど、その途上1582年に家臣の**明智光秀**《あけちみつひで》の謀反にあい、京の本能寺にわずかな手兵と共に滞在していたところを襲われ、あえなく最期をとげている。これが**本能寺の変**《ほんのうじのへん》だ。

●楽市楽座と関所の廃止

以上信長の戦いはどれもすごく、毎年のように大きな戦があったのだけれど、実は彼のすごさはほかのところにもあるんだ。信長は実は日本で最初に農業ではなく商業を重視した武将でもあるんだよ。この時代の武士たちは実は半分が農民だった。だって彼らが命懸けで獲得したのは土地でしょ。その土地にマンションを建てたり、テナントを貸して賃料を稼いだりはしていないよね。当然田や畑にして耕して収穫を得ていたわけだ。だからどの武将の部隊も、収穫期の秋には戦ができなかった。ところが信長軍は完全な武士による部隊だったから、いつでも戦ができたんだ。それから、多くの大名たちは領地の商工業者に多額の税金をかけて収入を得ていたけれど、信長は逆に自分の城下の**市**《いち》の税を免除した。そのため多くの商工業者が集まってきて町がうるおったんだ。見事な逆転の発想だね。さらにこれまでは室町時代で説明したように、座を奨励して彼らに特権を与え、その見返りに多額の冥加金を得るのがこの時代の大名が財産を増やす手法だったんだけれど、これもまた信長は逆に座を廃止して多くの商工業者が自由にものを作ったり売ったりできるようにしたんだ。実に見事だね。この政策を**楽市楽座**《らくいちらくざ》と呼んでいるよ。さらに彼は**関所を廃止**して通行税を負担することなく、人々が交通できるようにもした。商工業重視のこの政策は信長ならではのものだね。

●豊臣秀吉

実力で出世したといわれている戦国大名だが、実はほとんどがそれでも武士の子供で、ある意味、出世の糸口はもって生まれたものだった。ところがこの秀吉はスゴイ。彼は正真正銘れっきとした百姓のせがれ（変なほめ方だ）。そこから天下人にのし上がってしまったのだから、日本史上最高の出世をとげた人物といえる。未だに彼の人気が高いこともまたうなずけるね。

　木下藤吉郎だった彼は信長に仕官する。そして墨俣の一夜城や、ぞうりをあたためたエピソードを経て（それらは史実ではないだろうが、そういう話が生まれるような頭の回転のよさが彼にはあったのだろう）、近江長浜に一国を与えられる。信長配下の武将**羽柴秀吉**の誕生だ。その後彼は信長の命令で中国地方の毛利氏を攻めていた。備中《びっちゅう》（今の岡山県）高松城の水攻めだ。このときに彼の人生を変える一大事件が勃発《ぼっぱつ》する。それが本能寺の変だ。信長の死を知った秀吉は毛利との和睦《わぼく》を急ぐ。毛利方の外交を引き受けていた僧侶、**安国寺恵瓊**《あんこくじえけい》を仲介役《ちゅうかいやく》に、城主**清水宗治**《しみずむねはる》の切腹を条件に和議を整え、ここから電光石火で世にいう**中国の大返し**を行い、京の山崎で明智光秀と対峙、この**山崎の合戦**で勝利を得る。

　見事に主君の仇《あだ》を討った秀吉だったが、実は彼は当然、織田家のあと取りではなかった。この時点で信長の長男**信忠**《のぶただ》は本能寺の変の折に信長と共に戦死していたが、次男の**信雄**《のぶかつ》、それに三男の**信孝**《のぶたか》は健在だった。本来ならばこの二人のどちらかが織田家の家督《かとく》を継ぐことになる。ところがその相続を決める清洲城《きよすじょう》（尾張にある元信長の居城）での会議で、彼はとっておきの隠し玉を使うんだ。それは亡くなった信忠の子**三法師**《さんぼうし》だった。この時点で三法師は元服もすませていない子供だ。けれど確かに嫡流《ちゃくりゅう》であることには間違いない。秀吉は光秀を破って信長の仇を取っていたこともあって発言力があり、信長譜代の**丹羽長秀**《にわながひで》らの支持を得ることに成功した。結局織田家の家督は三法師が継ぐことになる。秀吉は彼の後見人にもなることができた。

信長の三男信孝を推していた織田家の重臣柴田勝家《しばたかついえ》は収まらない。その火の粉は1583年、近江国の賤ヶ岳《しずがたけ》の合戦を呼ぶことになる。この一戦に秀吉は勝利し、のちに柴田勝家をその居城北ノ庄城《きたのしょうじょう》（越前国今の福井県）で自害に追い込んだ。このときに勝家と二度目の結婚をしていた信長の妹お市の方も一緒に自害している。秀吉はお市をどうしても助けたかったようだが、さすがに二度の落城、亭主の切腹、しかも相手は元味方という憂き目《うきめ》にあった彼女の決意は固かったのだろう。彼女は自害を選択している。ただ彼女を救えなかった代わりに三人の娘を保護しているよ。その長女がのちに秀吉の側室となり、秀頼を産む淀殿《よどどの》となる茶々《ちゃちゃ》だ。なおこの三姉妹は非常に有名で次女の初《はつ》はのちの大名京極高次《きょうごくたかつぐ》夫人に、三女の小督《おごう》は佐治一成《さじかずなり》に嫁いだあと、秀吉の養子で信長の四男の秀勝《ひでかつ》に嫁ぎ、さらに彼の死後は徳川二代将軍秀忠《ひでただ》の正室となって三代将軍徳川家光《いえみつ》とその弟の忠長《ただなが》を産んでいるよ。

話を元に戻そう。柴田勝家を切腹に追い込んだ秀吉は、さらに信長の三男信孝も切腹させているよ。なおこの戦では信孝と仲が悪かった信雄は、なんと秀吉に味方しているよ。

残ったのは信長の次男信雄だった。彼は家康に援助を求め、1584年、秀吉と信雄・家康連合軍が尾張の小牧・長久手で戦うことになる。この戦では実は秀吉は家康軍にこっぴどくやられた。ところがここが秀吉の恐ろしいところで、彼は信雄をたらしこんで和議を結んでしまう。こうなると家康には戦の正当性の口実がなくなってしまい、彼は兵を退き、のちに秀吉と和睦を結ぶ。

こうして織田家の息子たちをおさえ、事実上の信長の後継者になることに成功した秀吉は1583年、石山本願寺の跡地に建てた大阪城で天下統一に向けて動き出す。ところが困ったことに彼は百姓のせがれだから血筋が悪く、征夷大将軍にはなれない。当時征夷大将軍になるには源氏か平氏の血をひいていなければならなかった。ちなみに家康は源氏を名乗っている。新田氏の流れを組んでいると主張したんだ。これは実は嘘なんだけれど、家康が大名の家柄であったことは間違いないので、どうにかごまかすことはできた。ところが秀吉はそうもいかない。にせの系図を作ろうにも出身が武士ではないのでどうしようもない。そこであの信長に追放された最後の将軍足利義昭に養子にしてくれるように頼むのだが、断られてしまう。プライドの高い義昭のことだ。さすがに源氏の名門に秀吉のような家柄のよくない者を加えたくはなかったのだろう。義昭に断られた秀吉は次に関白の**近衛《このえ》前久《さきひさ》**の養子になれるよう画策《かくさく》する。こちらは実現して、1585年に彼は関白に就任する（実は名目上は将軍よりも関白のほうが偉いんだけどね）。そして翌年朝廷から**豊臣《とよとみ》**の姓を賜り、**豊臣秀吉**となるわけだ。そして太政大臣にも就任しているよ。

●太閤検地と刀狩

秀吉は、それまでばらばらだった**ものさし**や**ます**を統一した。また田畑を詳しく調査して、耕作者を検地帳に記録した。そしてそれぞれの田畑から予想できる収穫を石高で示した。これを**太閤検地《たいこうけんち》**と呼ぶ。太閤というのは関白を退任した人の称号だよ。秀吉は太閤になる前から検地を実施していたけれど、関白時代の分もまとめてこう呼んでいる。なお検地の結果、全国から荘園は消え、大名は石高《こくだか》に応じて兵を出すことが義務づけられた。

秀吉の政策でもうひとつ有名なのが**刀狩**《かたながり》だ。彼は一揆を防ぐために農民や町人、さらには寺社からも刀、やり、鉄砲その他の一切の武器を取り上げた。自分のように成り上がってくる者を警戒する気持ちもあったのかもしれないね。これによって**兵農分離**《へいのうぶんり》が完成し、以後は身分が固定化されるようになり、下剋上《げこくじょう》の世は終わりを告げる。

秀吉は九州、四国らの大名を平定し、1590年小田原の北条氏を攻め滅ぼした。そして東北の諸大名も従えて、ついに信長がなし得なかった天下統一を成しとげたんだよ。

●朝鮮出兵

全国の統一後、秀吉の目は海外に向かった。最終的には中国はおろかインドまで手中に収めようとしていたといわれている。手始めに明を攻めようとして秀吉は朝鮮に協力を命じた。ところが朝鮮はこれを拒絶、そこで1592年に秀吉は朝鮮へ出兵する（**文禄の役**《ぶんろくのえき》）。初めは秀吉の軍勢は勢いにのって漢城《かんじょう》（今のソウル）までも占領した。ところが**李舜臣**《イスンシン》らの水軍の反撃にあい、また明からの援軍も送られてきたために一旦休戦する。そして講和にかかったが交渉は決裂、そこで1597年に再度朝鮮へ出兵する（**慶長の役**《けいちょうのえき》）。7年間にわたる泥沼化の末に、1598年秀吉が病で没すると、この戦は終わりを告げた。

この**朝鮮出兵**は朝鮮の人々を苦しめただけでなく、多くの大名にも負担と不満を抱かせた。

これは豊臣政権が短命に終わる原因のひとつにもなっているよ。

●桃山文化

安土桃山時代の最後に、この時代の文化について触れておこう。**桃山文化**と呼ばれているそれは「豪華で壮大なスケールの文化」だ。代表的なのは何といっても天守閣を備えた城。特に国宝となっている**池田輝政**《いけだてるまさ》の居城だった**姫路城**は有名だね。別名白鷺城《しらさぎじょう》といわれているよ。世界文化遺産にも登録されている。その城の内側を飾ったのがふすま絵だ。信長・秀吉に仕え国宝に指定されている「**洛中洛外図**《らくちゅうらくがいず》」で有名な**狩野永徳**《かのうえいとく》。そして秀吉に仕えた永徳の弟子の**狩野山楽**《かのうさんらく》も有名だ。また堺の商人の出身で秀吉に仕え、のちに切腹させられる**茶の湯**を大成した**千利休**《せんのりきゅう》も忘れてはならない人物だね。民衆の間では**出雲の阿国**《いずものおくに》という女性が始めたといわれている**阿国歌舞伎**《おくにかぶき》が人気を博したよ。

第八章　江戸時代

【250年の太平】

江戸時代はわかりづらい。というのは大きな戦がほとんどないからだ。家康の見事なまでの大名の配置や政策が功を奏して、大規模な反乱もまったくない。二百年以上もの長きにわたり（農民や被差別階級の人たちの生活は苦しかったとはいえ）、表面上は平和そのものが続いたというのは、世界的にもあまり例のないすごいことだ。とはいえ、変化がないということは印象に残りにくいということで、わかりづらさに拍車をかける。

そんな江戸時代をマスターするために、まずは呪文を覚えてほしい。馬鹿馬鹿しいようでなかなか役に立つ呪文である。さあ、ページをめくってみよう。

●江戸時代をマスターする呪文

いえやす　いえみつ　つな　あらい
よしむね　たぬま　てんめい　ききん
さだのぶ　てんぽう　おお　みずの
ぺりー　なおすけ　よしのぶ　ほうかん

語呂を整えてあるので覚えやすいはずだ。声に出して読んでほしい。入浴時のお風呂の中でも、通勤時の車内でも（それは周りの人に迷惑だからやっぱり取り消し）。実は若い年代でラップやヒップホップが得意な人はあのリズムにのせて覚えてくれてもいい。ラップ調にあうようにできていることに気がつくだろう。

さてこの呪文の意味を解説していこう。

いえやす　いうまでもなく江戸幕府を開始した初代将軍徳川家康のことだ。

いえみつ　これは三代将軍**家光**。彼は**参勤交代**《さんきんこうたい》、**慶安**《けいあん》**のお触書**《ふれがき》、**鎖国**《さこく》の完成などこの先幕府が続いていく基礎となる政策を次々に実施している。

つな　これは五代将軍**徳川綱吉**《つなよし》のことだ。彼は**生類憐**《しょうるいあわ》**みの令**《れい》で悪名高い将軍だよ。

あらい　これは**新井白石**。この頃から幕府では将軍親政に代わって、老中《ろうちゅう》（ときには元老）による政治が行われるようになる。

よしむね　マツケンが活躍したテレビ時代劇『暴れん坊将軍』や大河ドラマ『八代将軍吉

宗』で有名な**徳川吉宗**のこと。七代将軍に跡取りがいなかったので、彼は御三家の紀伊から将軍に就任する。**享保《きょうほう》の改革《かいかく》**という一連の改革をなし、**米将軍《こめしょうぐん》**とも呼ばれているよ。

たぬま　**田沼意次《たぬまおきつぐ》**のこと。彼は老中。株仲間を奨励し、商業重視の政策をとった。わいろのイメージで悪名高い人でもある。

てんめい　**ききん**　これは**天明《てんめい》の大飢饉《だいききん》**のことだ。文字どおりひどい飢饉が起きた。

さだのぶ　これは老中**松平定信《まつだいらさだのぶ》**。彼は幕府を立て直すために**寛政《かんせい》の改革《かいかく》**を実施する。しかし成功はしなかった。

てんぽう　**天保《てんぽう》の大飢饉《だいききん》**。もはや幕府も民衆の生活も限界だ。

おお　**大塩平八郎《おおしおへいはちろう》の乱《らん》**。こうした飢饉などに苦しむ民衆に対してろくな手立てもできない幕府に対して反乱を起こしたのが大阪の元幕府の役人、大塩平八郎だ。失敗に終わるが彼の勇気は称えたい。

みずの　老中**水野忠邦《みずのただくに》**。彼は**天保の改革**を実施したが失敗に終わる。

ぺりー　アメリカ総督**ペリー**。4隻の黒船で浦賀にやってきて幕府に開国を要請する。これが結果的に江戸幕府を終わりに導くことになる。

なおすけ　大老**井伊直弼《いいなおすけ》**。幕府最後の悪あがきといったところか。

よしのぶ　**ほうかん**　最後の将軍十五代**徳川慶喜《よしのぶ》**の手で**大政奉還《たいせいほうかん》**が実施され、江戸幕府は終わりを告げる。

受験生にはこれだけでもとが取れるような呪文でしょ。そうでない人にもわかりにくく覚えにくい江戸時代を、まず流れだけ理解するにはもってこいの呪文になるはず。
まずはこの呪文を覚えてもらって、それでは次にそれぞれの人物や出来事、そのつながりについてもう少し細かく説明していこう。

●関ヶ原の戦い

秀吉の死後、あとに残されたのは幼少の息子**秀頼**《ひでより》だった。彼には当然政治はできない。そこで政治は秀吉が任命した**五大老**《ごたいろう》と**五奉行**《ごぶぎょう》の話し合い（合議制《ごうぎせい》という）によってなされることになった。このときの五大老とは、関東２５０万石の大大名**徳川家康**、加賀《かが》（現在の石川県南部）80万石の**前田利家**《まえだとしいえ》、吉備《きび》（現在の岡山県）55万石の**宇喜多秀家**《うきたひでいえ》、安芸《あき》（現在の広島県）１２０万石の大名**毛利輝元**《もうりてるもと》、会津《あいづ》（今の福島県）１２０万石の**上杉景勝**《うえすぎかげかつ》の5人の有力大名。

一方五奉行とは、滋賀の近江20万石の**石田三成**《いしだみつなり》、甲斐の甲府20万石の**浅野長政**《あさのながまさ》、京都の丹波5万石の**前田玄以**《まえだげんい》、近江5万石の**長束正家**《なつかまさいえ》、奈良の大和郡山20万石の**増田長盛**《ましたながもり》の5人の豊臣家の奉行。

さてこれら全員の名前を覚えていなくても歴史の流れはつかめるけれど、あえてここにこうして名前を並べたのにはわけがある。ぱっと見て五大老の領地や石高《こくだか》（今でいえば年収のようなものだ）に対して五奉行のそれはあまりにもみすぼらしいことに気がつくだろう。

この豊臣家のもともとの家臣だった五奉行で、本来は豊臣家の家臣ではない五大老を抑え

関が原の戦いの布陣

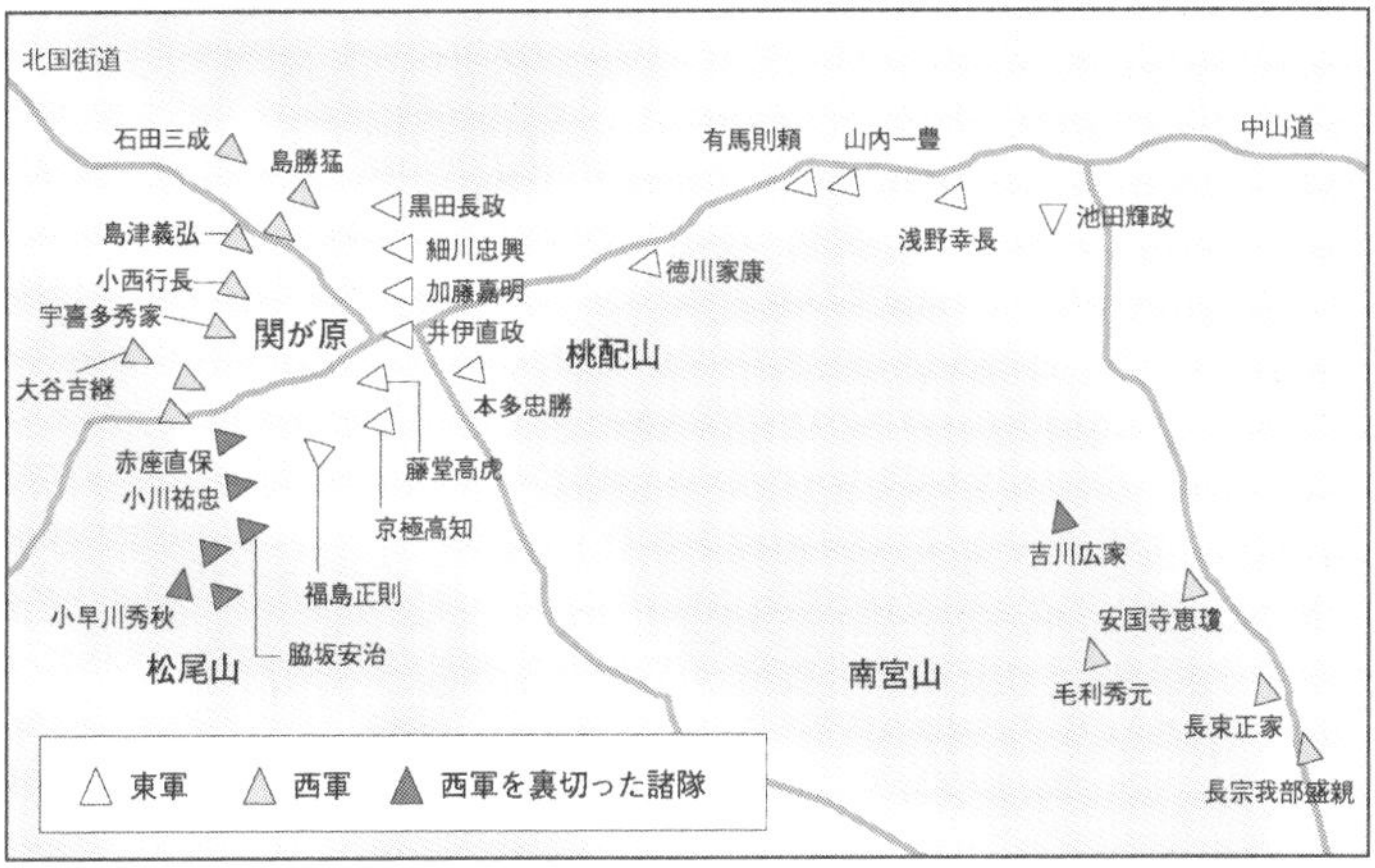

吉川広家は徳川への内通しており、戦闘に参加せず。そのため毛利以下の西軍は動けず。

ようとしたことに、そもそも無理があることがわかるよね。そして実際、そのとおりになってしまう。見ればわかると思うけれど、五大老の中でも家康の石高はダントツだ。その家康ににらまれたら五奉行といえども怖くて逆らえない。家康は秀吉の遺言を破って、次々に有力な大名と婚姻を通じて親戚になって、自分の味方を固めていく。それに対して三成だけは口うるさく逆らうのだけれど、石高が一ケタ違うのだからどうにもならない。三成は正義に厚い人で頭もよかったけれど、それが逆に周りの嫉妬や恨みも買った。そんなわけでなんと、いつの間にか秀吉に子供の頃からかわいがられてきた**加藤清正**《かとうきよまさ》や**福島正則**《ふくしままさのり》らまで家康の味方にまわってしまう（彼らにしてみれば秀頼は守りたいけれど、それ以上に三成が憎らしかったのだろう。体育会スポーツ系清正らと頭脳派三成では相性が悪いのも当然だ、しかも三成はあとから秀吉と知り合ったくせに自分たちよりかわいがられていたからね)。家康がそこをつかないわけがない。しかもさらに悪いことに秀頼の母親は**淀**《よど》**殿**《どの》(淀君《よどぎみ》、淀方《よどのかた》ともいう。信長の妹の忘れ形見)だったけれど、秀吉の若い頃から苦労を共にしてきた正妻の**北政所**《きたのまんどころ》(名前は〝ねね〟または〝おね〟)は、自分の子じゃないから秀頼がかわいくないというわけでもないだろうが、清正らには家康に従うように言った。そんなわけで秀頼をないがしろにした家康の傲慢《ごうまん》なふるまいは日増しにひどくなっていった。そこで三成は立ち上がったわけだ。ただこの時点で三成は隠居《いんきょ》していて正式な豊臣家の執事ではなかったので、名前だけの大将に毛利輝元を連れてきた。三成の必死の努力もあって、豊臣方(西軍という)には名前だけは大勢の大名が味方をしたけれど、彼らはけっしてひとつにまとまっていなかったし、三成の命令どおりに動く人たちでもなかった。それに対して家康は何せ２５０万石の大大名。しかも本来豊臣家の味方のはずの武将たちも、家康についてしまっているのだから、勝負はあったようなものだった。

この間、上杉の家老**直江**《なおえ》**兼次**《かねつぐ》の実に男らしい、家康に対して正義がないことを叱責《しっせき》する手紙や、大河ドラマで有名になった、人のアイディアを自分のものにしてしまってたいした手がらもないのに戦後に高知土佐の大大名になってしまった**山内一豊**《やまのうちかずとよ》、はたまた男の中の男**島**《しま》**左近**《さこん》、あるいは真の友情に命をかけた男**大谷**《おおたに》**刑部**《ぎょうぶ》などの面白いエピソードがたくさんある。

それはさておき、西軍東軍は日本のちょうど真ん中、今の岐阜県、美濃の国の**関ヶ原**《せきがはら》で雌《し》雄《ゆう》を決《けっ》する(勝敗を決めるということ)。これが１６００年、**関ヶ原の戦い**。天下分け目の関ヶ原だ。

実は布陣の段階では西軍が圧勝できるはずだった。それくらい西軍の陣取りは見事だった。ところが家康は三成よりも一枚も二枚も上手、西軍には積極的に戦わない武将もいた。たとえば薩摩の**島津義弘**《しまづよしひろ》などがそうだ。彼は夜討ちの作戦を三成に提案したが、そんな卑怯なことはできないと卑怯者呼ばわりされたのに腹を立て、積極的に戦いに参加せず、最後はなんと東軍の陣地をつっきって領地の薩摩まで帰っている。

またまた三成の意地が導いた失敗だね。また西軍の大将のはずの毛利輝元も大部隊を率いて大阪城に入ったけれど、そこから一歩も出なかった。関ヶ原に参加しなかったんだ。これは、家康が輝元が出陣すればその隙を狙って城内にいる裏切り者が大阪城を乗っ取る、という噂を流したせいだ、という説もあるにはあるけどね。ともあれ布陣のせいもあって優勢だった西軍だが、**小早川秀秋**《こばやかわひであき》の裏切りによって大打撃を被る。この結果東軍の勝利がわずか一日で決まった。ちなみにこの小早川秀秋だけど実は秀吉のおいにあたる。秀吉の正妻　北政所の兄の息子なんだ。名門小早川家には養子としていってあとを継いでいたわけ。彼は関ヶ原の功績で領地も得るけれど、そのわずか2年後に病死している。裏切りのせいで心が痛んだせいなのかどうかは定かではない。

ところで関ヶ原、まさかわずか1日で終わるとは誰も思っていなかった。九州にいた**黒田**《くろた》**如水**《じょすい》などはあわよくば自分が天下をとろうと九州で慌てて出兵したけれど、間に合わなかったといわれている。実は息子の**長政**《ながまさ》は東軍で大手がらを立て、家康に手をとってほめられた。のちにその話を父である如水に自慢気に話したところ、「そのときになぜおまえは家康を刺さなかったのか」と呆れられたといわれている。

最後に触れておこう。関ヶ原のときに家康の息子**秀忠**は大部隊を率いて、中山道を行軍していたのだけれど、途中信州上田の真田の城を落とそうとして落とせず、そこで時間を使ってしまったせいで関ヶ原に駆けつけたときにはすでに戦が終わっていた。

おかげで父の家康には口も聞いてもらえなかったといわれているよ。彼はのちに二代将軍となるけれど、そんなこともあって印象が薄い将軍の一人だ。

●江戸幕府としくみ

関ヶ原で大勝利を収めた家康は1603年、征夷大将軍に任ぜられ、江戸に幕府を開いた。江戸時代の始まりだ。

ヒー(1)ロー(6)おっ(0)さん(3)　徳川家康

ヒーロー　おっさん　徳川家康。

征夷大将軍となって幕府を開いたんだから、家康はヒーロー（英雄）だ。しかもそのときはすでに60歳を超えるオッサンだったから、1603年、ヒーローオッサン、徳川家康だ。0はアルファベットのO（オー）と似てるからね。

この時点では大阪にまだ豊臣家が残っていた。そこで家康は即位してまもなく息子の秀忠（あの遅刻息子だ）に将軍を譲る。これによって豊臣家に幕府を渡す気はなく、徳川家が代々将軍になることを示したわけだね。

大名の配置も見事だった。まず**親藩**《しんぱん》と呼ばれる徳川家の親戚（松平とか水野性が多い）に江戸の近くや重要な土地を治めさせる。身内で周りを固めるわけだ。

そして次に重要な場所は**譜代大名**《ふだいだいみょう》といって、関ヶ原以前からの徳川家の家臣や味方だった大名を配置。関ヶ原が終わってから徳川家に従った連中は**外様大名**《とざまだいみょう》といって、信用できないので遠隔地に配置した。これは実に見事な配置だった（ただしはるか先の明治維新時には皮肉にもこの配置のせいで薩摩や長州に滅ぼされてしまうことになる）。

将軍は代々徳川家で継いでいくが、万が一将軍にあと取りがいないときのために保険もかけた。それが**御三家**《ごさんけ》だ。日本の地理的中心である尾張名古屋には九男**義直**《よしなお》を、木材の生産地である和歌山紀伊には十男**頼宣**《よりのぶ》を、そして江戸に近い茨城水戸には十一男**頼房**《よりふさ》を配置。これが尾張・紀伊・水戸の御三家だ。なお皮肉なことにこの中で一番格が上の尾張家からは最後まで将軍は出なかった。ちなみに九男とかばかりで、なぜ肝心の長男がいないか気になる人もいるだろう。簡単にさらっておこう。実は家康の場合、天下をとったのは晩年だから、若い頃の子供はろくな目にあわなかった。たとえば長男は**信康**《のぶやす》というけれど、名前を見ればわかるように、当時は信長の時代、家康は信長の命令で信康を殺す羽目になる。次男は**結城秀康**《ゆうきひでやす》、これも名前を見るとわかると思う。秀吉の時代。秀吉に請われ養子《こ》にとられてしまう。のちに結城家に養子に行ったから結城秀康、彼は兄ほど悲惨な人生を送ってはいないが34歳でこの世を去っているよ。三男の秀忠はもちろん二代将軍、四男は**松平忠義**《まつだいらただよし》、立派な人物だったらしいけれど22歳の若さでこの世を去っている。五男は**武田信義**《たけだのぶよし》、生まれながらの病弱で武田家の養子に出された。彼もまた22歳でこの世を去っている。六男は**松平忠輝**《まつだいらただてる》、なぜか家康に邪魔者扱いされ、目の敵《かたき》にされる。五代綱吉将軍の時代まで長生きするよ。七男**松千代**《まつちよ》、八男**仙千代**《せんちよ》は共に6歳で病没、そんな理由で九男から十一男が御三家となったわけだ。

ところで重要な土地は御三家をはじめとする親藩の領地になったのだけれど、それ以上に戦略上大切な場所や金や銀などが産出する場所は幕府の直轄地《ちょっかつち》となった。どの大名にも属さず、幕府が直接治める場所ってことだ。これを**天領**《てんりょう》と呼ぶよ。天下の領土という意味なんだろうね。天領には**江戸**、**京都**、**大阪**、**奈良**などのほかに金が取れた**佐渡**や、木材が豊富な**甲斐**や**飛騨**などがあるよ。

幕府は1万石以上の石高を持つ武士を**大名**とし、その治める領地を**藩**と呼んだ。だから江戸時代の政治の仕組みを**幕藩体制**《ばくはんたいせい》と呼ぶことがあるよ。

江戸幕府の仕組みは次のようになっていた。まず一番偉いのが**将軍**、そして将軍の補佐は数名の**老中**《ろうじゅう》たちが行う。老中には譜代大名が任命された。そして重要な政策を決定する折などに、臨時で**大老**《たいろう》が任命されることがあった。大老は1名で老中より上の最高職になる。大老になれるのは譜代の中でも**井伊**《いい》、**酒井**《さかい》、**土井**《どい》、**堀田**《ほった》の四つの家柄だけだった（例外的に綱吉の頃、柳沢吉保《やなぎさわよしやす》が大老格に任ぜられたこともある）。

老中の下に**大目付**《おおめつけ》、**町奉行**《まちぶぎょう》、**勘定奉行**《かんじょうぶぎょう》などの役職が置かれ、これらは主に将軍直属の武士**旗本**《はたもと》から選ばれていた。また朝廷のある京都を監視するために**京都所司代**《きょうとしょしだい》が置かれ（鎌倉幕府の六波羅探題のようなものだ）、豊臣家崩壊後の大阪を監視するために**大阪城代**《おおさかじょうだい》が置かれた。

●朱印船貿易

家康のイメージと合わないかもしれないが、彼は貿易も積極的に行った。それが**朱印船貿易**《しゅいんせんぼうえき》だ。**朱印状**《しゅいんじょう》という許可証を与えた（ちなみに朱印状を持った船を朱印船という）ことからこの名がついている。

貿易先は中国ではなく東南アジア。**山田長政**《やまだながまさ》という人物は朱印船で当時の**シャム**（今のタイ）に出かけ、そこの日本人が集まって住む町**日本人町**（日本町ともいう）で活躍したよ。

●大阪冬の陣、夏の陣

自分の生きているうちに目の上のたんこぶである豊臣家をつぶすことは、家康にとってどうしてもやっておかねばならない最後の使命だった。もはや徳川家に逆らう大名はほとんどいなかったが、それでも大阪を中心に豊臣家を慕《した》う人たちは多かったし、秀頼も立派に成人していたから、早めに手を打たねばならなかった。家康はまず豊臣家の莫大な資産を減らさせるために、秀吉の霊を弔《とむら》うための寺を建てることを勧める。この勧《すす》めに応じて豊臣家ではいくつかの寺を再建したり支援したりしたのだけれど、これがあだになった。

豊臣家が再建した方広寺《ほうこうじ》というお寺に納められるはずだった鐘《かね》に刻まれた文章に、家康はいちゃもんをつける。

この鐘には国家安康《こっかあんこう》、君臣豊楽《くんしんほうらく》と刻まれていた。これはそのままの意味は「国家に戦争や疫病がなく平和なときが続きますように」「君主（天皇など）も臣民（民衆）も豊かに楽しく生活できる世の中が続きますように」という意味なんだけれど、家康はそうではないと言い張った。

「国家安康」は家康の「家」の字と「康」の字を切り離したもので、家康に呪いをかけたものだと。そして「君臣豊楽」の方は、豊臣家を君主として栄えようという願いが込められていると。そしてこれを口実に豊臣家に大阪を明け渡し、大和郡山を領地にするように命ずる。もちろん石高も大幅に減らす。このときに家康の命令に従えばもしかしたらまだ豊臣家は一小大名として生き残れたかもしれない（まあ、のちの幕府の政策を見る限り、従っていてもいずれ難癖《なんくせ》をつけられて、滅ぼされていた可能性のほうが高い気もするが）。ともあれ、豊臣家はこれを拒否した。そこで幕府の命令に従わない豊臣家を討つべしとの命令が下される。各地の諸大名は残らず動員され、大阪城を取り囲む。これが世にいう大阪冬の陣だ。このとき大阪に味方する大名はすでにいなかった。が、関ヶ原で負けて没落していた元大名や、不遇《ふぐう》をかこっていた浪人たちが大阪に集結した。本来ならばそれでも戦になるような戦力ではなかったけれど、大阪の浪人たちは頑張った。特にあの関ヶ原で秀忠にいっぱい食わせた真田昌幸《さなだまさゆき》の次男（実は長男は徳川に味方している。これは関ヶ原でどちらが勝っても真田の家を残すための工夫だったんだ）**真田幸村**《さなだゆきむら》は歴史に残る大活躍をした。彼の言うとおりに戦をしていたら、もしかしたら大阪方が勝っていたかもしれない。それほど彼は戦の天才だった。が、残念なことに彼の身分は一浪人、彼の思うようには戦はできない。大阪城に真田丸という出丸を作って徳川方を大混乱させたけれど、なんと豊臣方の実質的なリーダー**淀殿**は和睦を結んでしまう（条約を結んで仲直りするということだ）。

実はこのとき、家康は大砲を用意した。それで大阪城の淀殿たちがいる所を徹底的に攻撃したんだ。こんなもので戦の勝敗が決まるものではなかったのだけれど、恐れてしまった淀殿は何が何でも**和議**《わぎ》（和睦のことだね）だと言い張り、不利な条件で徳川方の言い分を聞いてしまうんだ。

このときの条件として総堀《そうぼり》を埋め立てること、という条件があった。

総堀というのは大阪城の一番外側の堀のことだ。実は家康は城攻めが苦手だったんだ。特に大阪城の堀は天下一。冬の陣でもこの堀に邪魔をされ、豊臣家を滅ぼすことができなかったから、なんとしてもこの堀を埋めて大阪方をまるはだかにしてやろうというわけだ。大阪では一番外側の堀を埋められてもまだ平気だと考えた。しかも、堀は大阪方が埋めることになっていたから、わざとのんびり工事をすれば埋めずにすむとさえ考えていた。

ところがこういうことは家康のほうが一枚も二枚も上手だ。まず総堀について、これは外側の堀という意味ではなく、「総」つまり全部の「堀」という意味だと言い張った。堀を外側だけでなく全部埋め立ててしまえというのだ。しかも「それは話が違う」などと大阪方が抵抗しているうちに、人を派遣してさっさと自分たちの手で堀を埋めてしまった。もはやこれで大阪城はまるはだかとなった。

家康は再度大阪に領地替えを命ずる。そして浪人を囲っているのは、徳川に逆らうつもりではないかと難癖をつける（これは事実だから難癖ではないか）。

こうして二度目の戦い、**大阪夏の陣**が始まった。

ここでも幸村をはじめとする浪人たちは必死で戦ったけれど、堀がない状態ではもはや篭《ろう》城《じょう》（城にたてこもって戦うこと）もできない。人数の少ない大阪方にはもはや野戦で勝つ見込みはなかった（実はそれでも幸村は家康をあわやというところまで追い詰めているんだよ）。このとき、幸村は秀頼の出馬を願ったという。秀頼さえ出馬すれば、さすがに秀吉の恩を受けた大名たちは手を出すことはできないだろうという考えだが、淀殿の反対などでもたもたしているうちにそれすらできない状況となり、淀殿と秀頼は自害することになる。このとき秀頼の妻だった**千姫**《せんひめ》（秀忠の娘）が命乞いをしたけれど、それも叶わなかった。こうして豊臣家はわずか二代で終わりを告げ、徳川家の完全な天下が始まることになる。

●禁中並公家諸法度

家康は大名はもちろん、なんと将軍を任命する朝廷（天皇）までも取り締まる法律を作った。それが**禁中**《きんちゅう》**並**《ならびに》**公家**《くげ》**諸法度**《しょはっと》だ。これによって天皇も公家も幕府の言いなりにならざるを得なくなった。だからこれ以降、幕末までは朝廷はほとんど表舞台に顔を出さなくなる。

これが鎌倉幕府や室町幕府との決定的な違いだね。

●家光

幕府の支配を完璧にしたのは三代将軍家光《いえみつ》だった。

彼は二代将軍秀忠の長男だったけれど（正確には早死にしてしまった兄がいた）、秀忠と母は頭がよく見た目もかわいかった弟ばかりをかわいがった。だからもしかしたら将軍になれなかったかもしれなかったんだ。ところが乳母のお福が、なんと直接駿河に隠居していた家康のところまで出向き、長男が跡を継ぐべきだと訴え、それが実って家光が将軍となる（ちなみにお福はのちに朝廷から位をもらい春日局《かすがのつぼね》と呼ばれるようになるよ。大河ドラマ『春日局』やドラマ『大奥』などで有名な人物だ）。

参考までに将軍になり損ねた弟は忠直《ただなお》というんだけれど、のちに領地を与えられ、55万石の大名となるけれど、幕府に不服な態度をとったため自害に追い込まれている。

将軍になってからの家光は精力的に政治を行い、幕府の支配体制を完璧なものにした。

彼は「余は生まれながらにして将軍なり」（祖父の家康や父の秀忠は初めは一武将で、おまえたち大名の仲間だったり、助けられたりしたかもしれないが、俺の生まれたときにはすでに幕府ができていて、生まれたときから将軍を約束されていたんだ。大名のおまえたちとは身分が違う、という意味）と言ったといわれている。まあこれは嘘だろうけれど、将軍になってからの彼の強気の政策をイメージできるエピソードではあるよ。

●参勤交代と五街道

徳川将軍が代々大名たちを支配するために制定した法律武家諸法度《ぶけしょはっと》に、彼は参勤交代《さんきんこうたい》の制度をつけ加えた。これは各大名に領地のほかに江戸にも屋敷を設けさせ、そこに妻子を住まわせ、一年ごとに領地と江戸を行ったり来たりさせるものだ。何でこんな無駄なことをさせたかというと、まず大名の妻子を江戸に住まわせたのは人質に取るため。そして領地と江戸を行ったり来たりさせたのは大名たちにお金を使わせ、幕府に逆らうことができないようにするためだった。確かにこれでは大名たちは不服があっても謀反など起こせなかっただろう。

さらに街道を整備した。特に四代家綱《いえつな》のときに整備された五街道《ごかいどう》は重要だ。これは以下の五本の街道だ。まず江戸から京都までの太平洋沿いを結ぶ東海道《とうかいどう》（これは今の東海道本線、東海道新幹線、東名名神高速道路の一部、そして国道1号線に受け継がれているね）、そして同じく江戸から京までを山沿いに進む中山道《なかせんどう》（中仙道ともいう）、さらには江戸から甲府までを結ぶ甲州街道《こうしゅうかいどう》（甲州道中ともいう、国道20号の一部だ。JRの中央西線の一部にあたる）、それから江戸から東北白河までを結ぶ奥州街道《おうしゅうかいどう》（奥州道中ともいう）、最後に家康が祀られている今の栃木県の日光東照宮《にっこうとうしょうぐう》のある日光までを結ぶ日光街道《にっこうかいどう》（日光道中ともいう）、これらが五街道だ。

街道にはそれぞれ宿場《しゅくば》が設けられ、宿場のある町は宿場町としてにぎわった。また途中の要所には関所《せきしょ》が設けられて、出入りする人々を取り締まった。特に「入り鉄砲《いりでっぽう》、出女《でおんな》」といって、江戸に向かって関所を通過しようとする鉄砲などの武器、それから江戸から出ようとする女性たちは厳重に調べられたよ。

これは江戸に武器を持ち込まれたり、人質にしている大名の妻に逃げられたりするのを防ぐためだった。要するに謀反《むほん》を防止したわけだね。関所では特に駅伝で有名な**箱根**にあった**箱根《はこね》の関《せき》**が有名だ。でもそれ以上の難所は「箱根八里は馬でも越すが越すに越されぬ大井川」といわれた、大井川だったろう。この川は静岡にある川なのだけれど、なんと橋がかかっていなかった。幕府に反乱を起こす部隊が入ってきにくいようにわざと橋をかけなかったんだね。大井川の水かさが増しているときなどは、大名はもちろん旅人も幾晩も足止めされたといわれているよ。

●三都

江戸時代には**三都《さんと》**と呼ばれる三つの都市が栄えた。まずは**江戸**、いうまでもなく「将軍のおひざもと」だね。次に**京都**、ここは「天皇のおひざもと、天子様のおひざもと」だ。最後に**大阪**（当時は大坂）、ここは商業の中心地で**天下の台所**とよばれ諸大名の**蔵屋敷《くらやしき》**が建てられ、にぎわったよ。

●慶安のお触書

さて、農民には厳しい生活が待っていた。それがよくわかるのが家光が制定したと考えられていた（どうやら本当は違うらしい）**慶安《けいあん》のお触書《ふれがき》**だ。例を挙げてみると「農民は朝は早起きして草刈りをして、昼は田畑を耕し（じゃあ夜はゆっくりできるのかと思いきや）、夜は家で縄をなったり俵をあんで、一日中仕事しろ（ひょえ〜）」とか、「麦やあわやひえを食べて米は食うな（農民が米を作っているのにね）」とか、「麻と木綿以外は着るな（高価な絹などは着てはいけない）」とか、「酒、たばこ、茶は飲むな（ぼくには耐えられん）」とか、極めつけは「美人でもぜいたくをしようとする嫁は別れなさい」とまでいっている。

●士農工商と村方三役

また幕府は**士農工商**《しのうこうしょう》という厳しい身分差別を実施した。

一番偉いのは「**士**」つまり武士だ。武士は**苗字帯刀**《みょうじたいとう》といって、苗字を名乗ることと刀を持つことが許された（だからこの時代の農民たちには苗字がなかったんだよ）。次に偉いとされたのが「**農**」こと農民だ。なんせ農民が米を作らないことには武士たちも生きていけない。次が物を作る「**工**」こと職人で、最後が食料や物を作ることなく、ただそれらを右から左に流すだけの「**商**」こと商人だった。とはいえ、実際に一番大変だったのはやはり農民たちだ。農民たちは「**五公五民**《ごこうごみん》」とか「**四公六民**《よんこうろくみん》」、つまり収穫の40％あるいは50％を年貢としてもっていかれ、田畑の自由な売り買いも、他の土地に移ることも、米以外の作物を自由に作ることも禁じられた。おまけに**五人組**《ごにんぐみ》といって、五家族ずつ一組にさせられ、どこかの家族が年貢を納められなかったり、役人に逆らったりしたときは、関係のない他の家族も一緒に処罰の対象とした。要するに集団責任をとらせたわけだ。この結果、農民たちはお互いがお互いを監視し合うようになる。まったくひどい制度だ。

このように農民の暮らしはかなりきびしいものだったから、その不満をそらすためにも「農」は「工」や「商」より上に置かれたわけだ（実際は違っていても、そのことで俺たちはまだましなんだと思わせたり、職人や商人に対して優越感をもたせることで、反感をおさえようとした）。いや、実は幕府は農民の不満をそらすためにもっとひどいことをやっている。それが「**えた**」「**ひにん**」といわれる人たちへの差別だ。「えた」というのは「穢多」と書く。つまり「ケガレ」が「多」い人たちということだ。仏教が殺生を禁じているせいもあるだろう。日本人は死に触れることをものすごく嫌がる。そんなわけで動物の死骸に触れる機会のある仕事（革製品の製造など）に携わる人たちを「えた」と呼んで差別したわけだ。ひどい話だね。革製品のお世話になるのはむしろ身分が高いといわれている人たちなのに。また「ひにん」というのは「非人」と書く。「人間ではない」という意味だ。これまたあまりにもひどい。犯罪者やその家族が「ひにん」とさせられた。こう聞くと「なら、しょうがないじゃん」と思う人もいるかもしれないけれど、この時代の犯罪者の中には、確かに人を殺したり泥棒したりした人もいるけれど、ほかにもあまりにも幕府がひどいので反発したり、あるいは悪いことをしている幕府の役人に「それは違うんじゃないですか」と正しいことを言っただけの人たちもいただろう。そう考えるとこれまた納得がいかない。とはいえ、残念なのはそういう幕府の策略にまんまとのってしまい、彼らを差別することでうさをはらしていた農民も少なくはなかっただろうということだ。イジメの図式と同じだね。ぼくたちは歴史から学ぶべきものを学んで、自分たちが差別をしないのはもちろん、こうした差別がなくなるように努力しなければいけないね。

　農民の間にも上下の別はあったよ。土地を持つ農民が**本百姓**《ほんびゃくしょう》、土地を持たない農民が**水**《みず》**呑**《の》**み百姓**《びゃくしょう》と呼ばれた。そして本百姓の中で裕福な者は**村方三役**《むらかたさんやく》といって**名主**《なぬし》（関西では**庄**《しょう》**屋**《や》）、**組頭**《くみがしら》、**百姓代**《ひゃくしょうだい》などの村役人になって年貢の徴収などを請け負ったよ。

●島原・天草一揆と鎖国の完成

　１６３７年長崎の島原でキリスト教徒を中心とした農民たちによる一揆が起きた。これを**島原・天草一揆**という。長崎は南蛮貿易の頃から貿易の拠点となったこともあって、キリスト教徒が多い土地柄だった。一揆軍のリーダーとして参加したキリスト教徒の少年**益田四郎**《ますだしろう》**時貞**《ときさだ》（**天草四郎**《あまくさしろう》）のカリスマ性もあって一揆軍は粘りを見せた。幕府軍はオランダの協力などもあって（オランダはキリスト教の国ではあるけれど、カトリックではなくプロテスタントの国）、ようやく一揆軍を兵糧攻めの末に鎮《しず》めた。もともと幕府はキリスト教を危険視していたけれど（将軍よりも神のほうが偉いキリスト教は幕府にとって都合のよいものではなかったしね）、これをきっかけにあるいは口実に、いよいよキリスト教の禁教、弾圧を強め、鎖国に力を入れていくようになる。

　幕府は隠れキリスト教徒をあばくために、キリストや聖母マリアの描かれた像を踏ませた。これが**絵踏**《えふみ》だ。大人には踏み絵といったほうがなじみがあるかもしれない。嫌な言葉だけど今でもよく使われている。ある事柄に賛成か反対かをはっきりさせるために何かをさせることを、踏み絵をさせるとかいうよ。もちろん踏めなかった場合は、隠れキリシタンということになって、改宗するように言われるか処罰を受けた（処刑される場合も多かっただろう）。また**寺請制度**《てらうけせいど》といって、すべての人々にどこかの寺の檀家《だんか》（そのお寺の後援者）になることを強制した。寺では**宗門改帳**《しゅうもんあらためちょう》（宗門人別帳ともいう）という戸籍のようなものを作って、檀家がキリスト教徒でないことを幕府に対して証明した。このことは日本の仏教のあり方に大きな影響を与える。実は仏教にはもともとご先祖の供養なんて考え方はない。だってそもそも仏教を始めたお釈迦《シャカ》様自体がご先祖様どころか、父母を捨てて出家したわけだし（ちなみに出家をひっくり返せばそのまま家出だ、事実シャカは悟りを得るための修行のためとはいえ家出をしたのだ）、シャカが得た悟りとは「形あるものはすべていつかは壊れ、生きとし生けるものはすべていつかは死ぬ。だから執着するのが一番いけない」というものだ。だから、ご先祖という、すでに亡くなった人に執着（供養というのはそういうことだ）するのは本来のシャカのいう悟りとはかけ離れたものなんだ。とはいえ日本人にはご先祖をおろそかにすることは心情的に難しかった。だからそれまでにもお経を読んで死者を弔《とむら》うということはあったけれど、お寺が各家庭のお墓を管理し、弔うというのは実はこのときから本格的になったんだよ。

幕府はキリスト教の広まりを防ぐため、そして貿易の利益を幕府が独占するために、外国との貿易その他の行き来を一切禁止することにした。これが**鎖国**《さこく》政策だ。まるで鎖で国を囲ったような状態にするわけだね。鎖国は1639年、ポルトガル船の来航を禁止して完成する。**さ(3)こく(9)だから16(3)(9)年の出来事だ。**

ただ中国（この当時は「清」）とオランダ、それに朝鮮とは貿易が続けられた。ただし場所は長崎に人工的に作られた扇形の**出島**《でじま》のみで行われた。鎖国はなんとこのあと、1854年まで二百年以上続く。そのおかげで国内は平和な状態が保たれたが、反面、世界の流れに置いていかれてしまうという結果も導いた。

●アイヌ、朝鮮、琉球

蝦夷地《えぞち》と呼ばれる現在の北海道には、先住民族の**アイヌの人たち**が住んでいた。蝦夷地南部に領地があった**松前藩**《まつまえはん》はアイヌとの交易で富を得ていたよ。ただその交易があまりにアイヌに不利な条件であくどかったために、アイヌの族長**シャクシャイン**が立ち上がり、1669年に松前藩に対して反乱を起こす。しかし和議に応じたシャクシャインはだまし討ちにあい処刑されてしまう。これを**シャクシャインの戦い**と呼ぶよ。

朝鮮とは鎖国中も唯一正式な国交が保たれた。朝鮮からは将軍が代替わりするごとに**朝鮮**《ちょうせん》**通信使**《つうしんし》と呼ばれる使節が江戸を訪問したんだ。なお、朝鮮との交易は朝鮮に一番近い**対馬藩**《つしまはん》が行っていたんだ。

現在の沖縄である**琉球**《りゅうきゅう》は薩摩藩の支配下に置かれていた。薩摩藩は琉球で高い年貢を徴収したり、琉球を通じて中国との貿易を行って富を得ていたんだよ。なお琉球からも琉球王や

ポイント整理

徳川幕府初期の主な統治

●大名統治

大名の配置（江戸の近くに親藩を配置し、その周りに譜代、遠くに外様）

親藩（徳川の親戚、御三家＝尾張・紀伊・水戸も）
譜代大名（関が原以前からの徳川家の家臣と味方だった大名）
外様大名（関が原以降に徳川家の従った大名）

武家諸法度（大名の守るべき法律の整備）

参勤交代（大名を従わせるため江戸と各大名の領地を往復させる。それに伴って五街道の整備と関所を設置した）

●朝廷の統治

禁中並公家諸法度（朝廷と貴族の守るべき法律の整備）

●農民の統制

慶安のお触書（農民の守るべき生活規範を定めた）

五人組（集団責任で農民同士を監視させる）

村方三役（土地を持つ本百姓の中から裕福なものが村役人に）

●宗教政策

キリスト教の禁止と寺請制度（どこかの寺の檀家になること）

徳川将軍が代替わりするたびに、江戸へ使節が向かった。今でも遠いのに当時琉球から江戸へ行くのは大変だったことだろうね。

●家綱

家光の跡を継いで四代将軍になったのは長男の**家綱**《いえつな》だった。彼の治世中に軍学者**由比正雪**《ゆいしょうせつ》が浪人を集め、幕府転覆を図ったけれど、事前に発覚して事なきを得ている（慶安《けいあん》の変）。とはいえ、これをきっかけに幕府は浪人を出さないように大名家の取り潰《つぶ》しを減らし、武力による武断政治から学問による**文治政治**《ぶんちせいじ》に方針を切り替えた。家綱はその後40歳で死去する。

●綱吉と生類憐みの令

家綱には子供がいなかった。そこで家光の四男である綱吉が五代将軍として即位することになる。そんなわけで綱吉は本来将軍になるべくしてなったわけではなかった。

実は当時の大老**酒井忠清**《さかいただきよ》らは綱吉ではなく、自分たちが政治を行いやすいよう皇族から将軍を迎えようとしていたんだ。実現していたら徳川の天下はずっと早く終わりを告げていたんだね。ちなみに綱吉は将軍になってすぐに酒井をクビにしてしまっているよ。ところで綱吉は学問好きの将軍だった。特に彼の治世の前半は**天和の治**《てんなのち》として称えられ、あの吉宗にも影響を与えているよ。

前半の治世が評判がよいにもかかわらず、徳川歴代将軍のうちダメ将軍ナンバーワンを問われれば、おそらくほとんどの人が綱吉の名前を挙げるだろう。その原因が**生類《しょうるい》憐《あわれ》みの令《れい》**だ。綱吉には男子がいなかった（一人生まれた男の子は早死にする。娘は一人いた）。彼は**儒学**を重んじていたのだけれど、儒学では「考」といって、親を大切にすることが一番大事だといわれていた。その影響もあり、母**桂昌院《けいしょういん》**の意見をよく聞いた。あるとき母が薦める僧の言うには「あなたは前世で殺生をしたから子供ができないのだ。これからは動物を大切にしなさい。そうすれば子供ができるでしょう」と。そこで彼は極端な動物愛護の精神を要求する生類憐みの令を出したといわれている。そして彼が戌年《いぬどし》なので特に犬を大事にしろと。だから綱吉には**犬公方《いぬくぼう》**というあだ名があった。この坊さんのエピソードはどうやら作り話の可能性が高いのだけれど、残念ながらこの法律は本当に出された。そして犬はもちろん、小動物の殺生までも厳しく禁止される。動物を大切にするのはいいけれど、さすがにやりすぎだった（人間だって動物だけど人間は大事にしなかったんだよね）。幕府の中にも批判する人がいて、あの**水戸黄門《みとこうもん》**こと水戸の**徳川光圀《みつくに》**などは、綱吉を諫《いさ》めるために犬の毛皮を送りつけたといわれているよ。そのほかにも彼は**側用人《そばようにん》**（ちょっと違うけど秘書みたいなものかな）の**柳沢吉保《やなぎさわよしやす》**を極端に重視したり、貨幣の質を落とすことで今でいうインフレ（簡単にいうとお金の価値が下がって物の値段が上がること）を引き起こした。

そうそう、綱吉の時代には「**忠臣蔵《ちゅうしんぐら》**」で有名な**赤穂浪士《あこうろうし》**の討ち入り事件なども起きている。富士山の噴火もあったんだよ。

●元禄文化

政治の話を少し置いておいて文化の話をしよう。綱吉の頃の文化をその年号にちなんで**元禄文化**《げんろくぶんか》と呼んでいる。上方《かみがた》（京や大阪）を中心に栄えた文化だよ。元禄文化は**町人**中心の明るい文化でもあった。代表的なものをいくつか紹介しよう。まずは文学、**浮世草子**《うきよぞうし》と呼ばれる小説の人気が高かった。特に町人の生活や欲を活き活きと描いた**井原西鶴**《いはらさいかく》の作品は有名だ。「**日本永代蔵**《にほんえいたいぐら》」、「**世間胸算用**《せけんむなさんよう》」なんて作品のほかに「**好色一代男**《こうしょくいちだいおとこ》」なんてちょっと色っぽい作品もあるよ。**人形浄瑠璃**《にんぎょうじょうるり》（人形劇みたいなものだ）の脚本家としては**近松門左衛門**《ちかまつもんざえもん》が有名だ。「**曽根崎心中**《そねざきしんじゅう》」、「**冥土の飛脚**《めいどのひきゃく》」などの代表作のほかに「**女殺油地獄**《おんなごろしあぶらじごく》」なんて恐ろしい名前の作品もある。内容気になるでしょ？　実は今ではありふれた内容、ダメボンボン息子が金欲しさに油屋の女を殺してしまうというお話だ。**松尾芭蕉**《まつおばしょう》の**俳諧**《はいかい》も忘れてはいけないね。それまでは短歌のおまけのようなものだった俳句を芸術の域に高めたのは彼の功績だ。俳句を含んだ紀行文に「**奥の細道**」、「**野ざらし紀行**」などがあるよ。絵画では何といっても**浮世絵**《うきよえ》。

尾形光琳《おがたこうりん》の「**かきつばた**」、**菱川師宣**《ひしかわもろのぶ》の「**見返り美人**」などが美術の教科書や切手でおなじみだね。

●新井白石

綱吉は64歳で亡くなったけれど、結局あのとんでもない法律を作ってまで待ち望んだ男子は結局生まれることはなかった。そこで三代家光の孫で綱吉の兄の子つまりおいである**綱豊**《つなとよ》が**家宣**《いえのぶ》と改名して六代将軍となった。彼は48歳で将軍になるけれど、在位わずか3年で亡くなってしまうんだ。が、彼が登用した学者である**新井白石**が側用人の**間部詮房**《まなべあきふさ》と共に政治を実施、その政治は**正徳**《しょうとく》**の治**《ち》と呼ばれ褒め称えられている。といっても内容は実は、綱吉の全否定にすぎない。生類憐みの令を廃止して（ちなみに綱吉は死ぬときに、あれだけは残してくれと言ったそうだよ）、貨幣の質をもとどおりにした。

ちなみに目立たないけれど、もうひとつすごいことをしている。徳川家における御三家と同じように、皇室にも直系の血統が途絶えたときのために**宮家**《みやけ》というものがあったんだけれど、この当時には宮家は三つしかなかった。ちなみに**伏見宮**《ふしみのみや》、**有栖川宮**《ありすがわのみや》、**京極宮**《きょうごくのみや》の三家だ。ところがそれでは将来血統が絶える危険があるということで新しく**閑院宮**《かんいんのみや》という宮家の創設を提案した。そして実際に閑院宮家が創設されるのだけれど、なんとなんと実は明治天皇以降、今上天皇（今の天皇だ）まではこの閑院宮家の血を引いているんだ。逆にいえば、もし白石がそうした提案をしていなかったら、皇室はなくなってしまっていたかもしれないということ。どう？　すごいでしょ？

さて家宣が在位わずか3年で亡くなったあとは、その子の**家継**がいた。ところがこの家継はわずか4歳。家宣はそのことを心配し、自分のあとは尾張の**徳川吉通**《よしみち》を将軍とするかまたは家継の後見人に推した。が、白石はそれを拒絶、家継を将軍とするのだけれど、結果としてこれは大失敗になる。というのも家継将軍は在位わずか4年、享年8歳で死亡、当然跡取りとなる息子はいない。「じゃあ　ここで吉通でいいじゃん」と思う人もいるだろう。ところが、なんと彼は家継将軍就任の翌年25歳の若さで亡くなっているんだ。死因があやしい。饅頭があたって死んだのだけれど（笑ってはいけない）、実は彼の父もいちごを食べてそれがあたって亡くなっている。そんなわけで暗殺説も根強い。吉通のあとはわずか3歳の**五郎《ごろう》太《た》**が継ぐが彼もまたその2カ月後に死去、結局家継の死去の折には尾張は叔父の**継友《つぐとも》**があとを継いでいたが、こんな状況では御三家筆頭の尾張藩とはいえ、次期将軍を出せなかったのも無理はないだろう。

●吉宗と享保の改革

早世（そうせい　若くして亡くなってしまうこと）してしまった家継には当然跡取りがいなかったので、御三家から次の将軍が選ばれた。尾張藩主を推す声と紀伊藩主を推す声があったけれど、最終的には家康の血が一番濃いということで**紀伊《きい》**（今の和歌山県）の**吉宗**が八代将軍に選ばれた。実は江戸幕府の将軍や大老などに多いパターンで、この吉宗も本当は将軍になれるはずじゃなかった。だってね、彼は紀伊藩主の四男坊、しかも母親の身分が低かったんだ。ところが兄たちがあいついで若くして亡くなったために22歳で第五代紀伊藩主になることができ、さらに将軍家にも尾張にも不幸が多かったので、彼は運よく将軍になることができた（あまりの強運にこれらの相次ぐ将軍や藩主の死に吉宗が関わっていたのではないかと疑う説まであるよ。もちろん少数派ではあるけれど、彼の運のよさを考えるとそう思ってしまうのも無理はないよね）。

就任後、吉宗は新井白石と間部詮房を罷免《ひめん》（早い話がクビにしてしまうこと）する。そして久々に将軍自らが政治を行う将軍親政を実施する。特にひどい状態だった幕府の財政状況（要するにぜいたくのしすぎなどでお金がなかったということだ）を改善するために様々な改革を行う。この一連の改革を**享保の改革**《きょうほうのかいかく》と呼んでいて、江戸時代の三大改革のひとつとされているよ。新田の開発を推進したり、**足し高の制**《たしだかのせい》といって、本来ある役職につくには石高が不足している有能な人物を、在職期間に限って余計に米を支給することで、その役職に取り立てる仕組みを作った（この時代は石高つまり年収に応じて就くことができる役職が決められていたんだ。だからどんなに有能な人でも石高が少ないと重要な役職に就くことができなかった。これは優秀な人材を使えないということで幕府にとってももったいない話だよね。そこでそういう石高が低い人でも上の役職に就かせることができるようにしたんだ。ただし給料がいいのはその役職で働いている間だけという具合にしたんだね）。

また町人や農民の声を聞くためにかの有名な**目安箱**《めやすばこ》を設置した。これは今でいう将軍への「直通メール」って感じかな。この目安箱のおかげで貧しい人たちのための病院**小石川養生所**《こいしかわようじょうしょ》を設置したり、**町火消し**《まちひけし》制度を整えたりしたんだよ。

町火消しというのはテレビの時代劇で有名なあの「め組」をはじめとする、いろは四十八組の消防団のことだ。そうそう、時代劇ではなぜか「め組」が多いよね。

また裁判の基準として**公事方御定書**《くじかたおさだめがき》を制定した。この時代の裁判はテレビの時代劇の「遠《とお》山《やま》の金《きん》さん（人物は実在、ストーリーは創作だ）とか大岡越前《おおおかえちぜん》（これも同じ）で有名だね。「これから○○の件について吟味いたす。一同の者、表をあげい」「ははあ」ってやつだ。ちなみに大岡越前のほうはまさにこの時代の人で、南町奉行を務めた**大岡忠相《おおおかただすけ》**がモデルになっている。彼は**越前守《えちぜんのかみ》**だったので大岡越前というわけだ。彼はね、先ほどの石高の制を利用して吉宗に採用された人物で、この公事方御定書にしたがって裁判を実施したよ。

吉宗は幕府の財政を安定させるため（要するに収入を増やすため）、各大名から1万石につき100石の割合で米を徴収した。これを**上米《あげまい》**というよ。つまり農民だけでなく大名にも税を課したということだ。もちろん大名は反発するに決まっている。そこで米を納めさせる代わりに参勤交代の江戸に滞在しなければならない期間を短くしたよ。ところで吉宗はこの上米をはじめとして米にこだわったので、**米将軍《こめしょうぐん》**というあだ名がついている。「暴れん坊将軍」とはえらい違いだね。

また米の代わりになるようにと**青木昆陽《あおきこんよう》**に命じて、**甘藷《かんしょ》**（さつまいものことだ）の栽培を研究させたり、商品作物の栽培も奨励している。そうそう、彼の偉いのは自分自身も質素倹約《しっそけんやく》（ぜいたくをしないこと）に努めたんだね。これはなかなかできることではない。また彼は180センチあまりの身長がある当時としてはかなりの大男で、これも面白い話なんだけど、あまり見た目がきれいでもかわいくもない女性が好みだったといわれているよ。

また部分的ではあるけれど、鎖国のために禁止されていた**洋書《ようしょ》**（ヨーロッパなど西洋の本）を**解禁《かいきん》**（禁止を解くこと）したよ。特にそのおかげで医学は格段に進歩したんだけれど、これについては別の個所で触れよう。

　吉宗の享保の改革は全体としてはまずまずの成功だった。そこでこのあとの幕府の政治家たちもこれを手本にする。ただしそれらは残念ながら成功はしなかった。真似だけではダメなんだね。

　吉宗は将軍家の血筋が絶えないように、すでにある御三家のほかに**御三卿**《ごさんきょう》を設置した。**田安**《たやす》、**一橋**《ひとつばし》、**清水**《しみず》の三家だ。後三卿は御三家と違い、藩は作らず、大きな領地も持たなかった（あるにはあったけど）。その代わりに幕府から直接10万石を与えられていたよ。

歴代徳川将軍

	将軍名	ポイント
第1代（1603～）	家康	幕府開く
第2代（1605～）	秀忠	大阪冬の陣、夏の陣
第3代（1623～）	家光	参勤交代、鎖国
第4代（1651～）	家綱	文治政治
第5代（1680～）	綱吉	生類憐みの令
第6代（1709～）	家宣	新井白石を登用
第7代（1713～）	家継	8歳で病死
第8代（1716～）	吉宗	享保の改革
第9代（1745～）	家重	言葉がうまく話せず
第10代（1760～）	家治	田沼意次の政治
第11代（1787～）	家斉	寛政の改革
第12代（1837～）	家慶	天保の改革
第13代（1853～）	家定	日米和親条約
第14代（1858～）	家茂	幕末
第15代（1866.67）	慶喜	大政奉還

●国学と蘭学

この頃、**国学**《こくがく》と**蘭学**《らんがく》という新しい学問が発達した。国学は「万葉集」や「古事記」などの日本の古典を研究し、日本の国の特質や日本人のものの見方や思想を追求する学問だ。代表的な国学者には「古事記」の解説書である「**古事記伝**《こじきでん》」を書いた**本居宣長**《もとおりのりなが》らがいるよ。

また蘭学とは、吉宗が行った洋書の解禁がきっかけとなって広がった西洋の書物を通して、西洋の学問を学ぶもの。オランダの医師**シーボルト**は**鳴滝塾**《なるたきじゅく》を開いて多くの蘭学者を育てたよ。しかし彼は、**伊能忠敬**《いのうただたか》が作成した（完成は彼の死後）最初の日本地図を持ち出そうとして国外追放処分を受けているよ。医学といえば忘れてはならないのが**杉田玄白**《すぎたげんぱく》、**前野良沢**《まえのりょうたく》の二人だ。彼らはオランダ語の人体解剖書「**ターヘル=アナトミア**」をなんと辞書なしで翻訳し、「**解体新書**《かいたいしんしょ》」を刊行してのちの医学に大きく貢献したよ。

●家重

いろいろな意味でやり手の将軍だった吉宗の跡を継いだのは、吉宗とは正反対の**家重**《いえしげ》だった。彼は吉宗の長子ではあったけれど、言葉がうまく話せなかったんだ。

そこで母親が違う文武に優れていると評判の弟の**宗武**《むねたけ》を将軍に推す声もかなりあった。が、「弟に相続させるようなことをすると、跡取り争いが起きるもとになる」という吉宗の方針で家重が九代将軍となった（このあたり足利ダメ将軍義政に聞かせてやりたいね）。それはそれで正しい方針だったのだけれど、とはいえ、なんせ言葉がはっきりしないので命令がよくわからない。それでみんな苦労したといわれている。ただ幸いなことにまだ吉宗が生きていたので、引退後も**大御所**《おおごしょ》（将軍などの役職を引退した人、今でいえば会長みたいなものだ）として政治を行ったといわれている。

ちなみに宗武はのちに御三卿の田安家を相続しているよ。家重のあだ名はなんと「小便公方《しょうべんくぼう》」。彼はよく失禁《しっきん》（おしっこをもらしてしまうことだ）したらしいので、このあだ名がついたそうだ。将棋が好きで著作も残しているということだから、けっして知能が低いわけではなかったんだろうけどね。

●田沼意次の政治

家重のあと息子の**家治**《いえはる》が十代将軍となった。ただ彼は自分ではあまり政治をせず、もっぱら好きな将棋《しょうぎ》にふけっていたといわれている（お父さんと同じだ。彼にも将棋に関する著作があるよ）。そこで家治の時代の政治は**田沼意次**《たぬまおきつぐ》が行った。彼はもともと家治のお父さんのあの家重の小姓《こしょう》（子供の頃からのお守役、側用人との違いは小姓は子供）出身で、その後側用人になって、のちに老中になる。

田沼の政治の特徴は何といっても**重商主義**《じゅうしょうしゅぎ》にある。重商主義というのは「商」業を「重」んずる考え方のことだ。今の世の中が実はそうだよね。資本主義のスタート地点でもある。ちなみに逆は**重農主義**《じゅうのうしゅぎ》、もうわかるよね。農業を重んじる考え方のことだ。

田沼は**株仲間**《かぶなかま》を奨励した。株仲間とは室町時代の「座」のようなものだ。おさらいしておこうか、要するに塩とかしょうゆとか同じものを売る人たちが集まって作る同業者の組合のことだったよね。そしてこの株仲間から**冥加金**《みょうがきん》といって幕府はお金を受け取る（今でいえば政治献金だけど、はっきりいってしまえば賄賂《わいろ》。そして幕府はその代わりに冥加金を納めた株仲間に対して特権的な独占権を与えるわけだ。その株仲間に入っていない人の商売を禁止したりするわけだね）。

また印旛沼《いんばぬま》（今の千葉県にあった）の干拓《かんたく》にも手をつけている。今風にいえば公共事業に力を入れたということだ。ちなみに干拓とは埋め立てのようなもの。ただ埋め立てとはちょっと違う。埋め立てが文字どおり海の浅瀬や沼地などに土を埋めて陸地を作るのに対して（ちなみに今の埋め立てはゴミを使うこともある）、干拓は堤防を作って水が入ってこないようにして乾かして陸地を作るやり方だ。これは残念ながら失敗に終わったらしい。

田沼は商業重視、都市重視の政治を行ったために、農民の批判は多かった。

この時代、飢饉があったり、江戸が火事になったり（明暦《めいれき》の大火《たいか》）、浅間山が大噴火するなど災害も多かった。苦しんだ農民が田畑を捨てて、町に逃げ出してきてしまったり、農村では**百姓一揆**《ひゃくしょういっき》が一都市では**打ちこわし**《う》が起きたりした。そんなわけで田沼は失脚《しっきゃく》（政治的に負けてしまうこと）し、老中を解任されてしまった。

こうしてみると田沼は悪いやつのような気がするけれど、家柄にとらわれず能力のある者を採用しようとしたり、あの「エレキテル」の発明や「土用の丑《うし》の鰻《うなぎ》」で有名な**平賀源内**ともつき合いがあったんだよ。ただの金狂いの金権政治家というわけではなかったんだね。ちなみに平賀源内は当時の発明家で、エレキテルは彼が発明した発電機だ。源内はいろいろなことに才能があって（今でいうマルチタレント）、知り合いの鰻屋さんに頼まれて、鰻が売れるようにと作った宣伝文句（今でいえばキャッチコピー）が「土用の丑の日には鰻を食べて元気になろう」というものだったといわれているよ。

●松平定信の寛政の改革

十代将軍家治の息子が亡くなってしまったため、一橋家から家斉《いえなり》が十一代将軍として家治のあとを引き継ぐことになった。彼は田沼意次に代わって、白河藩主として評判の高かった**松平定信**《まつだいらさだのぶ》を起用。彼が江戸時代の三大改革のひとつ、**寛政**《かんせい》**の改革**《かいかく》を実施することになる。

この改革は吉宗の享保の改革を理想としたもので、非常に厳しく堅苦しいものだった。

主な政策を紹介しよう。まず**囲米**《かこいまい》の制度。これは飢饉などの折に備えて、諸大名に米を使い切らずに備蓄しておくように命じたもの。次に**棄捐令**《きえんれい》。これは徳政令と同じだ。借金に苦しむ旗本などの救済が目的だった。そして**帰農令**《きのうれい》。これがちょっと変わっている。田沼の重商政策の結果、農村から江戸などの都市へ人々が大量に流出してしまったことは前に説明したよね。定信はこの人たちを農村に返そうとしたわけだ。それによって当時、あれ始めていた農村を正常なものにし、収穫が上がることをねらった。さらに**寛政異学の禁**《かんせいいがくのきん》。これは幕府にとって都合がよい**朱子学**《しゅしがく》（儒学の一派、目上の者や身分の高い者への絶対服従を唱えるので幕府には大変都合がよかった）を公認の学問として、なんとそれ以外の学問を禁止してしまった。

どう？　堅苦しいでしょ？

そんなわけであまりの厳しさにこんな「狂歌《きょうか》」（政治を皮肉ったり、生活の様子をうたったりしたちょっとこっけいな短歌のことだ）が詠まれた。

「白河《しらかわ》の　清《きよ》きに　魚《さかな》も　住《す》みかねて　元《もと》の濁《にご》りの　田沼《たぬま》　恋《こい》しき」

表向きの意味から説明しよう。

「白河、つまりきれいな川の水があまりにも澄んでいて、魚としてはかえって住みにくい。これだったら元の濁っていた田や沼のほうがよかった」という意味だ。ほらフナや鯉なんかはあまりにきれいな水の中には住めないでしょ。そのことをいっているわけ。もちろんこの歌には裏の意味があって、「白河」というのはきれいな川のことじゃなくて、白河藩主だった松平定信のこと、つまり定信の寛政の改革はワイロのようなきたないことを追い出してくれたけれど、あまりに清潔すぎて堅苦しく、これだったら「元の」つまり前の「田沼」つまり田沼意次の頃のほうがよっぽど生活しやすかったよ、というのが隠《かく》された本当の意味だ。

当時は今と違って指導者の批判なんてできやしなかったから（見つかればそれだけで処罰の対象、下手をすると処刑される）、こういうふうに工夫をして政治を批判していたんだね。そんなわけでわずか6年ほどで失脚《しっきゃく》。寛政の改革は失敗に終わった。

●大御所政治

その後家斉は子の**家慶《いえよし》**に将軍位を譲るが、そののちも自分で政治を行ったのでこれを**大御所政治《おおごしょせいじ》**という。そうそう、家斉にはもう一つ有名なことがあって、なんと彼には40人以上の妻がいて（もちろん正妻は1人だけれど）、男女合わせて50名以上の子供がいた。この子供たちに生活費を与えるために幕府の財政はますます厳しくなったんだよ。また家斉は子供たちを大名家の養子や妻に送り込んだ。妻のほうはまだしも、養子を送り込まれたら家が乗っ取られてしまう。そんなわけで家斉の頃は大名たちは冷や冷やしていたようだ。

●異国船打払令

これより前18世紀半ば頃から、通商を求めてロシアの船が日本にやってくるようになった。1792年にはロシアに漂着した船乗り**大黒屋光太夫《だいこくやこうだゆう》**を**根室《ねむろ》**に送り届けてきた**ラクスマン**が通商を求めたけれど、幕府はこれを拒絶、さらに江戸に向かうことも断られた。これ以降幕府は近辺の大名に警備を厳重にするよう命ずる。また**間宮林蔵《まみやりんぞう》**に命じて蝦夷地の調査を行わせた。間宮はこのときに**樺太《からふと》**が島であることを発見している。そして19世紀に入ってイギリスやアメリカの船までもがやってくるようになったため、幕府は**異国船打払令《いこくせんうちはらいれい》**（外国船打払令ともいう）を出し、徹底して鎖国を守ろうとした。1837年、日本の漂流民7人を乗せ、これを引き渡そうとしたアメリカの船モリソン号までも異国船ということで砲撃してしまった（**モリソン号事件**）。この事件を知った蘭学者の**高野《たかの》長英《ちょうえい》**や**渡辺《わたなべ》崋山《かざん》**は、幕府の鎖国と異国船打払政策を批判する書物を著した。しかしこれは幕府を怒らせ、二人は厳しい処罰を受けることになった（**蛮社《ばんしゃ》の獄《ごく》**）。

●大塩平八郎の乱

1836年、**天保の大飢饉**が起き、極端な米不足となり餓死者があいついだ。百姓一揆や打ちこわしも多数起こった。翌1837年、そんな状態にもかかわらず米を大坂から江戸に送ろうとする幕府の大坂町奉行に業を煮やした**大塩平八郎《おおしおへいはちろう》**は、幕府の役人であったにもかかわらず民衆の立場に立ち反乱を起こした。これを**大塩平八郎の乱**と呼ぶ。事前の密告などもあって乱はすぐに鎮圧されたが、元幕府の役人が起こした反乱とあって幕府は震撼《しんかん》した。

●化政文化

ここで文化のお話をしよう。家斉の頃の文化を文化・文政という年号にちなんで**化政文化《かせいぶんか》**と呼んでいる。化政文化は元禄文化が上方で栄えたのに対し、江戸が中心の文化だ。また明るかった元禄文化に対し、こちらは皮肉やこっけいを楽しむ文化だったよ。文学の小説のジャンルでは**十返舎一九《じっぺんしゃいっく》**の「**東海道中膝栗毛《とうかいどうちゅうひざくりげ》**」が面白い。これはやじさん、きたさんという二人組が旅をする笑い話だ。ロマンあふれる伝奇ものなら現在でもファンが多く、いろいろなアニメ作品やマンガのモチーフにもなっている**滝沢馬琴《たきざわばきん》**の「**南総里見八犬伝《なんそうさとみはっけんでん》**」だろう。身体のどこかに牡丹の花のあざがあって、苗字に「犬」がつく八人の犬士がいつの間にか集結して里見の家を再興するために戦う、手に汗握る物語だ。俳諧のジャンルでは弱い者に味方をするやさしい俳句で有名な**小林一茶**《いっさ》（句集に「**おらが春**」がある）や、情景描写に優れ「菜の花や　月は東に　日は西に」や「春の海　ひねもす　のたりのたりかな」などの俳句で有名な**与謝蕪村**《よさぶそん》（句集に「**新花摘**《しんはなつみ》」がある）を覚えておきたい。絵画では**錦絵**《にしきえ》と呼ばれる多色刷りの美しい版画がもてはやされ、**喜多川歌麿**《きたがわうたまろ》の**美人画**、**東洲斎写楽**《とうしゅうさいしゃらく》の**役者絵**、それに**歌川広重**《ひろしげ》の風景画集「**東海道五十三次**《とうかいどうごじゅうさんつぎ》」や同じく風景画の**葛飾北斎**《かつしかほくさい》の画集「**富嶽三十六景**《ふがくさんじゅうろっけい》」などが、日本国内はおろか海外でも高く評価されているよ。

この頃までには民衆も教育が受けられるようになった。**寺子屋**《てらこや》（子に注意）では「**読み、書き、そろばん**」などの実用的な教育が施されたよ。

●水野忠邦と天保の改革

定信のあと、**松平信明**《のぶあきら》、**水野忠成**《みずのただあきら》らが老中として政治を行ったが、これといった改革はなかった。そして忠成のあとを引き継いで登場するのが、江戸時代三大改革の最後のひとつ、**天保**《てんぽう》**の改革**《かいかく》で有名な**水野忠邦**《ただくに》だ。彼は大坂城代、京都所司代出身で家斉の時代に老中となる。家斉の生存中はおとなしく振る舞っていたが、彼が没すると改革を始める。これが天保の改革だ。ただし目新しいことはない。**人返**《ひとがえ》**し令**《れい》といって、帰農令と同じような内容の法令を出したり、株仲間の解散を命じたりした。要するに重農主義だ。また**上知令**《あげちれい》といって、江戸大坂の近辺の大名や旗本の領地を巻き上げようとしたが、当然のように反対にあって失脚

尻つぼみになる江戸の３大改革

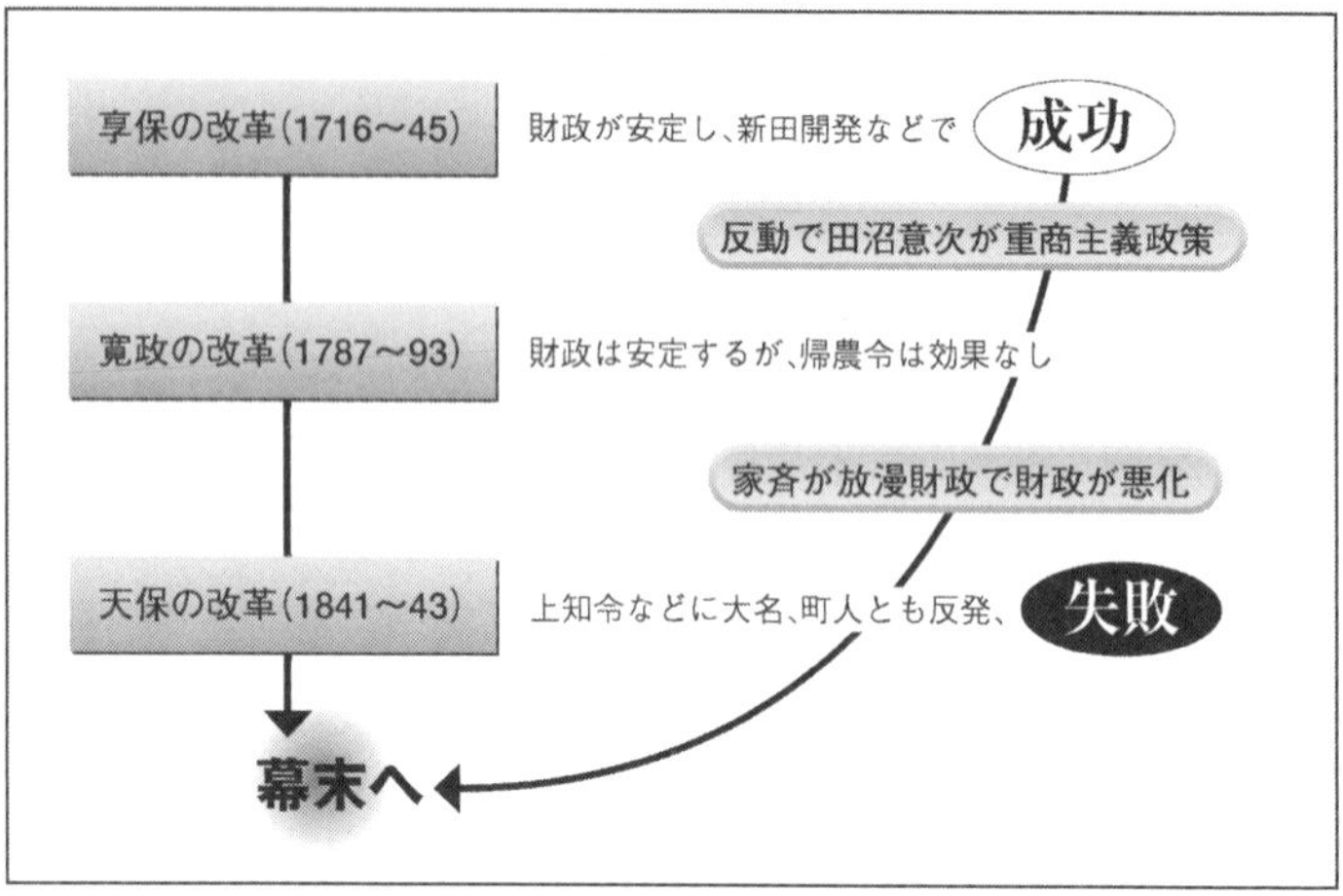

享保の改革（1716～45）
財政が安定し、新田開発などで
成功
反動で田沼意次が重商主義政策
寛政の改革（1787～93）
財政は安定するが、帰農令は効果なし
家斉が放漫財政で財政が悪化
天保の改革（1841～43）
上知令などに大名、町人とも反発、
失敗
幕末へ

していいる。こうしてみると三大改革は年を追うごとに成功率が低くなっているのがわかるね。いよいよ幕府も末期症状が見えてきたぞ。

●ペリー来航

1853年、アメリカの**ペリー**が蒸気船を含む4隻の**黒船**で**浦賀**《うらが》（今の神奈川県、三浦半島の港）に来航した。これはもちろん法律違反だ。なぜなら日本は鎖国をやっていたのだから。実はアメリカはどうしても日本を開国させる必要があった。というのはアメリカはこの当時**捕鯨**《ほげい》（クジラをつかまえること）をやっていたんだ。今は「クジラは頭がいい動物だからつかまえちゃかわいそうだ」なんて大騒ぎしているのにね。でね、太平洋で捕鯨をするにあたって、食料と燃料の補給ができる基地が欲しい。日本というのはその条件にピッタリの場所だったんだね。それまでもいくつかの国が日本に開国させようとしたけれど、ことごとく失敗してきた。だから力づくで開国させようとした。参考までに蒸気の力で動くというのは、簡単にいうと、やかんの水が沸騰すると水が水蒸気になってふたを動かすよね。あの原理を使って歯車を回すのが蒸気機関だ。この当時の江戸の町のうろたえぶりを知ることができる有名な狂歌がある。

「太平《たいへい》の　眠《ねむ》りを覚《さ》ます　上喜撰《じょうきせん》　たったしはいで　夜《よる》も眠《ねむ》れず」

意味は例によって二つある。表の意味は「上喜撰という高級なお茶は4杯も飲めば夜眠れなくなる（お茶にはカフェインという成分が入っていて、これには眠らないようにさせる作用があるんだ）という意味。で裏の意味は、（鎖国以来）天下泰平の日本だったが、アメリカの蒸気船がたった4隻来たことで、夜も安心して眠れないくらい騒然とした状態になってしまった（人々は右往左往して大慌てしている）という意味だ。なんせ浦賀から江戸までは1日かからない。

言い忘れてたけど、黒船はれっきとした当時のアメリカ東インド艦隊の軍艦でもある。幕府の役人たちも江戸の人々も恐怖でふるえ上がったことだろう。幕府はやむを得ずペリーが持ってきたアメリカ大統領フィルモアの親書を受け取った。そこには日本が開国するように強く求めてあったのだけれど、幕府はとりあえず今すぐには決められないから、1年待ってほしいと伝え、翌年に返事をすることを約束した。

ところでペリーの来航だけど1853年の出来事だ。

い（1）や（8）でご（5）ざ（3）る　ペリーさん

いやでござる（ござんす、でもいいや）、ペリーさん。

幕府としてはできれば来てほしくなかったんだよね。

ところでこの黒船騒動の最中、家斉の跡を継いだ家慶《いえよし》将軍が61歳で亡くなっているよ。そこで老中の**阿部正弘**《あべまさひろ》らが中心になってこの騒動を収めたんだよ。

●日米和親条約と開国

さてどうにか彼らを帰した幕府だったが、それからが大変だった。何といっても国家の大事だ。そこで幕府はなんとこの件に関して朝廷に報告、お伺いを立て、さらには諸大名らからも意見を聞くことにした。実はこれは幕府にとってとんでもなく危険なことなんだけどわかるだろうか？　幕府はこれまで自分たちでいろいろなことを決めて、朝廷を含めたすべての人たちに命令する形をとっていた（さすがに朝廷には一応提案の形式にはしていたけれど）。だから誰もが心の中には批判や反対の意見を抱きながら、従うしかなかったわけだ。ところが今回こうした形で相談をしてしまう。相談となると自分の意見を言うことができる。幕府は自分たちより上（それも絶対的な）の命令をするだけの存在ではなく、話し合いの相手となってしまう。つまり対等に近い関係になってしまったのだ。「なあんだ、俺たちの意見を聞くなんて幕府もたいしたことないじゃん」とか「朝廷の意見を伺うということはやっぱりこの国で一番偉いのは幕府ではなくて朝廷なんだな」ということを感じさせてしまうことになるんだ。結論からいうと、実際にこのあと数年後にそうなってしまう幕府崩壊は実はもう始まっていたんだね。

その話し合いだが、当然まとまらない、というか、まとまるわけがない。だって朝廷や諸大名は黒船を見ていない。鎖国だったから海外の事情も知らない。実はこの当時、欧米《おうべい》（ヨーロッパやアメリカ）では**帝国主義**《ていこくしゅぎ》という考え方が主流で、自国の力を強くして海外にどんどん**植民地**《しょくみんち》（簡単にいうと、自分の国がその地域とそこに住む住民を支配することができる場所）を作るために、どの国も海軍力を強め、アジアなどのあちこちに進出していたんだ。これは当然、今の感覚でいえば侵略だけど、当時は残念ながら人種差別も当たり前だったから、ここではあえて進出という言葉を使うよ。当時の欧米の白人たちにとってはアジアなどの**有色人種**《ゆうしょくじんしゅ》（黒人や黄色人種のこと、要するに白人でない人たちのことだ）の土地を奪い、支配することは悪いことではないと考えられていた。いやそれどころか（信じられない話だけれど）、文化をもたない野蛮人たちに進んだ文化や便利なものを教えてやるのだから、いいことなんだ、と考えてさえいたんだ。ひどい話だけれど、そういう過去があって今があるのだから、過去は過去としてきちんと目を向けなければいけないよね。

話はもとに戻るけれど、朝廷や大名たちは強気だった。「この国にけがらわしい異人たちを入れてはならない」と主張した。なんてことはない、こっちはこっちで外国人のことを差別していたことがわかる。まあそれまで交流がなかったのだから、当然そうなっちゃうよね。特に大きかったのは、当時の天皇**孝明天皇**《こうめいてんのう》が極端な異人（外国人のことだ）嫌いだったこと。彼にしてみれば開国なんてとんでもないということだよね。それでもまだ相談などしないで、あとから「開国しましたよ、幕府のやったことに文句は言わないでくださいよ」とやればよかったのだけれど、事前に相談してしまってはダメだ。江戸時代の天皇はほとんど飾り物みたいなもので政治的な発言権はほぼなかったけれど、これ以降、孝明天皇はかつての天皇たちのように大きな発言力をもつことになるよ。

ちなみに黒船騒ぎの中、亡くなった家慶の跡は四男の**家定**《いえさだ》が継いでいた。しかし、彼は病弱で（まただよ）将軍としての指揮はほとんどしていない。

ペリーは翌年、今度は7隻の軍艦を率いて横浜沖にやってきた。前回よりも3隻も多くの船を率いてきたのは「開国しないと容赦しないぞ」という決意の表れだったかもしれないね。幕府はやむを得ず、**日米和親条約**《にちべいわしんじょうやく》を締結した。

この条約では**下田**《しもだ》（今の静岡県の港）と**函館**《はこだて》（今の北海道の港、当時は**箱館**だった）の二港を開いた。そして燃料と食料の補給を許可したよ。

この結果、1639年以来215年間続いた**鎖国状態が終わりを告げた**。ただ気をつけてほしいのだけれど、この段階ではまだ貿易はしていないからね。あくまでも燃料および食料の補給と、限られた場所でのアメリカ人の休息を許可しただけだ。このあとイギリス、ロシア、オランダとも同様の条約を結んでいるよ。

●日米修好通商条約

1858年、今度はアメリカ総領事の**ハリス**が日本に貿易を始めるための条約を結ぶよう強く要求した。このとき大老になっていた**井《い》伊《い》直弼《なおすけ》**は朝廷をはじめとして、反対する人々の意見をおさえて、**日《にち》米《べい》修《しゅう》好《こう》通《つう》商《しょう》条《じょう》約《やく》**を締結してしまった。この条約は実はとんでもない条約だったんだ。まず、開港した港だけれど、**函館**、**新潟**、**神奈川**、**兵庫**、**長崎**の五港。この中に神奈川があるのは注目だ。というのも神奈川はかなり江戸に近い。これは江戸の人々にとっては穏やかではなかったろう。それから下田は閉鎖された。このあたりはまだいい、問題は次の二つだ。

まずこの条約で日本はアメリカに**治《ち》外《がい》法《ほう》権《けん》**、**領《りょう》事《じ》裁《さい》判《ばん》権《けん》を認めてしまった**。治外法権と領事裁判権はほとんど同じものだと考えていい。これはね、とんでもない権利なんだ。例を挙げて説明しよう。日本に来ているアメリカ人が日本で犯罪を犯したとしよう。この場合、当然裁判をして罪をつぐなってもらわなければならないのだけれど、なんと、治外法権を認めてしまったら、このアメリカ人を日本で裁くことはできなくなってしまうんだ。日本で裁く代わりにアメリカで裁判を受けることになる。勘のいい人ならわかると思うけれど、アメリカで裁判すれば当然アメリカ人には同情的な判決が下されるよね。この制度のせいで被害にあってもろくな保証も受けられず、また無念な思いをした犯罪被害者やその遺族も多かったことだろう。

これだけでも充分不平等なのに、もうひとつとんでもない約束をしてしまった。それが「**関《かん》税《ぜい》自《じ》主《しゅ》権《けん》を日本がもたない**」ということだ。教科書などでは「関税自主権がない」と記録されているこの事柄がなぜ問題なのかを説明しよう。外国と貿易をするときに気をつけなければならないのは、外国から安い商品が入ってくることなんだ。「え？　安いんでしょ、じゃあいいじゃん」と思ってしまう人もいるだろうけど、ちょっと聞いてほしい。

確かに一人の消費者《しょうひしゃ》（ものを買う人）の立場としては、同じものなら1円でも安いもののほうがいいに決まっている。それはわかる。けれどあまりに外国から安いものがどんどん入ってくると実はとんでもないことになって、消費者も結局困ることになりかねないんだ。というのも、外国から安い商品が入ってくると国内の生産者や同業者は太刀打ちができない。そこで次々に生産や商売をやめてしまう。つまり国内の産業が崩壊《ほうかい》（こわれてしまうこと）してしまうんだ。「それでも外国から安く同じ品が買えるからいいじゃん」と思っている人はちょっと短絡的《たんらくてき》（ものごとを単純に考えすぎること）すぎる。だってね、それまでは競争相手があったから外国だって安く売ってくれたわけだ。これが日本の国内産業が崩壊して、その国（例えばアメリカ）から買うしかないということになったら、それでも安く売ってくれるだろうか。競争相手がいなくなった途端、商品の価格は上がるだろう。その結果、消費者も困ることになるわけだ。さらに国内で商品が生産されないとなると、災害や戦争時など非常に困ることになる。そんなわけでどの国でも貿易をやりながらも、自分の国の産業は保護しているんだ。ではどうすれば保護できるのか。簡単だ、外国から入ってくる品物に税金をかければいい。そうして国内の商品と同じような価格になるようにすればいいわけだ。この外国から入ってくる商品にかける税金を**関税**《かんぜい》という。もちろんかけるかかけないか、どの商品にかけて、どの商品にはかけないか、何％の関税をかけるか、などは輸入する国が決めることだよね。ところが、この日米修好通商条約では日本にその関税自主権《かんぜいじしゅけん》がなかったんだ。当然関税はアメリカに有利な形で決められたよ。ひどい話だよね。なおこの条約を結んだあとに日本は、同じ条件（つまり日本にとって不利な条件）の条約をイギリス、オランダ、フランス、ロシアとも結ばされた。これをまとめて「**安政五《あんせいご》ヶ《か》国条約《こくじょうやく》**」などと呼んでいる。ひとつひとつ「日英修好通商条約」「日蘭…」「日仏」「日露…」という名前の条約だよ。

ちなみにこの四つの国、覚えたいのなら「いいお風呂」と覚えればいい。「いい」はイギリス、「お」はオランダ、「ふ」はフランス、「ろ」はロシアだ（笑）（実際にはフランスだけ条約を結んだ時期が遅いのだけれどそこまで気にしなくていい）。

１８５８年、日米修好通商条約。

覚え方だけど、各家庭をまわって壊れた商品をなおしてくれた昔の自転車屋さんや電器屋さんを思い出して、

こ(5)んばんは(8)　「修」理大「好」き「通」って「商」売

１８「５８」年（和親条約の直後なのだから１８はいいだろう）、修好通商条約だ。

通称修好条約などと間違って覚えてしまう人がいるから気をつけてほしい。

●安政の大獄

井伊直弼は朝廷の許可を得ぬままに日米修好通商条約を結んでしまったので、開国を反対する大名や学者らを中心に多くの批判を受けたんだ。それに対して井伊直弼は反対派の人々

をことごとく処罰した。これを安政《あんせい》の大獄《たいごく》という。この安政の大獄では吉田《よしだ》松蔭《しょういん》や橋本左《はしもとさ》内《ない》らが処刑されてしまっているよ。え？　吉田松蔭と橋本左内ってどんな人物かって？　了解、説明しよう。吉田松蔭というのはこの時代（幕末）の長州藩（今の山口県）出身の武士だ。

彼は松下村塾《しょうかそんじゅく》という塾で武士、町人の隔てなく、藩の若者たちに学問を教えていた。特に当時の人間としてはめずらしく、国際情勢や国のあり方などを教授していたんだ。彼の生徒には錚々《そうそう》たるメンバーがいる。武士以外からも志のある兵を徴収した当時としては画期的な奇兵隊《きへいたい》を組織し、長州藩の倒幕に貢献した高杉晋作《たかすぎしんさく》（大活躍するけれど倒幕のあとに死んでしまう。そのために明治政府で活躍できなかった。辞世の句つまり死んでしまうときの最後の句がすばらしい。「おもしろき　こともなき世を　おもしろく」と詠んで死んでいった）や明治維新《めいじいしん》に貢献して維新《いしん》の三傑《さんけつ》（三人の英雄）の一人に挙げられる木戸孝允《きどたかよし》（この当時は桂小五郎という名前だった）や、これものちに初代内閣総理大臣になる伊藤博文《いとうひろふみ》らがいるよ。今でいえば実績ナンバーワンの塾だね。東大何名なんてお呼びじゃないくらいすごい実績だ。また橋本左内のほうは福井の藩士で学者、彼は開国派だったのだけれど、この後説明する将軍あと継ぎ問題にからんで処刑されてしまう。

●将軍あと継ぎ問題

十三代将軍家定は前にも説明したように身体が弱かったので、幕府は早急に十四代将軍候補を決めなければならなかった。ほんの少し遡《さかのぼ》って時は日米修好通商条約締結の前のことだ。家定には子供がいなかったので、次の将軍は御三家もしくは後三卿から選ばれることになった。候補になったのが紀州の**慶福**《よしとみ》と、水戸藩出身で一橋家を継いでいた**慶喜**《よしのぶ》だった。結論からいえば井伊直弼は慶福派だったので、慶福が十四代将軍**家茂**《いえもち》となる。その結果、慶喜本人および彼を推していた大名らは井伊直弼の命令で処罰を受ける。ちょっと話からはずれてしまうけれど、ここで重要なのが水戸藩だ。水戸藩はご存じのように御三家のひとつ。ところがね、この藩はとても不思議な藩なんだ。御三家でありながら徳川よりも天皇を重んじていた。不思議でしょ。なぜそうなったかについてはいろいろな説があるけれど、確実にいえるのは二代目藩主の、かの有名な水戸黄門こと徳川光圀《みつくに》が「**大日本史**」をいう歴史書を編纂《へんさん》したんだ。その結果、「今は徳川家が支配しているけれど、なあんだ、もともとこの日本の国は天皇が支配する国なんじゃないか」というふうに考えるようになったんだね。そんなわけでこのあとも、水戸藩は御三家という幕府の親戚筋でありながら、幕府よりも朝廷よりの政策を支持するようになる。だから水戸藩出身の慶喜は幕府の役人たちからは警戒されていたんだ。慶福に負けたのにはそういう事情も影響していたかもしれないね。

ちなみに後継者が決まるとすぐに家定将軍は亡くなっている。これもあまりにもタイミングがよすぎるので暗殺説も根強く信じられているよ。

●桜田門外の変

話はもとに戻って、安政の大獄のあとのことだ。この安政の大獄以降の井伊直弼のあまりのやり方に不満をもった人が多くいた。そして井伊直弼はついに１８６０年に江戸城桜田門の近くで元水戸藩士ら（こういうとき、出身の藩に迷惑がかからないように、先に脱藩といって藩をやめてから行動に出るのが当時のやり方だった）に暗殺されてしまう。この事件を**桜《さくら》田《だ》門外《もんがい》の変《へん》**と呼んでいる。普通だったら何で御三家の水戸藩が…と混乱してしまうところだけれど、もう説明ずみだからわかるよね。

ちなみに井伊直弼、歴史上悪役であまり人気がない人物だけれど、出身の彦根藩（今の滋賀県）では名君として人気があるよ。実際、彼は彦根藩主の時代は素晴らしい政治を行ったらしいよ。それから彼も実は本当は藩主になれる人物じゃなかったんだ。なんと30歳過ぎるまで**部屋《へや》住《ず》み**といって居《い》候《そうろう》（人の家にお世話になることだ）をしていたんだよ。それがこんなふうに彦根藩主になって、そして大老になって歴史の教科書に名前が残るようになるのだから、人生はわからないものだね。ぼくたちもいくつになってもあきらめてはいけないということだね。そうそう、これも余計な話だけれどもうひとつ。先ほども述べたように彼はあまり人気がないけれど、実は彼の残した言葉にとても人気がある言葉がある。それは**一期《いちご》一会《いちえ》**という言葉だ。一生にただ一度の出会い、この出会いは一生にただ一度の出会いになるかもしれない、そういう思いでいつも人と大切に接する、それが一期一会の精神。どう？井伊は嫌な奴みたいだけれど、素敵な言葉も残してくれているんだね。

●開国の影響

その井伊直弼が日米修好通商条約を結んで貿易が始まったおかげで、国内では主要な輸出品だった**生糸**や**茶**が極端な品不足となった。生糸《きいと》は蚕《かいこ》という蚕蛾の幼虫が出す糸、ちなみにこれを紡《つむ》ぐと絹織物《きぬおりもの》ができるわけだ。いわゆる「シルク」だね。お父さんのネクタイやお母さんの着物、それに高級な服などがシルク製だよ。茶はわかるよね。日本の茶は品質がいいから海外でも高く評価されたんだね。ところで、この品不足もまた幕府への不満を拡大してしまった。「こうなったのも幕府が開国なんてするからだ」というわけだ。いよいよ幕府はピンチになるよ。

●開国に反対する尊王攘夷運動

この頃開国に反対する人々の間では**攘夷論**《じょういろん》がもてはやされるようになった。外国を日本から追い出そうという考え方だ。この考え方にのっとって行われた運動が攘夷運動だ。また同時に開国をした幕府に不満をもち、「やっぱり幕府じゃダメだ、天皇じゃないと」という考え方も盛んになった。これが**尊王論**《そんのうろん》だ。この二つの考え方がくっついて、尊王攘夷論、そして**尊王攘夷運動**になっていくよ。

●幕府では公武合体論

この尊王攘夷の動きに対して、幕府では**公武合体論**《こうぶがったいろん》が唱えられた。これは「公」すなわち天皇、朝廷を中心とした公家勢力と「武」すなわち幕府の武家勢力をひとつにしようとするもの。朝廷の権威を借りて幕府の発言力を強めようとする動きのことだ。「え？　だって幕府と朝廷は仲が悪いでしょ」と思うかもしれないけれど、そうでもなかったんだ。実は孝明天皇はバリバリの**佐幕派**《さばくは》（幕府を頼りにしている人たち）なんだ。彼は攘夷が第一の目的で、そのためには幕府しかないと思っていたから、天皇でありながら幕府支持なんだよ。幕府にしても公武合体ができれば、尊王派の連中を黙らせることができるから（だって公武合体のあとでは幕府批判イコール朝廷批判になるからね）、もってこいだった。そんなわけで公武合体派の大名や幕府の働きかけで、孝明天皇の妹**和宮**《かずのみや》が将軍家茂の妻として降嫁《こうか》する（天皇家から見れば将軍家といえども身分としては下になるから降嫁なんだね）。これが1861年の出来事だ。いよいよ幕末の動きも激しくなってくるぞ。

●生麦事件と薩英戦争

そんな中、大変な事件が起きた。島津久光は京都から江戸へ向かい、将軍家茂と慶喜に意見をした帰り道、彼の行列は横浜の生麦というところでイギリス人の無礼なふるまい（といっても頭を下げなかった程度のものなのだけれど）に遭遇《そうぐう》し、薩摩藩士はイギリス人を殺傷してしまう。これを**生麦事件**《なまむぎじけん》と呼ぶ。イギリスも黙ってはいない。仲間を殺された復讐として、なんと鹿児島湾まで艦隊を派遣して市街地を砲撃、薩摩藩と戦争状態になってしまう。これが**薩英戦争**《さつえいせんそう》と呼ばれる事件だ。それにしても薩摩藩はすごい。鹿児島一県でイギリスと戦争をしてしまうのだから。サッカーで鹿児島代表とイングランド代表の試合を想像してほしい。高校サッカーなどでは確かに鹿児島は強いけれど、それでも結果は見えているよね。この戦争、幕府が賠償金を貸してやって薩摩藩がイギリスに頭を下げて終結した。以後、薩摩では「攘夷なんてとてもじゃないけど無理だ」とわかり（実際にイギリスとやりあってまったく歯が立たないことがわかったんだね。何事もやってみて初めてわかるものだ）、攘夷をあきらめ、倒幕《とうばく》（幕府を倒すことだよ）へと方向転換をすることになる。

●下関事件

同じ年、攘夷に熱心だったもうひとつの藩である長州藩もひどいめにあった。薩摩と違ってもともと倒幕派が主流で、幕府を信用してなかった長州藩はなんと下関に砲台を設置して、海峡を通過する外国船に単独で攻撃を開始する。これに怒ったアメリカ、イギリス、フランス、オランダの四カ国は連合艦隊を組織して、この砲台を占拠してしまう。これが**下関事件**だ。薩摩もすごいが長州はもっとすごい。なんせ山口県代表でヨーロッパ・アメリカ連合を相手にしてしまったのだから。もちろんこてんぱんにやられる。長州藩は外国船の受け入れ、および砲台の撤去を条件に和睦を結ぶけれど、やはりこのあと、「攘夷なんてとんでもない話だあ」と倒幕一筋にかけるようになるよ。

●薩長同盟

この頃、もはや政治の中心は江戸から京都にうつっていた。薩摩や長州などの藩は上洛《じょうらく》して（京にのぼること）、天皇に顔が利く公家の取り込みを行っていた。また幕末には大名よりもむしろ脱藩藩士たちが活躍した。時代の大きな流れを感じ、藩をあとにして、単独で江戸や京に渡り、剣を学び、国際情勢を学び、明日の日本の夜明けのために行動した人たちがいたんだ。そんな人物たちの中で代表的なのが土佐《とさ》藩（今の高知県）出身の**坂本竜馬**《さかもとりょうま》だった。彼についても語りたいことが山ほどあるけど、それはこの本で歴史に興味をもってくれたみなさんの読書にまかせよう（彼に限らず幕末の登場人物たちにはすごい人生を送っている人が多い。特に維新の前後に亡くなってしまった人に魅力的な人物がいっぱいいるよ）。ここでは次のことだけに触れておきたい。坂本龍馬はこの時代を切り開くには仲たがいしている薩摩と長州がひとつになるほかはないと考えた。ちなみに薩摩藩はどちらかといえば佐幕派で、倒幕派が中心の長州藩とは仲が悪かったんだ。1863年には**八月十八日の政変**と呼ばれる出来事があって、幕府と薩摩藩を中心とした人たちによって、長州藩と彼らを支持する公家たちは京都を追い出されていたんだよ。それに、そのあとも**禁門**《きんもん》**の変**《へん》といって、京都奪回を試みる長州藩が薩摩や会津《あいづ》藩（今の福島県の藩。あとで解説する）や桑名《くわな》藩（今の三重県にあった藩）ら佐幕派の藩によって壊滅させられた事件もあった。そしてさらにこの事件で**朝敵**《ちょうてき》（天皇に逆らうもの）になってしまった長州藩は**第一次長州征伐**《だいいちじちょうしゅうせいばつ》といって、幕府軍の進軍を受け、屈辱的な条件で和睦している。もちろんこのときも薩摩は幕府に協力しているよ。そんなわけで薩摩と長州、この二つの藩は犬猿の仲だったんだ。それをこの龍馬の必死の説得があって、1866年に薩摩藩の**西郷隆盛**《さいごうたかもり》（この人物についても語りたいことは山ほどある）と長州藩の**木戸孝允**らが倒幕のために協力すると誓い合い、薩長の秘密同盟が結ばれた（幕府は当然このことを知らない、だから薩摩をあてにしつづけるよ）。これが**薩**《さっ》**長同盟**《ちょうどうめい》だ。

●慶喜最後の将軍に就任

こうした情勢の中、徳川慶喜が1866年に十五代将軍に就任する。彼は本当は尊王攘夷派の期待の星だった。なんせ、尊王攘夷の中心水戸藩の出身だったたし、実は彼は若い頃から文武に優れていると大評判の人物だったんだ。「一橋公（慶喜のこと）さえ将軍になってくれたら」という声が当時いかに多かったか。が、時期が遅すぎた。すでに時代の流れは倒幕に大きく傾き、もはや慶喜にも止められない大きな流れになっていた。もっとも彼は攘夷派の希望の星でありながら、自分自身では攘夷など到底不可能と悟っていた。彼の人生もまた不思議な人生だ。なんせついこの間までは当の幕府によって謹慎処分を受けていた身だ。また自分自身の思いなど何も表現していないのに、勝手に攘夷派にとってのアイドルやカリスマに祭り上げられてしまった。将軍でありながら、徹底した尊王派。こんな不思議な人物はそうはいない。わかりやすくいえば、大の阪神ファンが巨人の監督をさせられているようなもの。ちなみに彼はこのあともことあるごとに、彼を熱烈に指示する人たちの期待を裏切りつづけ（それでいて筋は通っている）、明治維新後も生き延び、大正時代まで生きつづけ77歳でこの世をあとにすることになる。

●大政奉還

話をもとに戻そう。１８６６年、不穏な動きを見せた長州藩に対して、幕府は第二次長州征伐の軍を派遣する。このときはまだ将軍が家茂だったが、当然、直前に薩長同盟を結んでいた薩摩藩は動かない。幕府軍は薩摩経由でイギリスの援助も受けていた長州藩に勝つことができず、将軍家茂の急死もあって、ほうほうのていで引き上げる。長州一国に対して歯が立たなかった幕府の権威も完全に地に落ちた。この後すでに述べたように慶喜が将軍に就任するけれど、もはやあとのまつり。しかも佐幕派の代表的人物だったあの孝明天皇が急死してしまう。これについては薩長の手によって殺害されたとの説が根強い。確かに倒幕のあと、天皇を中心とした国家を考えていたこの二藩にとっては、当の天皇が幕府びいきではどうにもならなかったろう。確実ではないがあり得ない話ではないね。

こうした中、１８６７年、江戸徳川幕府十五代将軍徳川慶喜は、土佐藩主「**山内容堂**《やまのうちようどう》」（豊《とよ》信《しげ》ともいう）の意見もあって（坂本龍馬のアイディアだったともいわれている）、幕府をやめ、政権を天皇に返すことにした。これが**大政奉還**《たいせいほうかん》だ。２６４年の長きにわたって日本を支配した江戸幕府もここに終わりを告げることになった。なおこの大政奉還にあたっては慶喜は進んで政権を返上することで内戦状態を避け、外国の介入を防ごうという深い考えもあったといわれているよ（当時薩長はイギリスの、幕府はフランスの協力を得ていた。実際幕府と薩長が全面戦争をしたら、そこにこの二国が割って入るなどして、日本が他国の植民地になっていた可能性は多いにある。実際そういう状況で欧米列強の植民地になってしまった国もあるよ）。この大政奉還の話を聞いて、あの坂本龍馬などは「慶喜を見直した、よくぞ日本のために決心してくれた。俺は慶喜のために死んでもいい」とまで言ったといわれているよ。

1867年、大政奉還

慶喜は日本の政治の責任者将軍だったのが、一晩でただの人になってしまう（実際はただの人にはさせてもらえなかったんだけどね）。

いち（1）や（8）む（6）な（7）しく大政奉還

一夜　虚しく　大政奉還　だ。

この年号はぜひ覚えておきたいものだよね。

年表　ペリー来航から大政奉還まで

1853年6月	ペリー来航（黒船で開国を迫る）
1854年3月	日米和親条約（下田と函館を開港。鎖国が終る）
1858年6月	日米修好通商条約（井伊直弼が治外法権、関税自主権放棄を認める） これに対して開国反対が盛り上がる。 この後、井伊直弼は開国反対派を弾圧。これが安政の大獄
1860年3月	井伊直弼が開国反対派（攘夷派）に桜田門外で暗殺される 攘夷論が天皇の政治を望む尊王論と結びついて、 尊王攘夷運動が激しくなる 幕府では公武合体論（幕府と天皇をひとつにする）が。
1861年11月	公武合体論に基づいて孝明天皇の妹が将軍家茂の妻に
1862年8月	生麦事件（薩摩藩士がイギリス人を殺傷）が発生
1863年5月	下関事件（長州藩が外国船に砲撃を加える。その後外国軍が応戦。翌年8月には再度攻撃を受け長州藩が停戦協定）
7月	薩英戦争（生麦事件で、薩摩藩と英国が戦争。薩摩は英国の強さを認識）
8月	八月十八日の政変（薩摩と会津藩が朝廷内の尊王攘夷派を追い出す）
1864年7月	禁門の変（長州藩と薩摩、会津藩が衝突。長州藩が敗北）
7月～11月	第一次長州征伐で長州藩が降伏
（ここで薩摩藩の方針が大きく転換）	
1866年1月	坂本竜馬の奮闘で薩摩・長州秘密同盟が結ばれる。
6月～8月	第二次長州征伐（幕府軍が敗北）
12月	徳川慶喜が15代将軍に
1867年10月	慶喜が朝廷に大政を奉還（大政奉還）

第九章　明治時代

【近代日本の夜明け】

幕末を舞台にした時代劇「鞍馬天狗」の台詞、「日本の夜明けは近い」。そう、鎖国以降国内では概《おおむ》ね太平であったとはいえ、世界の流れからは完全に取り残されていた。この時点ですでに中央集権化を遂げ帝国主義の時代に移行し、海外に多くの植民地を持っていた欧米列強に比べ、日本は「井の中の蛙」だった。

その日本が一気に中央集権化を推し進め、不平等条約の改正を実現し、日清・日露の大国を相手にしての二つの戦争に勝利を収めるという、欧米各国が驚くような世界史上、類を見ない奇跡の急成長を遂げる。そこには国の行く末に人生をかけ、文字どおり命がけの改革に取り組んだ男たちの姿があった。

●明治政府の方針と構成

江戸幕府が終わりを告げて、天皇中心の新しい政府による新しい政治が始まった。

新しい政治のためには何をしなくてはならないだろう? 実は一番初めにやることは古いシステムや制度をことごとく壊していくことだ。家でもそうだよね。古い家がある。それを残したまま新しい家に作り替えるのは容易じゃない(もちろんリフォームの達人なんて人がやればそれもできるのだろうけど、建て替えるほうが安かったなんて話はよくある。それくらい古いものを残したまま新しいものを作るのは大変なことなんだ)。

明治政府の人たちも同じことを考えた。そこで古いものを片っ端から壊していった。

ここで断っておかなければならない。明治政府は天皇中心だといったけれど、それはあくまでも表向き。実際には薩摩や長州など幕府を倒すのに功績があった(手がらを立てた)藩の人たちが中心だった。だってね、孝明天皇のあとを引き継いだ新しい天皇(明治天皇)はこの時点ではまだ子供。今でいえば中学生だ。お父さんである孝明天皇が亡くなったばかりだし、新しい政治どころじゃなかったろう。だから有名な西郷隆盛や大久保利通《としみち》らが中心となって政治を行った。

ここで新政府のメンバーをざっと見ておこう。

まずトップが明治天皇。すべての命令は明治天皇の名前で出される。ただしさっきも触れたように明治天皇はあくまでも形式的にかかわっているだけで、実際に政治を進めたのは彼ではない。このあたり藤原氏の摂関政治や白河上皇などの院政、さらには北条氏による執権政治などと実はまったく同じなんだね。

さてその明治天皇の側近《そっきん》（おつきの者たちだ）として公家の**岩倉具視**《いわくらともみ》らがいた。もともとはかなり身分が低かった公家だけど（だって岩倉なんてこれまでに聞いたことがない苗字でしょ）、薩長と手を結んで江戸幕府を倒すことに成功したから、一気に力を得たわけだ。ほかには**三条実美**《さんじょうさねとみ》なんかがいた。そして実際にいろいろなアイディアを出したり、反対勢力を武力で黙らせるのが薩長出身の人たち。薩摩出身は**大久保利通**、**西郷隆盛**が有名だ。一方長州出身者としては**木戸孝允**《きどたかよし》（もと、桂小五郎）やのちに最初の内閣総理大臣になる**伊藤博文**がいた。

さらに薩長と同じく幕府を滅ぼすのに活躍した土佐藩（高知県）からは**板垣退助**《いたがきたいすけ》や**後藤象二郎**《ごとうしょうじろう》が、肥前藩《ひぜん》（佐賀県）から**大隈重信**《おおくましげのぶ》らが参加したよ。

ちなみに薩長土肥を「さっちょうとひ」といい、倒幕と明治維新の中心になった藩だ。

また西郷隆盛、大久保利通、木戸孝允の三名を**維新の三傑**《いしんのさんけつ》という。明治維新を成しとげた三人の英雄という意味だ。

●王政復古の大号令と戊辰戦争

さてこの明治政府が真っ先にやったのは、武士による政治の時代は終わって、再び天皇が政治を行う時代がきたぞ、という宣言だ。これを**王政復古の大号令**《おうせいふっこのだいごうれい》という。字を見ればわかるよね。「王」つまり天皇による「政」つまり政治が「復古」つまり昔のように復活した、ということだ。それを高らかと宣言したわけだね。

ところが、幕府は大政奉還で消滅していたけれど、この時点ではまだ徳川家は日本一の地主、そして日本一の大金持ちとして残っていた。そりゃそうだよね。だって戦って負けたわけじゃなくて、先に大政奉還しちゃって降参したんだから、財産はそのまま残っている。もちろん徳川慶喜も重臣たちも身分はなくなってしまったけれど、そのまま生き残っている。これは新政府にとっては大きな驚異だった。だって考えてご覧よ。いくら新政府が新しいことをやろうとしても、日本一のお金持ち、日本一の地主が別に存在していたら、なかなか思うようにはいかないよね。嫌ないい方だけど、この新政府の人たちにとっては徳川家を中心とする幕府の生き残りはかなり目障りだったわけだ。

そこで、明治政府は彼らを巧《たく》みに挑発し、旧幕府の家臣たちは新政府軍と戦うことになった。この新政府軍と旧幕府軍の争いを**戊辰戦争**《ぼしんせんそう》という。だから戊辰戦争というのは日本を二つに分けた内乱だったんだね。日本人と日本人が戦った国内での戦争だ。ちなみに旧幕府軍のリーダーはもちろん徳川慶喜元将軍だけど、彼自身はこの戦争にはあまり乗り気ではなかったらしい。というのも彼は水戸藩の出身。水戸藩といえば尊皇攘夷で有名だった藩で、自分たちの実家である徳川家よりも天皇が中心となって政治を行うべきだと考えていたちょっと不思議な藩。

その水戸藩出身であるにもかかわらず、幕府の将軍になってしまった徳川慶喜の気持ちは複雑だっただろうね。実際、この戊辰戦争でも新政府軍の旗頭（つまりリーダー）が天皇である以上、天皇に逆らうことはできないから、戦いたくないと言ってたよ。家臣たちに説得されて仕方なく大阪城にこもったりしたけれど、夜のうちに抜け出してしまったり（家臣たちは見捨てられてしまったわけだ）、かなりおかしな行動をとっている。よほど天皇に逆らう、あるいは逆らったことにされるのが嫌だったんだろうね。そう考えると彼が素直に大政奉還した理由も納得いくよね。

戊辰戦争は**鳥羽伏見**《とばふしみ》**の戦**《たたか》**い**といって京都での戦いからスタートした。この戦いで新政府軍にはすごい武器があった。何だと思う？　戦車？　飛行機？　そんなのまだないよ（笑）。実はね、すごい武器というのは旗だった。その名も**錦**《にしき》**の御旗**《みはた》という。これは要するに天皇の命令で動く軍隊、天皇のために戦う部隊だという目印のようなものだ。実際には天皇が自ら戦ったりするわけではないけれど、やはり当時の日本人にとって天皇を敵にするということは心苦しいことだったんだろうね。この旗を見た旧幕府軍の多くの武士たちが戦う意欲をなくしてしまったといわれている。

その鳥羽伏見の戦いで旧幕府軍は敗れ東へ逃げていった。もちろん東には自分たちの地元である江戸があるからだ。一方、新政府軍は錦の御旗をたて、天皇の軍隊（官軍《かんぐん》という結構よく使う言葉だよ）となったこともあって、勢いをつけて江戸にせまる。本来ならば江戸で旧幕府軍と新政府軍の間で大決戦が行われるはずだった。

ところが二人の英雄によってその最悪の事態は回避されたんだ。

その英雄の一人はおなじみ西郷隆盛、そしてもう一人は元幕府の軍艦奉行（今でいえば海上自衛隊の一番偉い人）**勝海舟**《かつかいしゅう》だった。勝というのはこれもまたすごい人物でね、なにせ勝を暗殺にきたあの坂本竜馬が、勝の素晴らしさに暗殺を取りやめ、それどころか弟子になってしまうという、それくらい魅力もあって頭もよかった人だ。

ちなみに彼は幕府がどうの、天皇がどうの、ということよりも、日本が二つに分かれて戦争をすることで、日本の力が弱まり、その隙に外国の植民地にされることを心配していたという。この時代にそういった国際的な考え方ができる人はほとんどいなかった。すごいよねえ。その勝としてはどうしても江戸（日本どころか当時の世界で一、二を争う大都会だった）を戦場にすることは避けたかった。多くの戦士たちが傷つけ合うのももちろんだけど、それ以上に江戸が戦争のせいで焼け野原になってしまい、江戸に住んでいた百万人を超える人たちが家をなくし、路頭に迷うのを避けたかったんだろう。ところが、西郷は強硬派だった。西郷はね、今後の新政府のためには、これまでの幕府の生き残りを一度こてんぱんにしないといけないという信念をもっていた。旧幕府の連中が力をもったまま生き残っていてはやりにくいと思っていたんだろうね。革命に血はつきものというような考えのもち主だったようだ（実際にそれはそのとおりなんだけど）。そんな西郷だったから当然一筋縄《ひとすじなわ》ではいかなかった（簡単にはいかなかったということだ）。勝は必死で西郷を説得したことだろう。そして結果として西郷は説得に応じる。ここに日本はもちろん世界の歴史においても特筆《とくひつ》すべき（特別にほめる価値のある）**江戸城の無血開城**《むけつかいじょう》がなされた。これにより江戸は新政府軍の支配化に置かれ、新政府軍は江戸城に入城した。もちろん旧幕府軍の中で、まだ納得できない人たちは江戸をあとにして、東北へと向かった。

東北には会津藩があった。この藩は最後まで幕府側として薩長と戦った藩だ。幕末の歴史で会津藩ほど悲劇の藩はない。もともと会津は確かに松平の殿様が治めるいわば徳川の親戚筋の藩だった。でもね、ここまで幕府に尽くす義理はなかったんだ。ところが幕末に尊王攘夷、倒幕派の武士や公家を取り締まるために、藩主の**松平容保**《まつだいらかたもり》が**京都守護**という職に任ぜられる。実はね、松平容保は「自分にはその荷は重すぎるから」と何度もこれを断ったんだ。にもかかわらず、越前藩主**松平春嶽**《まつだいらしゅんがく》らの強い勧めがあって、いやいやこれを引き受けたんだよ。ちなみにあの有名な**新撰組**《しんせんぐみ》や**京都見廻り組**《きょうとみまわりぐみ》も彼の支配下に置かれた。新撰組や京都見廻り組は**池田屋事件**《いけだやじけん》（新撰組によって多くの志士たちが殺された、演劇などで有名な事件だ）をはじめとして、京において多くの倒幕派の志士たちを殺したこともあって、彼らからは余計に恨みを買ってしまったんだね。容保が京都守護職を引き受けると決めたとき、藩の重臣たちは「これで藩が滅びてしまう」と嘆いたそうだけれど、実際にそのとおりになってしまった。本当に悲劇の藩だ。

その会津藩と新政府軍の会津若松の戦いでは**白虎隊**《びゃっこたい》の悲劇が有名だ。勝てる見込みのない戦だけれど必死で戦った会津軍。その中で十五歳から十七歳の少年たちで編成された部隊が白虎隊だった。彼らは前線で必死に戦う。が、落ち延びた飯森山で戦闘の様子を眺めると、なんと市中が火に包まれている。実はこのときまだ会津若松の鶴ヶ城は焼けてはいなかったのだけれど、彼らは城が落ちたと勘違いし、もはやこれまでとお互いがお互いを刺し自害し

戊辰戦争と新政府軍の全国平定

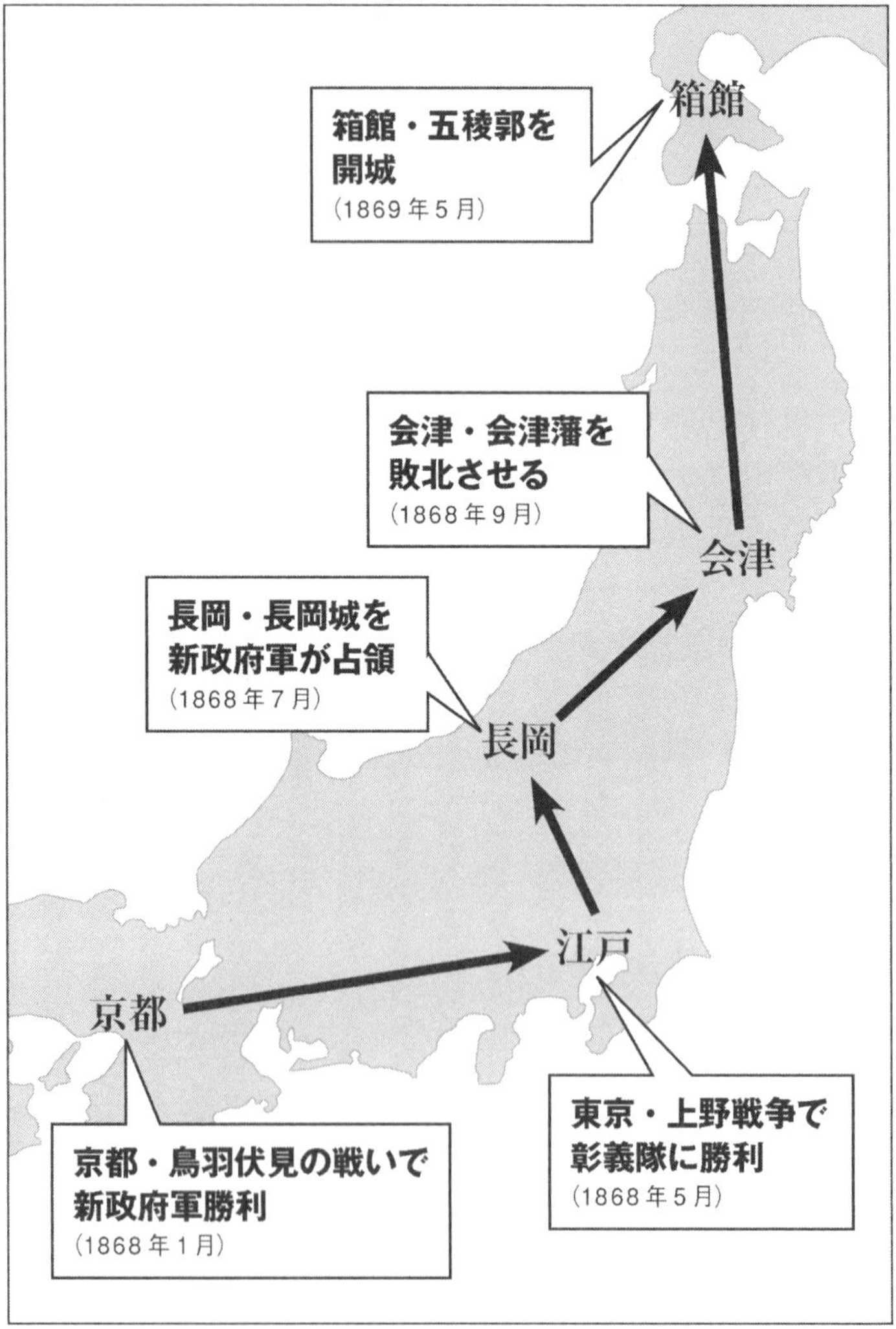
箱館
箱館・五稜郭を
開城
（1869 年 5 月）
会津・会津藩を
敗北させる
（1868 年 9 月）
会津
長岡・長岡城を
新政府軍が占領
（1868 年 7 月）
長岡
江戸
京都
東京・上野戦争で
彰義隊に勝利
（1868 年 5 月）
京都・鳥羽伏見の戦いで
新政府軍勝利
（1868 年 1 月）

てしまうんだ。これが白虎隊の悲劇だよ。

旧幕府軍と新政府軍の決戦は、当時蝦夷地《えぞち》と呼ばれていた北海道までもつれこんだ。舞台は函館。ここで五稜郭《ごりょうかく》という城に新撰組の副長だった土方歳三《ひじかたとしぞう》や幕府海軍の大物榎本武揚《えのもとたけあき》らがたてこもった。

彼らは後の世に蝦夷《えぞ》共和国《きょうわこく》と呼ばれる政権を樹立したけれど、わずか四ヶ月で新政府軍に敗北、城を明け渡す。こうして戊辰戦争が幕を閉じ、明治政府による本格的な政治が始まった。

●五箇条の御誓文

明治政府は今後の方針として、明治天皇が祖先である日本の神々に誓う形で五箇条《ごかじょう》の御《ご》誓文《せいもん》を発表した。その内容は次の通りだ。

「広《ひろ》ク《く》会議《かいぎ》ヲ《を》興《おこ》シ《し》万機公論《ばんきこうろん》ニ《に》決《けっ》ス《す》ヘ《べ》シ《し》」

何事も会議を開いて人々の意見を聞いて決定することにしよう。

「上下《じょうげ》心《こころ》ヲ《を》一《いつ》ニ《に》シ《し》テ《て》盛《さかん》ニ《に》経綸《けいりん》ヲ《を》行《おこな》フ《う》ヘ《べ》シ《し》」

身分が高い者もそうでない者も、みんな心をひとつにして国を豊かにするよう頑張ろう。

「官武《かんぶ》一途《いっと》庶民《しょみん》ニ《に》至《いた》ル《る》迄《まで》各《おのおの》其《その》志《いし》ヲ《を》遂《と》ケ《げ》人心《じんしん》ヲ《を》シ《し》テ《て》倦《う》マ《ま》サ《さ》ラ《ら》シ《し》メ《め》ン《ん》事《こと》ヲ《を》要《よう》ス《す》」

役人も武士もそして町人までも、それぞれ願いをかなえるような国にしよう。人々がこんな国は嫌だと思うような国にしてはいけない。

「旧来《きゅうこ》ノ《の》陋習《ろうしゅう》ヲ《を》破《やぶ》リ《り》天地《てんち》ノ《の》公道《こうどう》ニ《に》基《もとづ》ク《く》ヘ《べ》シ《し》」

かつての慣習に従うのではなく、天然自然の原理に基づいた政治を行おう。

「智識《ちしき》ヲ《を》世界《せかい》ニ《に》求《もと》メ《め》大《おおい》ニ《に》皇基《こうき》ヲ《を》振起《ふんき》ス《す》ヘ《べ》シ《し》」

世界からいろいろなことを学んで、天皇の支配するこの国が栄えるように努力しよう。


正確ではないけれど、以上のような内容だ。新しい国家に対する希望にあふれているよね。そして同時に民衆に対しては**五榜《ごぼう》の掲示《けいじ》**という五枚の立て札が出された。これには一揆の禁止やキリスト教の禁止などが書かれていた。理想に燃えた五箇条の御誓文を発表した政治と同じ政府が考案したものとは思えない内容だよね。いっていることは幕府と変わってないんだから。

●富国強兵

明治政府は**富国強兵《ふこくきょうへい》**というスローガンを提唱した。欧米列強に追いつき追い越すために産業を育成し、国を豊かにさせ、兵力を強くし国力を充実させようという考え方だ。そのために**殖産興業《しょくさんこうぎょう》**といって積極的に産業の育成を目指した。この政策に沿って1872年には**官《かん》営模範工場《えいもはんこうじょう》**、つまり国立の工場として群馬県に**富岡製糸場《とみおかせいしじょう》**が作られているよ。この富岡製糸場をはじめとして日本のアメリカへの主要な輸出品である生糸が生産された。日本は20世紀初頭には生糸の生産、輸出ともに世界一になる。けれどその陰で、製糸場で働かされる女子労働者たちの労働条件は過酷を極めた。安い賃金で1日に15時間近くの労働、泊り込みのために家に帰ることも許されず、布団や部屋は非衛生的で食事も粗末。彼女らの多くは貧しい農家から来ていて、親が給料を前借りしていたり、支度金を受け取ってしまっていたために逃げるに逃げられなかった。彼女らの悲惨な様子は小説や映画にもなっているよ。

●版籍奉還

戊辰戦争の結果、旧幕府の生き残りや徳川家の力を奪い取ることに成功した。さあこれでもう江戸時代に勢力を誇っていた人たちは残っていないだろうか。実はまだいるんだ。ここで考えてほしい。戊辰戦争が終わってもまだ力をもっている人たちってどんな人たちだろう？

正解は、薩長土肥など様々な藩の藩主。

江戸時代は各藩ごとに独自の法律で独自の財政で動いていた完全地方分権の時代だ。その証拠に藩と藩の間でいがみ合いがあったし、幕末などには藩同士の戦もあったよね。薩摩と長州も初めは仲が悪かったんだし。

明治政府が目指すのは天皇中心の昔の政治に戻すこと。その昔というのはどこまで昔かといえば、これはなんと大化の改新から奈良時代、そして平安時代の始まりまでだ。これは**中《ちゅう》央集権《おうしゅうけん》**を目指しているということでもある。中央集権というのはたとえば東京なら東京、京都なら京都に政府があって、その政府にあらゆる権力が集中していて、法律や税金などあらゆる制度を国が中央で決め、それにあわせて政治を行うシステム。実は今の日本はこれだ

（ちなみに江戸時代までの日本の首都は京都だが日本で一番大きな都市は江戸だった。今は両方ともに東京だけど、京都から東京への遷都というのは実は正式には行われていない）。

一方で**地方分権**というシステムがある。これは軍事や外交など、どうしても国レベルでやらないと仕方のないことだけ国でやって、あとは都道府県とか州とかの各地方ごとに任せてしまってその地方にあった政治を行わせるというシステム。たとえば現在のアメリカがそうだ。アメリカは「合衆国」と呼ばれているんだけど、これはなぜかといえば、「州」が集まってできているからだ。そして実際に法律も税金も犯罪に対する刑罰も州によって違う。だから18歳で飲酒できる州もあれば20歳にならないと飲酒できない州もある。結婚できる年齢とかも州によって違うんだよ。それどころかアメリカ全体の軍隊のほかに、各州もそれぞれの軍隊を持っているんだ。知ってた？　まさに地方分権だよね。各「地方」が「権力」を「分けて」もっている、から地方分権。

先ほども述べたけど江戸時代の日本もまたこの地方分権だった。

だってそうでしょ。州ではないけれど藩ごとに殿様がいて、家来がいて、法律があって、税金である年貢の取り決めがあって、さらに藩ごとに軍隊があって。ね、完璧に地方分権だよね。で、明治政府はこれを何とか東京にある政府ですべてを決める中央集権にしたかったんだ。その理由はいくつかある。もちろん政府の人たちが権力が欲しかった、なんてのが大きな理由になるけれど、彼らだって自分たちのことだけ考えてたわけじゃない。ちゃんと日本全体のことも考えていた。この時代、日本全体のことを考えると中央集権が望ましかったんだ。え？　なぜかって？　大事なことだからじっくり説明しようか。

この時代、ちょっと前まで日本は鎖国状態だったよね。そういうときは地方分権でもかまわない。ところがね、開国したでしょ。そこで諸外国とのおつき合いが始まった。おつき合いなんていうと、すごく平和的な印象があるけれど、この時代の諸外国はそんな生易しいものじゃない。その証拠に日本はなぜ開国したかといえば、アメリカが黒船という武力で威嚇《いかく》してきたからでしょ。要するに脅されたわけだよね。挙句の果てに不平等な条約まで結ばされた。いや、まだ日本はいい。それでも領土を奪われたりはしなかったのだから。他の国なんかはほとんどいいように領土を奪われたり、支配されてしまったりしていた。他の国に支配されることを「植民地」になるというんだけど、この時代、アジアで植民地にならずにすんだのは事実上、日本とタイだけなんだ。あとはことごとくヨーロッパの国々（これを「列強」と呼ぶ）の植民地になっていたんだね。例を挙げると、インドはイギリスの植民地（だから今でもインド人は英語が話せる）、フィリピンはアメリカの植民地（ここも地元の言葉であるタガログ語のほかに英語を話す。しかもキリスト教信者が多い）、ベトナムはフランスの植民地（のちにそこから脱するためにベトナム戦争を経験する）、中国は特定の国の植民地にはなっていなかったけれど、その代わりに領土のあちらこちらを外国に借りられていた。もちろんアジアだけじゃない。アフリカも同じような状態だった。

さあ、そんな状況で地方分権だったらどうなる？　同じ国の中で法律もバラバラ、税金もバラバラ、軍隊もバラバラ、ときには内戦もある。こんな状態では外国とは戦えないよね。

自分の国を守れないよね。だからこの時代多くの国は中央集権を図る必要があったんだ。明治政府が中央集権を目指したのも納得だよね。

ちなみに余談だけど、同じように中央集権にするのが遅れてしまった国にドイツとイタリアがある。どちらも日本のように地域ごとに殿様がいて（もちろんドイツやイタリアでは殿様ではなくて領主とか諸侯というんだけど）、地域ごとに争いがあった。だからイギリスやフランス（英仏というよ）みたいに海外に進出（侵略のことだけど、この時代は大差はない）することができなかったんだね。あとから出てくるけれど第一次世界大戦、第二次世界大戦という二つの大きな戦争でドイツもイタリアも、不利にもかかわらず英仏を敵に回すことになる（正確にはイタリアは第一次大戦には参加しないんだけどね）。この二国ってサッカーの国内リーグも強いんだ。つい最近まで同じ国の中で都市と都市が戦争をやっていた名残なのかもしれないね。

話をもとに戻そう。そんなわけで列強の植民地化を防ぐためには、何が何でも中央集権が必要だった。ところが日本は江戸時代まではバリバリの地方分権。そこで地方分権を支えてきた藩をなんとかしなくてはならなかった。ところが、戊辰戦争などで徳川方についた藩はともかく、そうでない藩は実はこの時点ではまるっとそのまま残っているだろ?

こいつはおいしくないよね。そういうわけで、明治政府はこの藩を解体することを考えた。ところがさすがの明治政府もいきなりそれをやるわけにはいかない。そんなことしたらまだまだ力をもっている大名たちが怖い。そこでまず藩は残すことにして、藩主（大名）が持

狙いは中央集権

明治政府は中央集権を目指した

しかし、江戸幕府は藩が主体の地方分権。幕府はなくなったが、まだ薩摩や長州など藩は存続

そこで、

版籍奉還　土地と人民を天皇に差し上げる

しかし、藩主はそのまま藩の政治をしていた。

そこで、

廃藩置県　藩主そのものをなくし、中央政府の決めた府知事や県令を各県に派遣

中央集権

国の中央政府があらゆる制度を決め、政治を行う。

地方分権

軍事や外交など以外は、地方が権力を持って地方ごとに制度を決め、政治を行う。

っている土地と戸籍（人民）だけ、天皇のために差し出しなさい、ということにしたんだ。これが**版籍奉還**《はんせきほうかん》。大名からすれば嫌（18）でろく（69）でもないことだから、**1869年、いや　ろくでもない版籍奉還だ。**

●廃藩置県

明治政府は1871年、版籍奉還だけでは満足せず、藩そのものをなくしてしまうことにした。その代わりに府や県を設置、府や県のリーダーである**府知事**や**県令**は中央の明治政府が自分たちに都合のよい人間を直接任命し派遣することとした。これが**廃藩置県**《はいはんちけん》だ。文字どおり「藩」を「廃止」して「県」を「置いた」わけだね。ここに至ってかつての大名たち（特に倒幕に貢献した大名）は、「話が違うじゃないか」とやっと気がついたわけだけれど（だってせっかくうっとおしい幕府

を滅ぼしたのに、その結果、自分たちが身分以外のすべてを失ってしまうことになってしまったのだから）、もはやあとの祭りだった。この廃藩置県は実は画期的な出来事だ。これによって、戦国時代から実質続いてきた地方分権の時代が完全に終わり、代わって中央集権の時代が始まる。

1871年の廃藩置県により日本は中央集権化に完全に成功した。これは非常に大きな出来事で、このあと日本が欧米列強（ヨーロッパやアメリカの強い国々）と肩を並べるようになるひとつのきっかけになる。しかし、もちろん大名たちは嫌がったわけなので、

1871 イヤナノ！ 廃藩置県。とでも覚えておこう。（ノ＝1 見えるよね（笑））

●遣欧使節団

廃藩置県の直後、**大隈重信**《おおくましげのぶ》（早稲田大学の前身である東京専門学校を開校したことで有名だね。肥前出身）の提案で、**岩倉具視**《いわくらともみ》（かつての五百円札に肖像が描かれていた明治維新の中心となった公家）をリーダーとして、欧米の進んだ文化を実際に見てみようと大使節団が派遣された。これを**遣欧使節団**《けんおうしせつだん》と呼んでいる。使節団はアメリカをはじめとして、イギリス、フランス、ドイツ、ロシアを訪問。たとえば当時のアメリカには、すでにエレベーターなんかがあって、使節団は目を丸くした。「こんな国に攘夷を決行しなくてよかった」なんて冷や汗かいたメンバーもいたかもしれないね。さらにイギリスでは**産業革命**の成果に感嘆し、きっと殖産興業への決意をかためたことだろう。一行はほぼ2年日本を留守にしたあと

帰国するけれど、このときの留守番組、西郷や板垣と、この渡欧組との間には深い溝ができる。それがまた悲劇を生み、しかし皮肉なことに結果として日本の近代化をさらに進めることになるんだけれど、それはまたあとで説明しよう。

●学制

中央集権化に成功した明治政府、次に考えることは国民の教育レベルを上げることだった。だってさ、国民がバカでは外国に勝てないじゃん。商売を上手にやって経済力をつけてもらう必要もあるし、それ以上に重要なのは算数ひとつできなかったら大砲も満足に打てないよね。


「ななめ上45度、打てぇえっ！」

「タイチョー」

「なんだ？」

「45度ってどれくらいでありますかっ？」

なんてやってたら、敵にコテンパンにやられてしまう。

あるいは
「マルサンマルマル時までにこのイ地点まで進め！」

「タイチョー、自分たちは地図が読めないでありますっ！」

なんてね。これもまた困ってしまう。

だから平和的な目的ももちろんあったけれど、それ以上に軍事目的で国民の教育レベルを上げることはどうしても必要だったんだ。ちなみに君たちの学校の制服の中で、一番オーソドックスなのは男子は学生服、女子はセーラー服でしょ。これもね、実は軍隊の影響なんだぜ。だって男子は陸軍の軍服でしょ、女子は海軍の水兵さんの制服だよね。

平和になった今では考えられないかもしれないけれど、この時代はすべてにおいて軍事が優先だった。それは悲しいけれど世界でも常識だったんだ。これは覚えておいてほしい。

さてそんなわけで、国民の教育レベルを向上させるために**学制**《がくせい》が発布された。

学制というのは「学校」「制度」のことだよね。6歳以上の男女すべてが小学校で**義務教育**を受けることになったよ。ただ当時は国民の多くは貧しかったし、子供も貴重な働き手だったから、この制度への反対も強く、学校に子供を通わせない親も多かったそうだ。時代を感じるね。ちなみに学制、「制」の字を「生徒」の「生」と書いてしまう人がいるから十分注意しよう。

1872　イヤ　ナツかしい学制時代。（2は英語でツーだよね（笑））

●地租改正

次に明治政府がやったのは財政改革だ。早い話、お金を確保できるようにした。だってお金がなきゃ何もできない。武器も買えないし、商品を生産して貿易で稼ぐこともできない、もちろん政府の役人たちの給料も出ないしね。国がお金を稼ぐのに一番手っ取り早いのは税金を集めることだ。日本ではこれまで税金はどうやって集められていたっけ？　そう、米だったよね。年貢《ねんぐ》という形で米で徴収されていた。これを現金に改めた。というのは米の場合、天候などによって収穫の多いときと少ないときがある。これでは税収が予測できないから計画的な国の運営も不可能だよね。また米の場合、確かに保存は利くけど、いったん現金に換えてから使わなければならないのだが、いくらで売れるかという価格も不安定で不便だ。そんなわけで税を米→現金に切り替えた。そして土地所有者がその税金を納める義務があることにした。土地の値段（地価という）を国がはかって、その3％を毎年土地所有者が現金で納めねばならないことになったわけだ。これを**地租改正**《ちそかいせい》という。「地租」というのは「土地」にかかる「租（つまり税金）」ってことだね。これには土地所有者が猛反対をすることが予想されたので（だって毎年税金を課せられちゃうんだから）、彼らには**地券**《ちけん》というものを発行した。これは政府がその人が土地所有者であることを保証する証拠書類みたいなもんだ。逆にいえばこれを持っていないと、本当は自分の土地でも他の人にとられてしまったりする恐れがあったということだ。反対一揆が起こって、その結果税率はのちに2・5％に下げられるよ。

1873年　イヤナ3％　地租改正。ＯＫだよね。ちなみにこれも「租」の字を「組」と書いてしまう人がいるから気をつけてね。

●徴兵令

地租改正のおかげで国の財政（お金）は安定した。いよいよ今度は軍隊だ。まずは兵隊を確保しなければならない。そこで明治政府は**徴兵令**《ちょうへいれい》を発布し、満20歳以上のすべての男子に**兵役**の義務（つまり一定期間軍隊に入る義務だ）を課した。戦争反対だろうが、平和主義者だろうが、やりたい仕事があろうが、そんなことは関係なし。なんせ義務だからね。ただやはり最初はかなり抵抗が多く、そのためにいろいろな免除規定（例外だ）があったよ。のちの1889年に国民皆兵が実現するが、そこまではいいだろう。

とにかく1873年　ナミだの徴兵令　と覚えておこう。家族や恋人や友達が戦争に行っちゃうと悲しいもんね。

●文明開化

政府の指導のもとで近代化が進められ、欧米の文化が積極的に取り入れられるようになると、人々の生活も西洋風に変化していった。これを**文明開化**《ぶんめいかいか》と呼ぶ。

「ちょんまげ頭を叩いてみれば、因習姑息《いんしゅうこそく》の音がする。ザンギリ頭を叩いてみれば、文明開化の音がする」

などという歌が謳《うた》われた。因習姑息というのは昔の風習にこだわることだ。洋服を着る人々が現れた。牛肉を食べる人も登場した。レンガで造られたモダンな西洋風の建築物も建てられ、ランプやガス灯も設置された。1872年には**新橋・横浜間**に日本初の**鉄道**も開通。

それまでの陰暦に代わって**太陽暦**が使われるようになった。一週が七日になって日曜日が休日になったのもこのときだ。また**前島密**《まえじまひそか》らの努力によって**郵便制度**も完成したんだよ。

●領土確定

明治政府は蝦夷地を北海道と改め、開拓のために**北海道開拓使**《ほっかいどうかいたくし》という役所を置いた。また東北の士族などから**屯田兵**《とんでんへい》が募集され、彼らは開拓と国防を請け負った。これらは北海道の開拓を進めたけれど、反面先住民族の**アイヌの人たち**の生活は圧迫されていった。

話はやや先走るが、明治政府はロシア帝国との間の国境を確定することに取り組んだ。その結果1875年**樺太**《からふと》**・千島交換条約**《ちしまこうかんじょうやく》が締結され、以後は樺太はロシア領、**千島列島**は日本領となった。

この頃琉球は薩摩藩と清との二重の統治下にあった。明治政府は1872年琉球藩を設置したが、清がこれを認めず琉球がどちらの領土になるかは未解決のままだった。ところが1874年、3年前に台湾に漂着した宮古島《みやこじま》の島民が台湾の原住民に殺される事件が起きたことを口実に日本は台湾に出兵、清との交渉で琉球人が日本人であることを認めさせ、賠償金を得た。1879年、政府は琉球に600名あまりの軍隊を派遣し、島民の反対を押し切って沖縄県を設置、**琉球王国**が幕を閉じることになった。これを**琉球処分**《りゅうきゅうしょぶん》と呼んでいる。

●征韓論と板垣と西郷

この頃、明治政府留守番組の間で大きな問題となったのが、朝鮮への対応だった。当時日本と朝鮮は国交断絶状態にあり、日本は国交回復の呼びかけを朝鮮に何度かしていたのだけれどそのたびに拒絶されていた。こうした朝鮮の対応に腹を立てたのは意外なことに**板垣退助**《いたがきたいすけ》（土佐藩出身）だった。

さてその板垣、かつて日本がアメリカにやられたように武力で朝鮮を無理やり開国させようと過激なことを言ったらしい。これに対して、実は強硬派の代表のように思われているあの西郷隆盛は、まず平和的に話し合って、それでダメなら出兵やむなしという、実は当時としてはかなり穏健な意見を述べたという。イメージとはずいぶん違うでしょ。見た目って怖いよね。さてこの板垣らの、韓国を武力で制圧しようという方針を**征韓論**《せいかんろん》と呼んでいる。これは非常に大きな問題なので、留守番組の中の公家**三条実美**《さんじょうさねとみ》の提案でとりあえず遣欧組が帰ってくるまで決定を待とうということになった。遣欧組は帰国後その話を聞くと、とんでもないと首を振った。彼らは欧米の当時の先進国の、日本に比べあまりにも進んだ文明を見てきたから、今の日本が海外派兵などをやったら、欧米は黙ってないだろうと、冷静な判断が下せたわけだ。ところが西郷や板垣はそれには不満だった。彼らは海外の事情を知らないからね。留守中の自分たちの政治で日本の近代化が進んだことに対しての自負もあっただろうう。そんなわけで明治政府は二つに分裂、留守番組の西郷と板垣は政府を去ることになる。

明治政府を去った板垣は、自分を追放した政府と戦うことを決意する。実はこれはのちに

士族（武士）の不満

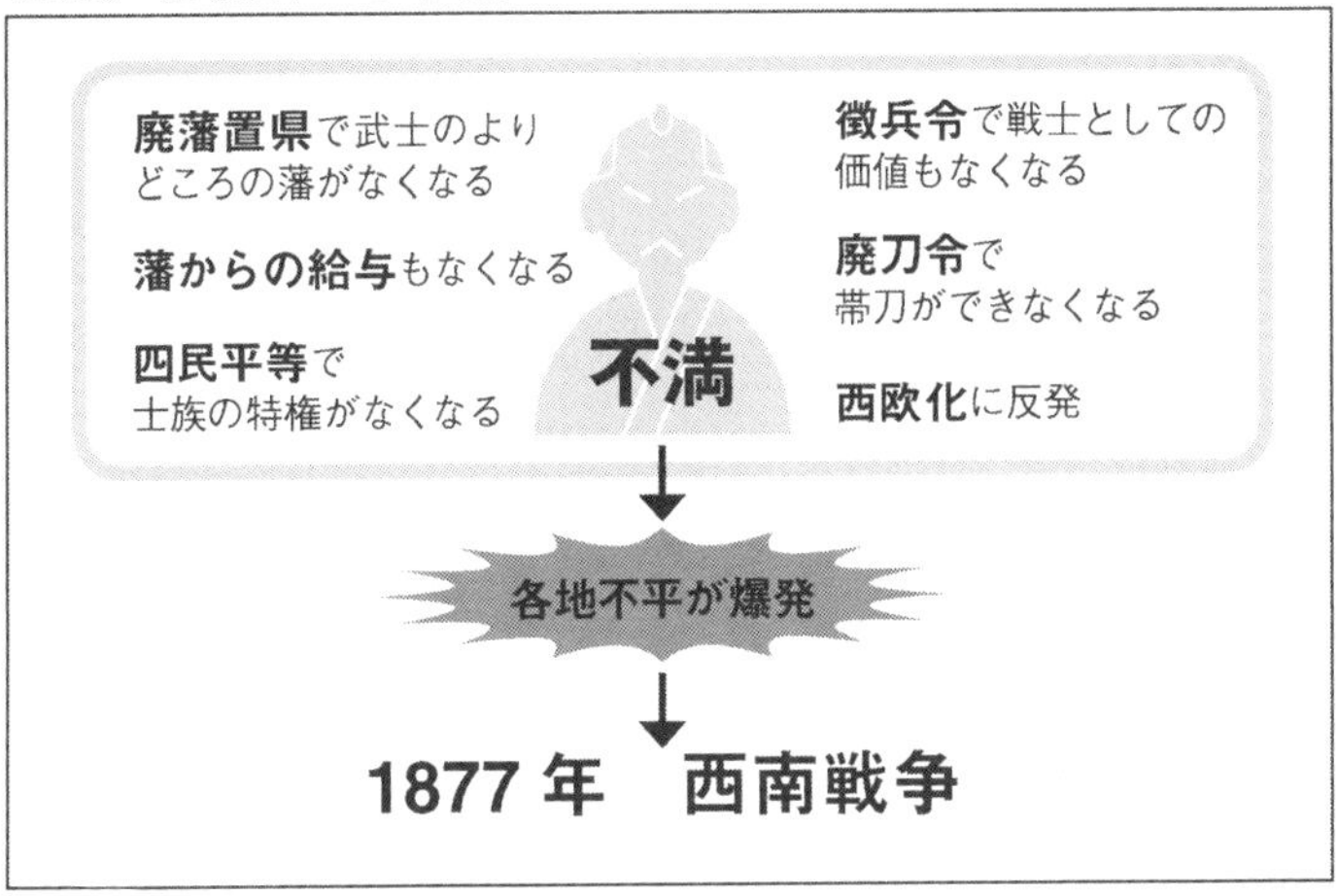

廃藩置県で武士のよりどころの藩がなくなる
藩からの給与もなくなる
四民平等で士族の特権がなくなる
不満
徴兵令で戦士としての価値もなくなる
廃刀令で帯刀ができなくなる
西欧化に反発
各地不平が爆発
1877年　西南戦争

述べる西郷も同じなのだが、やり方は正反対だった。板垣は現在の政府が、倒幕に貢献があった藩の代表者ばかりで組織されている**藩《はん》閥政治《ばっせいじ》**をやっていると非難、国民から正当な選挙で選ばれた代表による国会を作り、政治を実施するべきだ、と**民撰議院設立建白書《みんせんぎいんせつりつけんぱくしょ》**という意見書を政府に提出した。これは確かにそのとおりで、藩閥政治は五箇条のご誓文の内容にもそむいているし、また欧米からも民主的でない遅れた国と見られてしまう。板垣は政府にとってかなり痛いところをつくことができたわけだ。ここから板垣たちは国会開設を政府に要求する**自由民権運動《じゆうみんけんうんどう》**を開始する。このあと板垣は故郷の土佐で**立志社《りっししゃ》**という政治団体を作って言論活動を盛んにするよ。

（4）

民撰議院　い（1）い　は（8）な（7）し

民撰議院　いい話　で、1874年、民撰

議院設立建白書提出だ。

一方、西郷のほうは郷里の鹿児島に帰る。地元の英雄西郷の帰郷に旧薩摩の士族らは大喜びだった。廃藩置県の実施や徴兵令の実施などでただでさえ、元武士である士族たちの不満は大きかったんだ。それでも西郷はいきなり反乱を起こすようなことはしなかった。同じように明治政府を去った**江藤新平**《えとうしんぺい》らが佐賀で反乱を起こした（**佐賀の乱**）ときも手出しをしなかった（乱は大久保利通らの新政府軍に鎮圧され、江藤は西郷のもとへ逃げてきたがかくまってもらえず、のちに処刑されている）。西郷は鹿児島に私学校を作り若者の教育に努めた。同じような**士族の反乱**はいくつも起きたが彼は動かなかった（神風連の乱、秋月の乱、萩の乱など）。しかしとうとう西郷が立つ日がやってきた。

1877年のことだ。実はこれも彼の本意ではなかった。西郷を慕う鹿児島の士族たちが政府の武器庫を襲ってしまった。もはやしかたがないと彼は負けを承知で自分を慕ってきた者たちのために兵を起こす。これが**西南戦争**《せいなんせんそう》だ。幕末に無敵を誇った薩摩の精鋭部隊だが、徴兵令による素人集団の政府軍に敗れ去る。もはや剣術がものをいう時代ではなくなっていた。ほぼ九州全域を舞台にした8カ月に及ぶ内戦は西郷の自害で幕を閉じる。倒幕の中心薩摩藩がよもや朝敵になろうとは誰が予想できただろうか。

とはいえ、大久保をはじめとして政府側にも薩摩藩出身者は多くいたから、このあとも薩摩出身者たちは政府に強い影響力を残すよ。

1877年　い（1）や（8）な（7）みだ　な（7）みだの西南戦争

1877年　嫌！　涙涙の西南戦争　だ。

昔の親友同士が殺し合うような、こんな戦いは嫌だよね。西郷さんは涙涙だっただろう。ところで板垣や西郷らが政府を去るもともとの原因だった朝鮮問題はどうなっただろう。実は皮肉なことに彼らが政府を去ったあと、彼らが望むような形で決着がつくことになる。

1875年、日本海軍の艦隊が朝鮮の**江華島**付近で砲撃された。これに対し、日本は報復に出て、江華島を占拠してしまう。そして翌年日本に有利な形で**日朝修好条規**《にっちょうしゅうこうじょうき》を締結、当時の朝鮮を治めていた**李氏朝鮮**《りしちょうせん》を武力で開国させた（板垣や西郷は何を思ったことだろうね）。

●自由民権運動の高まりと国会開設

話は板垣に戻る。板垣は1875年に大阪で全国的な組織**愛国社**《あいこくしゃ》を結成、そしてこれは一旦解散するのだが、のちに1880年、**国会期成同盟**《こっかいきせいどうめい》に発展。そして8万人以上の署名を集め、国会の開設や憲法の制定を要求した。

ちょうどこの頃、**北海道開拓使官有物払い下げ事件**《ほっかいどうかいたくしかんゆうぶつはらいさげじけん》があった。これは税金で得た国の所有物（財産）である北海道の開拓使の施設を、一部の官僚（上級役人）や商人にただ同然で払い下げようとしていたもの。要するにみんなの財産である国の持ち物を一部の人にとんでもなく安く譲ってしまう（もちろん希望者を募ってくじびきとかをするわけじゃない）ということ。ひどいでしょ。

そんな事件もあったばかりで、政府としてはさすがに国会期成同盟の嘆願を無視するわけにはいかなかった。そして1881年に明治天皇から**国会開設《こっかいかいせつ》の詔《みことのり》**が発せられ、政府は10年後に国会を開くことを約束したんだ。

これを受けて板垣は、それに備えるために政党を結成した。それが**自由党**だ。自由党はフランス流のやや急進的な政党だよ（当時すでにフランスは、王様や皇帝がいない共和制の国になっていたんだ。天皇中心の日本から見ればそれは過激に思えたんだね）。一方で肥前佐賀出身の大隈重信らはもう少し穏やかなイギリス風の**立憲改進党《りっけんかいしんとう》**を結成した（イギリスは王様の下での議会による政治、つまり立憲君主制の国だったから、天皇のいる日本の政治風土にも合致していたわけだ）。特に板垣の自由党は知識人ばかりでなく、地方の貧しい農民などにも支持された。が、あまりに急激に運動が加速して、**福島事件**や**秩父事件《ちちぶじけん》**を引き起こし、政府の弾圧を受け、自由党はいったん解党することになるよ。あまりに急激な改革は必ずしもよい結果に結びつかないいんだね。

●憲法制定の準備

政府は憲法を制定するため、**伊藤博文《いとうひろふみ》**（長州出身）をヨーロッパに派遣、各国の憲法を調べさせた。その結果、国王の権利（君主権という）が強いドイツの憲法が、天皇中心の日本には一番参考になるということになった。ちなみにドイツはこの十年ほど前までは、日本の戦国時代のように各都市や小国家に分かれていたのだけれど、それをひとつにまとめたのがビスマルクという首相のいたプロシア（プロイセンともいう）という国だった。だから教科書などにはドイツともプロシアとも書かれているんだよ。

●内閣制度

憲法制定、国会開設に先立って、内閣制度《ないかくせいど》が作られ、伊藤博文が日本の初代内閣総理大臣となった。内閣というのは、政治を中心になって行う機関のことで、数名の大臣の集まりだ。このときは内閣総理大臣を中心に外交を司る外務大臣、国内の総合的な責任を負う内務大臣、財政やお金に関することを担当する大蔵大臣《おおくらだいじん》、法律や刑事に関して請け負う司法《しほう》大臣、教育文化などに権限をもつ文部《もんぶ》大臣、農業商業の育成を図る農商務大臣、郵便通信の逓信《ていしん》大臣、そして陸軍大臣、海軍大臣が任命され内閣を組織した。

このほかに天皇や皇室のお世話をする宮内《くない》大臣も任命されたよ（ただし内閣には宮内大臣は参加せず）。こうして近代的な内閣制度は完成したけれど、あいかわらず薩長出身者の多い藩閥政府であることには変わりはなかった。

●大日本帝国憲法

1889年、アジアで最初の近代的な憲法である大日本帝国憲法《だいにっぽんていこくけんぽう》が発布された（トルコのミトハト憲法というのがそれより早くできているけれど、トルコは現在EUに加盟していることからもわかるように純粋なアジアとはいいがたく、ヨーロッパと考えたほうが自然だ）。

この憲法は天皇が国民に与えるという形式で発布《はっぷ》された。発布というのは簡単にいえば発表するということだ。王が定めて国民に与えられた憲法を**欽定憲法**《きんていけんぽう》ということもあるよ。この憲法は天皇という君主のもと、憲法に従って国家を運営していくという**立憲君主制**《りっけんくんしゅせい》の憲法で、国のいろいろなことを定める最終的な権限である主権は天皇にあった。また天皇には**統帥権**《とうすいけん》といって陸軍海軍を動かす権利も与えられた（ちなみに旧日本軍には空軍は存在しない）。国民は**臣民**《しんみん》と呼ばれ、あくまでも天皇の家来だった。とはいえ「法律の範囲内」ではあったけれど、国民にある程度の自由や権利が認められたよ（ただし裏を返せば国民の自由や権利を侵害する法律を作ることも可能だったということだ）。今日の目から見れば問題点も多く、また戦時中のイメージのために、ろくでもないもののように思われている大日本帝国憲法だけれど、当時の基準としてはそこそこ民主的で、それなりに機能していたといわざるを得ないだろうね。

あまりにも有名な二つの条文を参考までに紹介しておこう。

「**第一条　大日本帝国**《だいにほんていこく》**ハ**《は》**万世一系**《ばんせいいっけい》**ノ**《の》**天皇**《てんのう》**之**《これ》**ヲ**《を》**統治**《とうち》**ス**《す》」

この大日本帝国は、大昔から日本を作った神様と同じ血筋をひいている天皇が支配する国である。

「**第三条　天皇**《てんのう》**ハ**《は》**神聖**《しんせい》**ニ**《に》**シ**《し》**テ**《て》**侵**《おか》**ス**《す》**ヘ**《べ》**カ**《か》**ラ**《ら》**ス**《ず》」

天皇というのは現人神《あらひとがみ》（この世に存在する人間の姿をした神様）であって、貴く清い存在なので、侮辱したりしてはいけない。

天皇に対する思い入れの強さ、天皇の権限の強さが垣間見られるね。

もちろんそこにはそういった天皇の権威を利用して、自分たちの思うように政治をやろうとした連中のたくらみもあったことは否定できないよ。

●第1回衆議院議員総選挙と帝国議会

憲法に基づいて制定の翌年、第1回衆議院議員総選挙が実施された。このときの国会は**二院制**《にいんせい》で、国民の選挙で選ばれた議員からなる**衆議院**《しゅうぎいん》と貴族から任命される**貴族院**《きぞくいん》があったが、もちろん選挙は衆議院議員のみが対象だよ。選挙によって国会議員が選ばれるのは我が国では画期的なことだったけれど、このときに選挙権が認められた人は「**直接国税15円以上納める満25歳以上の成年男子**」のみで、投票できる人は全人口の1・1%程度でしかなかった。当時の15円というのが相当な額だったことはこの割合からもわかるよね。また現在の選挙権は20歳以上の男女に認められているけれど、このときは25歳、しかも男子でなければならなくて、女子の選挙権が認められるのは戦後になってからだよ。

そしてこの選挙の結果に基づき、同じ年に第1回帝国議会が開かれた。曲がりなりにも日本が近代国家へと進んでいるのがわかるね。

●条約改正へ

こうして憲法も国会もできて、近代国家としての形を整えた日本は、江戸時代幕府が結んだ不平等条約の改正を働きかけた。**ノルマントン号事件**の影響もあって、国民からも条約改正を望む声は高かった。1886年、日本の乗客を乗せたイギリス船ノルマントン号が沈没した。その際イギリス人船長はイギリス人の船員乗客をすべて救出したのに、日本人は全員見殺しにした。にもかかわらず領事裁判権によって船長を日本で裁くことができず、結局この船長は軽い罪を負うにとどまった。これがノルマントン号事件だ。こんな事件があってはやってられない気持ちになるよね。日本は**陸奥宗光**《むつむねみつ》を代表にイギリスと粘り強く交渉した。当時イギリスはロシアに備えるため、日本を味方にしておきたいという意向があったこともあり、1894年、ついに**領事裁判権の撤廃**に成功した。

は(8)く(9)し(4)に戻そう　領事裁判権

白紙に戻そう　領事裁判権　だ。

●日清戦争

1894年、朝鮮で**東学**《とうがく》という宗教を信仰する人たちに率いられた農民の反乱である**甲午農民戦争**《こうごのうみんせんそう》が勃発した。朝鮮政府はこれを抑えきれず、清に支援を要請した。これに対して日本は黙っていなかった。清がこれ以上に朝鮮に対する勢力を強めると、日本の国防上かなりの不利益になる（日本海をはさんですぐ隣の朝鮮半島が大きな国の支配下に置かれると、日本が次の標的になる可能性は高くなるよね）。もちろんそれだけでなく、国内がようやくまとまった日本としては欧米列強に対抗するために自らもアジアに進出したいという気持ちもあって、その足がかりとなる朝鮮半島を放置するわけにはいかなかった。朝鮮には日本の公使館があり、その保護などを口実に日本も朝鮮に派兵した。内乱終結後も清と日本の両国は朝鮮にとどまったために、戦争状態となった。これが**日清戦争**《にっしんせんそう》だ。日本軍の近代的な装備と鍛え上げられた兵は、様子を見守る列強の想像以上に活躍し、なんと清を降伏させてしまった。つまり日本が勝ったということだ。これは驚くべきことだった。欧米にコテンパンにやられていたとはいえ、清は眠れる獅子《しし》と呼ばれていたアジアの大国、小さな日本あたりに負けるとは思っても見なかったことだろう。この戦争の勝利をきっかけに日本は大躍進をとげることになる。

や(8)く(9)し(4)ん　にっぽん　日清戦争

躍進　ニッポン　日清戦争。1894年、日清戦争だ。

そして翌年日本の山口県下関で条約が締結される。これが**下関条約**。

戦争の終結時には必ずこうして条約が締結され、双方がどういう条件で戦争を終結するかが話し合われる。さらに普通は負けた国が相手の国に出向いて条約を締結するよ。基本的にはその条約が締結された場所が条約名となる(正式な名称はもっと長いものになるんだけどね)。だから今回は清が降伏したので、戦勝国の日本の下関で条約を締結したわけだ。したがって下関条約になるわけだね。ところでこの条約の内容を確認してみよう。

1. 清は朝鮮の独立を認める。

実は意外かもしれないけれど、それまではずっと朝鮮は清の属国《ぞっこく》(家来のようなものだ)

あつかいだった。というよりも歴史上朝鮮半島が中国の属国でなかった時代はごくわずかでしかない。そういう意味では（あくまでもこの時点ではだけれど）、日本は朝鮮の独立に正式に力を貸しているんだよ。この直後、朝鮮は**大韓帝国**《だいかんていこく》と国名を改め、独立を宣言している。

2. 清は遼東半島を日本に割譲する。

割譲《かつじょう》というのは譲り渡すということだ。遼東《りょうとう》半島は中国と朝鮮半島の境目にある半島だよ。もちろん戦略的にかなり重要な土地だ。

3. 清は台湾を日本に割譲する。

これは実はとんでもなく重要なことだけれど、この結果、日本は合法的に台湾を領土にしているよ。また現在の中華人民共和国が成立するのは1949年だから、中華人民共和国が台湾を領土にしたことは国際法上もただの一度もないよ。

4. 清は澎湖諸島《ほうこしょとう》を日本に割譲する。

澎湖諸島というのは台湾と中国本土の間にある台湾海峡に存在する島々のことだ。

5. 清は賠償金2億両《テール》（清の通貨単位）を日本に支払う。

当時の金額で約3億円。とにかく莫大な金額だということだけ知っておいてほしい。

このお金がのちに**八幡製鉄所**《やはたせいてつじょ》の建設に使われる。

などなど。ほかにもいくつかの港を開放させ、最恵国待遇《さいけいこくたいぐう》といって、かつて日本が不平等条約を結ばされた国々に対して認めた特権の数々を認めさせることに成功した。戦争に勝つ

年表　戊辰戦争以降から日清戦争まで

富国強兵を目指した明治政府の骨格が出来る時代だ！

1869年6月	版籍奉還
1871年7月	廃藩置県
11月	**遣欧使節団（使節団は岩倉具視、木戸孝允、大久保利通、伊藤博文など。1873年帰国）**
1872年8月	学制の発布（教育制度の確立）
9月	新橋・横浜間に日本初の鉄道
10月	富岡製糸場がつくられる。（殖産興業を目指して設立）
1873年1月	徴兵令（武士ではない兵隊の徴集）
7月	地租改正（税金の徴収、財政基盤の確立）
10月	**征韓論で西郷隆盛・板垣退助らが政府を去る（政府が分裂）**
1874年1月	板垣退助が民撰議院設立建白書を提出（自由民権運動の始まり）
1875年5月	樺太・千島交換条約
5月	北海道開拓使
1876年2月	日朝修好条規（日本に有利な朝鮮との条約）締結
1877年9月	**西南戦争（1月から始まった戦争。西郷隆盛率いる鹿児島士族軍が敗北）**
1879年4月	沖縄県の設置（最後の藩・琉球が県に）
1880年3月	国会期成同盟（盛り上がる民権運動）
1881年10月	国会開設の詔（政府が国会開設を約束）
1885年12月	内閣制度が作られる
1889年2月	大日本帝国憲法が発布
1890年7月	第一回衆議院議員選挙
1894年7月	日英通商航海条約が締結（領事裁判権の撤廃に成功）
1894年8月	日清戦争勃発

ということはこういうことなんだ。逆に負けるということがどういうことなのかもよくわかるね。ただし戦争というのは外交の最後の手段なのだから、避けなければならないし、侵略目的の間違った戦争はもちろん、正しかろうが負ける戦争は絶対にやってはいけないことがわかるよね（だからといって、なんでも相手の国の言いなりになってよいわけではもちろんないけどね）。

●三国干渉

遼東半島（リャオトン半島と明記することもある）は戦略上重要な地だったから、ここを日本に取られると欧米の列強国は困ることになった。特にロシアは満州《まんしゅう》（中国の東北部のことだ。ここはこれからの歴史において重要な意味を成す土地だから覚えておきたい）進出をねらっていたから、何が何でも日本が遼東半島を手に入れるのを抑えたかった。ロシアという国は北にあって非常に寒い。特に困るのはそのほとんどの港が冬には凍ってしまうことなんだ。だから冬に艦隊の配備ができない。そんなこともあって歴史的にロシアという国は常に南下政策《なんかせいさく》（南へ南へ進む政策だ）をとっているんだよ。さあそこでロシアは利害が一致するドイツとフランスを巻き込んで、日本に対して遼東半島は清に返還するように勧告してきた（さすがに俺によこせとは言えない）。これを**三国干渉**《さんごくかんしょう》という。干渉というのは口出しするということだ。当時の日本にはさすがにこの三国を敵に回して「そんなことイッタッテ俺がもらったんだもん」などと言い張るだけの軍事力はなかった。そこで泣く泣くこの勧告を受け入れることにする。その後日本がロシアに対して敵意を抱き、警戒を強めるようになったのはいうまでもないね。
三国干渉　フ（ランス）ロ（シア）（ドイツ）
三国干渉　風呂どいつ？　だ。次に風呂に入るのはどいつだ？（笑）なんてね。
いや失礼、当時の日本には笑い事じゃなかったよね。

●義和団事件

韓国を事実上の支配化に治め清にも勝利した日本は、以後満州を中心とした清の権益を巡ってロシアを仮想敵国《かそうてきこく》とすることになる。そんな折1899年、清で義和団《ぎわだん》という宗教団体を中心に「中国から欧米を中心とする外国の勢力を追い払おう」とする運動が起こった。これが**義和団事件**だ。彼らは**扶清滅洋**《ふしんめつよう》つまり、「清を助けて中国に存在する西洋の力を滅させよう」というスローガンを掲げ、ついには実力行使を始める。ここで勘のいい人は「あれ？どこかで聞いた話だぞ」と思ったことだろう。そう、日本の幕末とまさに同じことをしているんだ。結論を先に話してしまうと、清はこの後数年で滅亡する。日本なら幕府にあたる清が滅亡することで、中国が植民地化を避けることができたかといえば、実はできなかった。だから日本が幕末にあの状態で西洋諸国の植民地にならなかったのは、本当に奇跡のようなものなんだ。日本を植民地にしないために、自ら政権を手放した慶喜や、薩長同盟を取り結んだ龍馬やその他の維新の英雄たち（中には進んで内乱を起こす愚かな者もいたが）のこの国を愛する強い思いと行動が、清との違いを生み出したのかもしれないね。

さて話をもとに戻す。翌年1900年になると、ついに清の実質的指導者**西太后**《せいたいごう》（女性だ。この人物については怖いエピソードがたくさんある）も正式に義和団を支持することを決め、欧米諸国に宣戦布告《せんせんふこく》した。宣戦布告というのは「これからあなたの国に対して戦争を仕掛けますよ。以後はあなたの国と私の国は戦争状態に入ります」という宣言のことだ。本来たとえ戦争といえども国際法には従わなきゃいけない。国際法では正式に戦争状態に突入するためには、相手の国に宣戦を布告することを条件にしているんだよ。当初は清が優勢だったが、列国の応援が駆けつけると清は壊滅。敗戦国となった清は、これまでよりさらに過酷な条件の**北京議定書**《ペキンぎていしょ》を受け入れる羽目になった。ところで日本だけれど、日本も欧米諸国と同じように清の領土の割譲を受けていたので、清の日本の施設も攻撃を受け、日本からも派兵したよ。義和団事件のどさくさにまぎれ、ロシアは満州を支配下に置く。それに対して日本はイギリス、アメリカとともに抗議をして、ロシアを撤兵させている。これもまた最近聞いた話だね。そう、三国干渉のリベンジをしたわけだ。この結果、日本とロシアの関係はさらに悪化する。それにしても日本はいつの間にか列国の仲間に入ってしまっていたんだね。対外侵略を進める姿勢はけっしてほめられたものではないけれど、それでも当時の時代を考えると、言いなりになって不平等な条約で開国させられた国が、わずか40年足らずでここまで来たことは評価しなければならないだろう。

●立憲政友会

この頃、伊藤博文は自ら政党を組織した。立憲政友会《りっけんせいゆうかい》だ。それまでの政党は反政府の立場で民衆の側の立場の政策を唱えるものだったけれど、伊藤の立憲政友会は保守的な天皇、国家、役人、政府の立場にたつ政党として、以後政治の一翼を担うことになる。

●八幡製鉄所の建設

1901年、政府は下関条約で清から得た賠償金を使って、八幡製鉄所《やはたせいてつじょ》を建設した。当時の製鉄は鉄鉱石《てっこうせき》を石炭で燃やし、ドロドロに溶かし鉄鋼にするものだった（今は石炭の代わりに石油が多く使われる）。したがって製鉄業には鉄鉱石と石炭が必要だったんだ。当時鉄鉱石のほとんどは中国から輸入していた、また北九州付近には炭田《たんでん》といって石炭が取れる場所がたくさんあった。そこでどちらも入手しやすい北九州が選ばれたんだよ。これは日本の重工業の第一歩で日本における第二次産業革命の始まりでもある（ちなみに第一次産業革命は軽工業中心で富岡製糸場などだ）。ここで製造された鉄鋼はもちろん兵器にも利用され、富国強兵策をさらに推し進めることに貢献したんだよ。

おー(0)い(1)　八幡製鉄所

19（01）年、八幡製鉄所の建設だ。

●日英同盟

1902年、ロシアに対して共通の利害関係をもつ日本とイギリスは秘密同盟を結んだ。これを**日英同盟**《にちえいどうめい》という。当時イギリスは「光栄ある孤立」といって、どこの国とも群れない状態を保っていたけれど、ついに日本と手を組むことになったんだ。その内容だけれど、「どちらかの国が一国を相手に戦争を始めた場合は、もう一方の国は中立を守ること」、「どちらかの国が二つ以上の国を相手に戦争を始めた場合は、もう一方の国は同盟国に味方して参戦すること」となっていた。この内容はのちに日本に大きなプラスをもたらすことになる。

●日露戦争

日英同盟の締結によって、ロシアを含む二カ国以上と単独で戦争をしなくてすむようになった日本は（もしロシア側について参戦する国があったら、イギリスが日本側について参戦してくれることになっているよね）、1904年、ついにロシアに宣戦を布告する。これが**日露戦争**《にちろせんそう》だ。国力ではロシアと日本では10倍もの差があった。しかし（ここがこの当時の日本の偉いところなのだが）、日本はきちんと外交をして周りの国が参戦してこないように手回しをし、さらに初めにある程度勝利した段階で有利な講話に持ち込むという戦略ももち合わせていた（のちの日中戦争、太平洋戦争のときにはそれがまったくない、何の見通しもないおろかな戦争をする）。そして陸軍と海軍が連携して行動が取れていた（信じられないことだが日中戦争、太平洋戦争の折にはそれぞれが勝手に行動、別々の国を相手に戦争をするという世界史上類を見ないおろかな行動をとっている）。

戦争は日本海軍の旅順《りょじゅん》（満州の地名）艦隊攻撃から始まる。しかしこれに失敗。

そこで作戦を変更し、陸軍が旅順にあるロシア要塞を攻撃することになる。指揮官「**乃木《のぎ》希典《まれすけ》**」（乃木大将）は6万人の死者を出すが、それでも旅順が落とせない。本部から派遣されてきた**児玉源太郎《こだまげんたろう》**が旅順付近の**203高地《にひゃくさんこうち》**という小さな山を占拠すると、まもなく旅順のロシア軍は降伏した。このために乃木はどうしようもないダメ大将ともいわれている。とはいえ、彼は一度引退したところを呼び戻されたことや、旅順攻略が当初の予定になかったことを考えると彼だけを責めるのは気の毒な気がする。

さて話を戻そう。旅順要塞が落ち、旅順艦隊が壊滅した。しかしロシアにはまだ世界最強の呼び声高い**バルチック艦隊**があった。ここからは海軍が大活躍することになる。これを**日《に》本海海戦《ほんかいかいせん》**で撃滅したのが、連合艦隊司令長官の**東郷平八郎《とうごうへいはちろう》**元帥《げんすい》だ。巨大な船が多いバルチック艦隊をせまい海峡におびきよせ、横一列で縦に進んでくるロシアの艦を順番にことごとく沈めたといわれている。まあこれは事実ではない可能性もあるようだし、バルチック艦隊はヨーロッパの北のバルト海からはるばるアフリカを遠回りして（近道の**スエズ運河**はイギリスが抑えていた）、疲れきった状態でやってきていたという事実もあるから、全く五分の条件の勝負ではなかった。とはいえ「世界で最初に黄色人種が白人に勝利した」と世界的にも評判になり、彼は世界三大提督の一人にも挙げられている。ちなみに当時ロシアによって支配されていたフィンランドなどの国々には、日本がロシアを打ち破ったことに対して賞賛の声をあげる人がいたそうだ。実際フィンランドの独立には日露戦争時の日本の勝利が影響を与えていたんだよ（まあ、のちのろくでもない外交のせいで、今はそうした評判も聞かなくなってしまったけどね）。

ちなみに乃木大将は東京の**乃木神社**に祀《まつ》られていて、東郷元帥は原宿の明治天皇が祀られている**明治神宮**の横の**東郷神社**に祀られている（東郷は生前それを拒否したといわれているが）。あ、そうそう、東郷は**肉じゃが**を発明？した人でもあるんだよ。

●ポーツマス条約

日本はすでに開戦後早くから戦後処理のことを考えていた。日本は優位な状態にあるうちに講和を急ぎ、アメリカ大統領**セオドア＝ルーズベルト**に仲介を依頼して、アメリカのポーツマスで条約交渉に臨んだ。ロシアは敗戦を認めなかったので交渉は難航したが、日本が最大限に譲歩して（相手の立場をたてて）講和条約が締結された。これが「ポーツマス条約」だ。今回の特徴は「一切の賠償金がない」ということ。日本は韓国における優越権や**南満州鉄道**の一部、それに南樺太などを手に入れたよ。日本はこれ以上戦争を続ければ危なかったから、これはまあまあの条件だろう。ところが戦時中は大勝だと聞かされていた日本の国民はこれに激怒、条約反対を唱える人々が東京日比谷に集まり、暴動を起こす。これが「**日比谷焼き打ち事件**」だ。死者17名、負傷者500名以上、一時的に戒厳令《かいげんれい》（国が緊急の事態であると宣伝すること）さえ出され、東京は一時無政府状態になったそうだ。

●反戦主義者

この日露戦争のときには戦争に反対する人々もいた（今と違って当時はかなり知識や分別のある人でも、戦争自体に反対することは少なかった）。従軍中の弟を思う詩「君死にたまふことなかれ」を発表した歌人の**与謝野晶子**《よさのあきこ》（この人も面白いエピソードが豊富）や、キリスト教主義に基づいて戦争に反対した**内村鑑三**《うちむらかんぞう》、さらには社会主義的な考え方から反戦を唱えた**幸徳秋水**《こうとくしゅうすい》らがいた。

●足尾銅山鉱毒事件

この頃から日本は、国内の産業も急ピッチで発展をとげる。けれどその反面工業の発達につきものの公害問題も発生してしまうよ。特に代表的なのが栃木県の足尾銅山で起こった**足**《あし》**尾銅山鉱毒事件**《おどうざんこうどくじけん》だ。鉱山で鉱物を掘るときに鉱毒という毒物が発生する。足尾銅山ではそれを近くの**渡良瀬川**《わたらせがわ》にそのまま流してしまっていた。鉱毒が広がった下流の農地ではまともに作物が育たなくなった。地元の衆議院議員**田中正造**《たなかしょうぞう》はこれを政府に訴えたけれど、当時は富国強兵が最優先、聞き入れられなかった。そこで田中正造は文字どおり命をかけた最後の訴えに出る。議員を辞め、明治天皇に直訴したんだ。直訴というのは直接申し出ること、「天皇ハ神聖ニシテ侵スヘカラズ」の時代だから、これは下手をすると死刑にもなりかねない行動だった。自分たちの利益ばかり考えている、今のどこかの国の政治家たちとはえらい違いだ。農民たちのためにそこまでして正造は闘ったんだね。自分が処罰されてもそのことで大きなニュースになれば、政府もほっておけなくなるだろうと考えたんだけれど、政府のほうが一枚上だった。政府は正造の直訴を処罰しなかった。頭がおかしくなった人がわけがわからずやったことだ、ということにしてしまったんだ。正造の目論見《もくろみ》は失敗してしまったんだね。大きな発展のどこかには必ず小さな？犠牲がある。それを忘れないようにしなければならない。いつ自分たちが犠牲にあう側に立たされるかはわからないのだから。

●大逆事件

もう一つ嫌な事件だ。日露戦争の折に、社会主義的な立場から反戦論を唱えた人物に幸徳秋水がいた。富国強兵の流れに水をさすような反戦論は政府にとって邪魔だった。しかも幸徳秋水は社会主義者だ。社会主義についてはもう少しあとで詳しく説明するけれど、ここで問題になったのは社会主義では天皇が不要になることだ。そこで政府は彼らが明治天皇暗殺を企てたという事件をでっちあげ、処刑に至らしめる。この１９１０年の事件をはじめとするいくつかの**大逆罪**（天皇に逆らおうとする罪のこと）を適用し、社会主義者や無政府主義者の処罰をした事件を**大逆事件**《たいぎゃくじけん》と呼んでいる。確かにこの時点で国内の世論が分かれていたら日本は欧米列強に取り残され、最悪植民地化の危険すらあったろう。だから反対派を抑えようとしたこと自体はやむを得ない部分もある。それでもこのような形で事件をでっちあげ処刑してしまったのは百歩譲っても許されることではない。権力のもつ恐ろしさがよくわかる事件だ。

●韓国併合

日露戦争後、日本の韓国支配は早急に進んだ。何せ邪魔ものの清もロシアも直接の戦争で打ち破っている。怖いものはない。韓国を保護国としていた日本は、韓国の首都漢城《かんじょう》（今のソウル）に韓国支配のための役所**韓国統監府**《かんこくとうかんふ》を設置し、伊藤博文が初代統監として赴任した。韓国の青年**安重根**《アンジュングン》はこれに憤り、伊藤を暗殺した。

実はこれは皮肉な結果をよぶ。伊藤は、意外かもしれないけれど、韓国の併合に反対の立場をとるこの段階の日本の有力政治家の中でほぼ唯一の政治家だったんだ。その伊藤が亡くなってしまったことで併合に反対する政治家はいなくなり、１９１０年、**日韓併合条約**《にっかんへいごうじょうやく》が締結され、「韓国の皇帝が韓国の支配権を完全に永久に日本の天皇に譲渡」し、韓国は国際法上は日本の領土となった。

●関税自主権の回復

もはやここに至っては日本は完全に欧米列強の仲間入りだ。あのポーツマスの日露交渉で活躍した**小村寿太郎**が、アメリカについに日本の**関税自主権の回復**を認めさせた。１９１１年の出来事だ。以後、他の国も日本の関税自主権回復を認めることになる。

１９１１年　関税自主権回復バンザイ（11はバンザイしているように見える）だ。

●辛亥革命

この年、中国ではついに清が滅亡した。日本で中国革命同盟会を設立していた孫文《そんぶん》らが中心となって、清朝からの独立を宣言した中国各地の省《しょう》（日本の都道府県みたいなもの、ちなみに韓国では「道」、中国では「省」、アメリカでは「州」がその単位）の代表が南京に集まり会議を開き、臨時大統領に孫文を任命し、中華民国臨時政府を樹立した。これはアジアで最初の共和国となる。これを辛亥革命《しんがいかくめい》（清が害を受けた革命だ、ほんとは辛亥の年に起きた革命だからなんだけどね）という。これを鎮圧に向かった清の軍人袁世凱《えんせいがい》が清を裏切り、自らが大統領となる条件で革命側に寝返り、１９１２年、清は滅亡、それはいいのだけれど、袁世凱は民主的な政治には逆行した軍中心の政治を行うよ（皇帝になろうとしていたらしい）。ちょうど数十年遅れて明治維新をやっているようなもんだね。袁世凱はむしろ、足利尊氏の役どころかな。いずれにせよ、この時点であれだけ日本より先を進んでいた中国がもはや完全に日本より遅れた国となっていることがわかる。ではなぜそんなふうになっちゃったんだろう。理由はいくつかあるけれど、一番大きな原因は中華思想に基づくプライドの高さだろう。一時は攘夷を叫びながら、実際に列強と戦って負けたあとは欧米の優位を素直に認め、それをうまく取り入れて国を改革した日本に対して、中国は何度負けても領土を奪われても、自分たちに対する欧米の優位を認めようとしなかった。だから近代化が遅れたんだろう。ぼくらもプライドをもつことも必要ではあるけれど、素直に相手の実力を認め、そこから学ぶ気持ちを忘れてはいけないね。

第十章　大正～平成時代

【二つの世界大戦、頂点と挫折、そして奇跡の復興】

明治以降奇跡の急成長を遂げた日本は第一次大戦を経て、国際連盟の常任理事国五カ国の中に選ばれ、ついにアジアはもちろん世界の一流国となる。

しかし旧幕府勢力に立ち向かい実力で功を遂げ、名を成した明治の元勲《げんくん》たちの時代は終わり、既得権者《きとくけんじゃ》となってしまった陸海軍は国益でなく軍益を求めるようになる。そして無謀な日中戦争、太平洋戦争へと突入してしまう。そして無残な敗戦。

ところがここから明治維新に次ぐ奇跡の復興と呼ばれる戦後の高度経済成長を遂げ、世界第二位の経済力を誇るまでになる。多くの栄光と挫折を繰り返えしてきた日本。様々な問題を抱えるこの国の行く末を考えるヒントを見つけたい。

●大正時代のはじまり

1912年、明治天皇が享年61歳で死去すると、第三皇子であった大正天皇が即位した（兄は成人前に亡くなっている）。わずか15年の大正時代の幕開けだ。実は大正天皇は幼少時に脳に病気を患《わずら》ったことがあって、そのせいか知的障害があったといわれている。代表的なエピソードは**遠眼鏡事件**《とおめがねじけん》。帝国議会で詔書《しょうしょ》を読むときに天皇がこれを丸めて、望遠鏡のように中をのぞいた（という子供じみた行動をとった、だから頭がおかしいといわれる）という事件。でもこれは上下を確認するためにやったことであるという説もある。それに威厳のあった明治天皇と違い、大正天皇は臣民らにも気さくに声をかけたという。そういうところが軍事力強化、民衆の力の排除、政府による強権的な政治をねらう連中に受けが悪く、こんな噂を流されたのかもしれない。いずれにせよ、病弱だったのは確かで在位15年で没することになる。とはいえ、彼の性格を反映してか、大正期には一時的に民主主義の実現を願う気風が広まり、これを**大正デモクラシー**と呼んでいるよ（デモクラシーというのは民主主義の英訳）。

●第一次護憲運動

この当時、内閣は立憲政友会と藩閥が交互に担当していた。長州出身の**桂太郎**《かつらたろう》は三度目の内閣を組閣したのち、議会を無視した態度で政治を進めようとした。それに多くの政治家や知識人が反発、新聞の報道による後押しなどもあって、**尾崎行雄**《おざきゆきお》らによる憲法に従った政治を望む運動が起こる。これを第一次護憲運動《だいいちじごけんうんどう》と呼んでいる。その影響もあって桂内閣は、わずか53日で総辞職しているよ。彼は「憲政の神様」とか「護憲の神様」などとも呼ばれ、のちには普通選挙制の実施を訴える運動もしている。また対外戦争拡張には断固として反対しつづけた平和主義者でもあるんだよ。

●民本主義

この頃、東京帝国大学（今の東大）の教授であった**吉野作造《よしのさくぞう》**が**民本主義《みんぽんしゅぎ》**を唱えた。これは政治は国民の幸福のためにやるもので、普通選挙を実現し、国民の代表者による政治を実施するべきだ、という考え方。つまりなんてことはない、民主主義の考え方だ。ところが民主主義といってしまうと、「主」権が国「民」にあるということになってしまう。そうなると大日本帝国憲法にも合致しないし、不敬罪や大逆罪に触れる恐れがある。そこで彼は民本主義という言葉を作ったわけだ。とはいえ、そこまで慎重に言葉を選んだにもかかわらず、国家主義者からは非難を受けているよ。それでも彼の民本主義はこの後、普通選挙制の実現への運動の大きな拠《よ》り所《どころ》になった。

●天皇機関説

またこの頃、憲法学者で東京帝国大学教授である**美濃部達吉《みのべたつきち》**によって、彼の恩師である一木喜徳郎《いっききとくろう》が唱えた**天皇機関説《てんのうきかんせつ》**が強く提唱され、学会はもちろん政界においてもほぼ通説となっている。この天皇機関説は、国家は法律によって人格を与えられたものであり、国家の機関がその意思の決定を行う。そして日本において意思決定の最高機関は天皇である、というものだ。一見天皇主権の今までの考え方と大差ないように見えるが、実はかなり違う。これまでは、天皇は神によって政権を与えられているとしたのに対して、ここでは天皇といえども、その地位は法律によって保証されたものであるのにすぎないという考え方になっている。だからのちに、国民の利益や考えを無視して軍部が独裁に走るときに邪魔な考え方となり（まだ先のことではあるけれど）、１９３５年には「天皇を機関車（機関銃）に喩《たと》えるとは何事か」と弾圧を受けることになる。彼は辞職する羽目になり、右翼によって狙撃までされているよ。実は当の昭和天皇本人が「機関説でよいではないか」と語ったといわれている。軍部や当時の右翼が、もはや天皇を利用の対象としていたことがよくわかるよね。ここで学んでほしいのは、「戦前はすべて暗黒の時代で明治憲法などは何の意味もなかった」というようなイメージは実は間違ったイメージだということだ。天皇機関説は１９３５年までは（一部の人たちを除いては）、何の問題もなく受け入れられていた。日本が本当におかしくなるのは軍部が独裁を始めた第二次大戦前のことなんだよ。大正期には大正デモクラシーの風潮さえあったことは忘れないようにしたいね。

●第一次世界大戦

この頃ヨーロッパでは、イギリスとドイツを中心に激しい植民地争いが繰り広げられていた。特に地中海《ちちゅうかい》（ヨーロッパとアフリカの間にある海）沿岸の**バルカン半島**はアジアとヨーロッパの境界近くで、白人と黄色人種の対立や、キリスト教とイスラム教、同じキリスト教の中でのカトリックとギリシア正教（ロシアを中心に信者が多い）の対立、その他の要素から紛争が絶えず、**ヨーロッパの火薬庫**と呼ばれ、一度大きな火がついたら大爆発につながると恐れられていたんだ。

1914年、オーストリア（ドイツの東隣にある国。この当時はハンガリーを制圧して、オーストリアハンガリー帝国だった。皇帝はヨーロッパでも名門のハプスブルク家出身だよ）の皇太子夫妻が、領土であるサラエボ（現在はボスニア・ヘルツェゴビナ領、未だに紛争が絶えない地域）を視察していたところ、ヨーロッパの小さな国セルビア人の青年により暗殺された。これを**サラエボ事件**と呼んでいる。これに対してオーストリアはセルビアに宣戦を布告、これを受けて乗り遅れまいとヨーロッパ諸国が次々に参戦、**第一次世界大戦**が起こってしまった。

当時、ドイツはオーストリア、イタリアといった帝国主義の流れに比較的乗り遅れた国を誘い込み、**三国同盟**を形成、それに対してイギリスはフランス、ロシアといった逆に帝国主義のこの時点での先行勝ち組の国々を巻き込んで**三国協商**《さんごくきょうしょう》を締結していた。第一次大戦ではドイツを中心とした同盟側を**同盟国**《どうめいこく》、イギリス中心の協商側を**連合国**と呼ぶ。

ところでイタリアだけど、領土の問題でオーストリアと仲たがいしたため、のちに連合国側で参戦しているよ。そんなわけで同盟国側にはドイツ、オーストリア、トルコ、ブルガリ

第一次世界大戦と日本

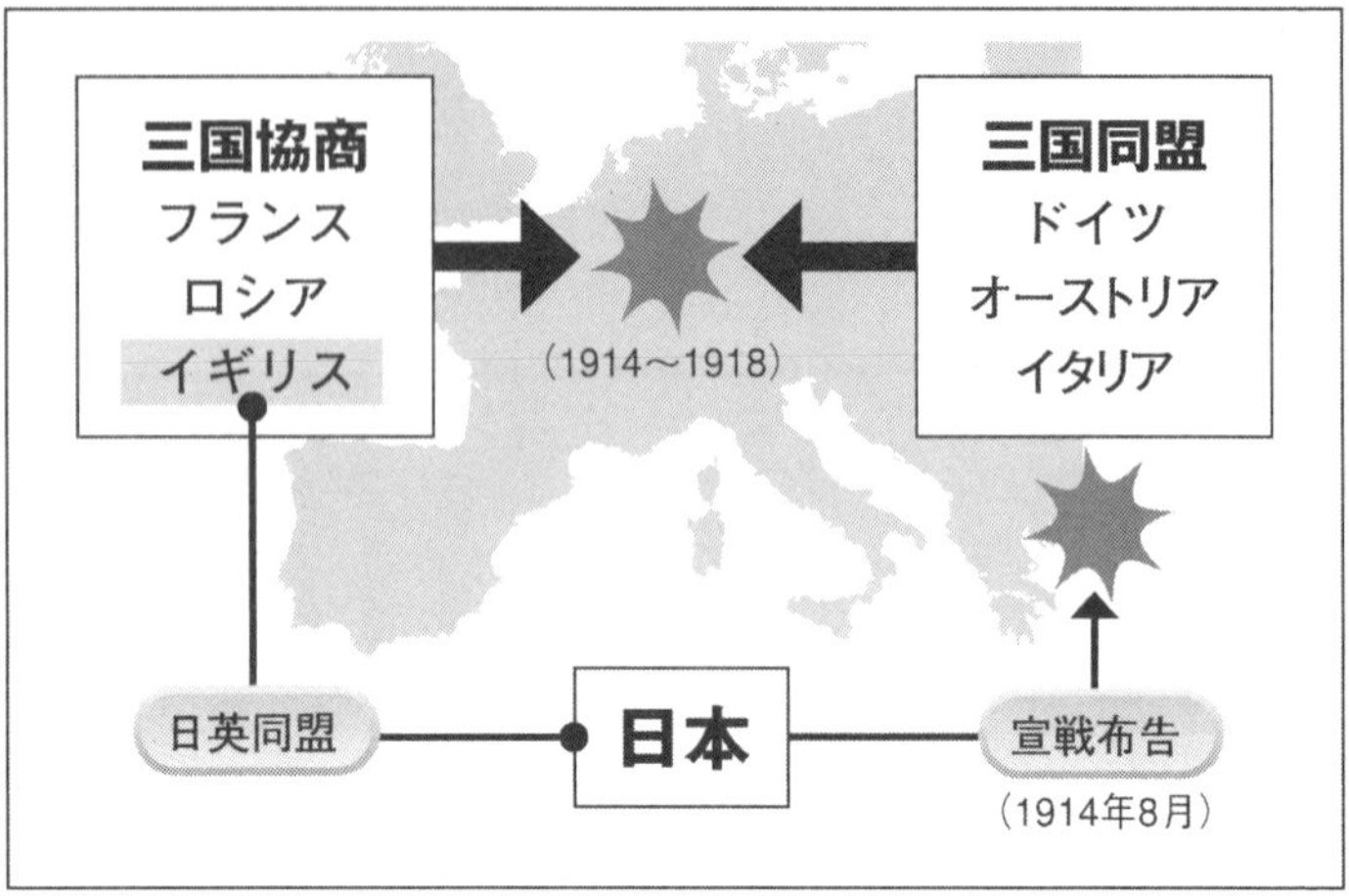

アなどが、連合国側にはイギリス、フランス、ロシアなどが参戦した。

●二十一か条の要求

この戦争は主にヨーロッパが戦場となった。だから本来、日本には無関係だ。ところが日本はこの戦争をうまく利用して大きな利益を得ることになる。それが「**対華《たいか》二十一《にじゅういっ》か条《じょう》の要求《ようきゅう》**」だ（単に二十一か条の要求でもい い）。日本は当時イギリスとの間に日英同盟を結んでいたよね。そしてこの同盟の内容は、どちらかが一国を相手に戦争したら、もう一方は中立を守り、どちらかが二国以上を相手に戦争を始めたら、もう一方の国も味方して参戦するというものだった。今回はイギリスが二国以上を相手に戦争を開始したから、日本は同盟によれば参戦しなければならなかったわけだ。とはいえ、主戦場はヨーロッパ、日本にできることなどほとんどない。ところが日本は、なんと中国に出兵する。名目は（同盟国イギリスの敵国である）ドイツの基地を攻撃すること。中国にはドイツの基地があったんだ。とはいえ、そんなものを攻撃しても大戦にはほとんど影響を及ぼさないのだから、イギリスもそんな日本の参戦は望まなかったことだろう。でも日本は無理やり参戦する。そして欧米列強が留守の間にまんまと中国への利権を拡大してしまう。中華民国政府に「二十一か条の要求」をつきつけたんだ。ドイツが山東省に持っていた権益を日本が引き継ぐなどの内容は、中国の主権を侵すものであるばかりでなく、ヨーロッパ各国にとっても、日本のいいとこどりで到底認められるようなものではなかった。でも、このときヨーロッパ諸国は大戦の真っ最中、中国における自国の権益どころではない。その隙をうまく狙って日本は漁夫《ぎょふ》の利《り》（鳥と魚が争って疲れたところをそばで見ていた猟師が両方とも生け捕りにしてしまったという話から、他者同士が争っているのを利用してまんまと利益を掠《かす》めることをいう）的な利益を得たんだね。

●新兵器

第一次大戦では多くの新兵器が登場して被害者を増やした。代表的な新兵器を挙げよう。まずは**飛行機**、ただしこの時期の飛行機はまだ性能も低く、偵察などに使われた（上からレンガを落とすくらいはあったかもしれないね）。次に**戦車**、これもぼくたちが想像するようなものではなく砲台なんかついていないし、性能もイマイチ。とはいえ、堀や柵を乗り越えることができたから、その程度でも大いに役立った。そして**毒ガス**、こいつが一番死傷者の数を増やした。今でも化学兵器や生物兵器は「貧乏な国のための核兵器」などと呼ばれ、簡単に開発できて、しかも強大な効果が望める恐ろしい兵器となっている。最後に**潜水艦**、これはドイツ軍の発明だ。

このような新兵器の登場もあって、大戦は泥沼化したんだよ。そしてこの戦争は**総力戦**でもあった。それまでの戦争というのはあくまでも軍隊同士の争いで、たしかに民間人が巻き込まれることもあったけれど、自国が戦争状態でも戦場が他地域ならば民間人は制限つきで普通に近い生活ができた。ところがこの大戦からは、兵器の生産やその他で民間人も巻き込まれてしまう総力戦の時代になってしまうよ。

●ロシア革命と社会主義

ロシアは当時、ロマノフ朝の皇帝ニコライ2世による政治が行われていたが、貧しい人たちは苦しみ、しかも戦争のために余計に犠牲を強いられていた。そんな中、１９１７年、**レーニン**の指導による革命が勃発、皇帝は処刑される。この後紆余曲折《うよきょくせつ》（いろいろ起きること）があって、ロシアという国家は崩壊、世界初の社会主義の国**ソビエト社会主義《しゃかいしゅぎ》共和国《きょうわこく》連邦《れんぽう》**（通称ソ連）が成立する。これによってロシアは戦線を離脱することになるよ。

ところで**社会主義**について説明しておこう。社会主義というのは簡単にいうと、平等を第一の目的にした考え方だ。だからもちろん社会主義の国には王様や貴族はいない（ことになっている）。国民みんなが生産した食糧や商品、それにみんなが稼いだお金をいったんすべて国のものにする。そしてみんなに同じ数量ずつ分配する。これが本来の社会主義だ。どう？　差別がなくて、貧富の差もなくていいでしょ？　ところが、このあとソ連や中国をはじめとしていろいろな国が社会主義国となるが、いずれも失敗に終わった。理由は大きく二つ。まず人間は働いても働かなくても同じだったら、やっぱりサボってしまう生き物だということ。そりゃそうだよね。あなたががんばって勉強して点数を取ったり、一生懸命働いてお金を稼いだ。その一方で友達はサボって遊んでばかりいた。だけど社会主義だと点数も所得も同じになってしまう。つまり社会主義の場合はサボった者が得をするシステムになっているんだ。二つ目の理由としては、本当は社会主義には身分や貧富の差がないはずなのに、資本主義諸国以上の身分や貧富の差ができてしまったこと。具体的には社会主義諸国の多くは共産党という政党が政権を握っているんだけれど（日本共産党とは異なる）、その共産党の幹部たちはその地位を利用して一般国民よりも多くの物を得たり、その優位な地位を子供に継がせたりして、なんてことはない、貴族と同じになってしまったんだ。特に北朝鮮などは国家元首を世襲《せしゅう》（選挙などではなく同じ一族の中であとを継がせること）しているでしょ。あれなんかは本来の社会主義ではあってはならないことなんだけどね。そんなわけで社会主義というのは確かに理想としては立派で素晴らしいかもしれないけれど、現実にはなかなか実現できないし、人を怠け者にしたり、資本主義以上に格差を生んでしまったんだ。でもつい最近まで社会主義にあこがれる人は多かったんだよ。そこで

い(1)いな(7)あ　ロシア革命。

19(17)年、いいなあロシア革命だ。

●シベリア出兵と米騒動

ロシア革命は社会主義革命だった。つまり王様がいらないという革命だ。これはかなりの国にとって危険な考え方だった。だって社会主義が広まれば、自分の国でも社長も資本家も貴族も王様もいらないということになってしまう。だからイギリスや日本など王様がいる国やアメリカ、フランスのように資本家がいる国は協力して革命政府を倒そうと出兵することになった。これが**シベリア出兵**だ。ところでシベリアに出兵することがわかると、商人たちが米を買い占めた。だって兵を派遣するとなると食糧や武器や燃料が必要になる。だからそういうものは政府が買い取るから、先に買っておけば値上がりして高く政府に売れてもうかるというわけだ。そんな思惑《おもわく》をもった商人たちの買い占めのせいで、米の価格が上昇した。そして普通の人たちはとても米が買えなくなってしまった。こういうとき、お父さんは案外だらしがない（いや分別があるといっておこう）。

「みんな同じように我慢してるんだからしょうがないじゃないか」なんてね。ところがお母さん、特にオバサンたちはそんなふうには収まらない。「おかしいじゃない、なんで米が高いのよ、これじゃあ食べられないじゃない、どうしてくれるのよ」てな感じだ。富山県の魚津《うおづ》（今はファスナーの製造で有名なところだ）という町がある。ここの主婦たちが集団で米屋を襲った。これが報道されると全国でも米屋を襲う主婦が現れた。この一連の騒動を**米騒**《こめそう》**動**《どう》という。

い(1)く(9)ら　い(1)や(8)でも　米騒動

いくら嫌でも米騒動　だ。

●原敬の政党内閣

この米騒動の責任を取ってこのときの内閣、寺内正毅《てらうちまさたけ》内閣が総辞職する。

代わって内閣を組織したのは政友会の**原敬**《はらたかし》だった。彼は薩長土肥の出身でなく、また身分も華族ではなく**平民**だった。そこで彼は**平民宰相**《へいみんさいしょう》（宰相というのは総理大臣のこと）といって、民衆に大いに喜ばれた（でも平民出身でありながら、政策は特権階級に甘く平民には厳しいものばかりになるよ。秀吉もそうだけど、貧乏で身分の低いところから出世した人が必ずしも、人にやさしくなるわけじゃあないんだね）。この内閣は、日本で最初の本格的な政党内閣といわれているよ（藩閥がからんでいないということだ）。

●無制限潜水艦作戦とアメリカの参戦

話を第一次大戦に戻そう。大戦はなかなか決着がつかない。あせったドイツは当時自分たちだけが持っていた潜水艦（ドイツの潜水艦はUボートと呼ばれて有名だね）を利用して、すごい作戦を考えた。ドイツの最大の相手国イギリスは島国だ。そこでイギリスの周りの海に潜水艦を配置、イギリスに出入りする船を潜水艦で片っ端から沈めてしまおうと。そうすればイギリスは食糧その他の物資が不足してきりきりまいするだろう。こう考えたわけだ(これを海上封鎖という)。なかなかいい作戦だね。これを**無《む》制限《せいげん》潜水艦《せんすいかん》作戦《さくせん》**などという。ところがだ。この「無制限」というのがよくなかった。

アメリカはこの当時、第五代大統領**モンロー**が唱えたモンロー主義という考え方に基づいて、極力ヨーロッパでの戦争には口をはさまないという姿勢をとっていたんだ。だからこの第一次大戦にも参戦していなかった。ところがこれより前の１９１５年、イギリスの客船ルシタニア号がやはりドイツの潜水艦に沈められていて、そのときに多くのアメリカ人乗客も犠牲になったんだ。そんなわけで対独参戦の世論が強まっていた中、今度の無制限潜水艦作戦による被害でついに参戦を決意した。

アメリカが参戦した結果、バランスは大きく連合国に有利になった。こうして１９１８年、人類最初の世界大戦は終わりを告げる。なおこのときドイツでは革命が起きて(初めは戦争に疲れた海軍の兵士による反乱だった)、ドイツ帝国皇帝ヴィルヘルム２世は国外に逃げ去っている。その結果ドイツは共和制の**ワイマール共和国**となっているよ。

●ベルサイユ条約

翌１９１９年、戦勝国である連合国側が敗戦国である同盟国側との講和条約の条件を決めるために、代表がパリに集まり会議が開かれた。これを**パリ講和会議**という。ここでは様々な提案がなされ、いろいろなことが決まったが、覚えておいてほしいのは、対ドイツの講和条約である**ベルサイユ条約**だ（ベルサイユ宮殿で調印されたからこの名で呼ばれている）。内容は以下のようなものだ。天文学的な金額の莫大な賠償金、全海外領土の没収、さらに一部領土の割譲、徴兵制の禁止をはじめとする厳しい軍備条件など、一言でいえば屈辱的なものだった。前にも書いたけれど、戦争に負けるということはこういうことなんだ。だが、この条約のあまりの厳しさは逆にゲルマン民族であるドイツ人のプライドを大きく傷つけたので、彼らの民族意識を高め、のちにドイツは再び世界を相手に戦争を始めることになる。

●三・一独立運動と五四運動

大戦後の１９１９年、韓国では独立運動家が集まって、日本からの独立を訴え運動を起こした。これが**三《さん》・一独立運動《いちどくりつうんどう》**だ。この運動は日本によって鎮圧された。

一方中国では、パリ講和会議で対戦中の対華二十一か条の要求の内容がほぼ認められると、北京の天安門広場《てんあんもんひろば》などに学生が集まり、反日運動が起こった。これを**五四運動《ごしうんどう》**と呼んでいる。

この二つの事件はそれまで人権の意識が低かった韓国や中国で人権意識が芽生えてきたことを意味している。皮肉なことに白人である欧米諸国ではなく、同じ黄色人種の日本に支配されたり介入を受けたことによって、意識の改革が強く進んだのだろう。ところでこの時点で、アジア唯一の勝ち組で嫌われ者の日本だけど、実はパリ講和会議では有色人種の差別を撤回するよう訴えている（これは却下された）。同じ会議で**民族自決**の考え方が強調され、各民族は他の人種や国の支配を受けるのではなく、自分たちで独立する権利があるはずだ、ということが確認されたのだけれど、これはあくまでも白人限定のお話だったんだね。

●国際連盟

第一次世界大戦は新兵器も登場し、総力戦になったこともあって、これまでに世界が経験したことがない悲惨な被害を各国にもたらした。そこでこのようなことにならないよう、国際平和のための機構を組織しようという提唱がアメリカ大統領**ウィルソン**によってなされ、**国際連盟**《こくさいれんめい》が設立された。本部はスイスのジュネーブに置かれ、最初は加盟国42カ国でスタートした。このような機構の設立自体はすばらしいことだったけれど、残念ながら国際連盟は結果として第二次大戦を阻止できなかったんだ。そこにはいくつかの理由がある。

1．大国の不参加

言いだしっぺのアメリカはモンロー主義の原則を守るということで不参加、ドイツは大戦の責任のある敗戦国だから仲間はずれ、ソ連は社会主義国だからもちろん仲間はずれ、そんなこんなで国際的な影響力のある国で不参加の国がいくつかあった。

2．全会一致の原則

国際連盟では多数決ではなく全会一致方式の決議がとられた。つまり反対国がひとつでもあったら、議案は成立しないということで、これでは重要なことはなかなか決定できなかった（のちに多数決へ）。

3. 武力制裁手段を持たなかった

仮にある国が国際法で禁じられた侵略行為や残虐行為をやっているということになっても、連盟は独自の軍隊や平和維持軍を持たなかったため、文書や口頭での勧告しかできなかった。とまあ、以上が連盟がうまくいかなかった主な理由だ。とはいえ、何もこうした組織が存在しなかった第一次大戦前より格段に進歩したことは間違いないよね。なお日本はこの連盟の**常任理事国**に選ばれていて（もちろんアジアで唯一だ）、**新渡戸稲造**《にとべいなぞう》が事務局次長（連盟のナンバー2だ）にも選ばれていたんだよ。

●大戦後の日本

第一次大戦では日本は戦場にならなかった。しかもヨーロッパ各国は戦場になって農場や工場が荒れ果てたので、大戦後輸入が好調になり空前の好景気を迎えた。この折に財閥が力をもち、**成金**《なりきん》と呼ばれる急激に大金持ちになる人が出てきた。しかし、この好景気はあくまでもヨーロッパが戦争によってひどい状態になったことによるものだったから、ヨーロッパの復興が進むと同時に輸入にもかげりが見えてきた。それどころか好景気時にさらなる儲けをあてこんで工場などの生産設備を拡大した人たちも多かったので、不景気になってしまった。

この頃、都市部で**労働運動**が盛んになり、1920年には第1回の**メーデー**が開催されている。メーデーというのは5月1日のことで労働者の祭典が行われるんだ。また農村部では地主に対して小作料の引き上げを要求する**小作争議**《こさくそうぎ》が頻繁に起こるようになった。１９２２年には全国的な農民組織である**日本農民組合**《にほんのうみんくみあい》も組織されているよ。また同じ年に**新平民**と呼ばれ差別を受けていた人たちを救うための団体である**全国水平社**《ぜんこくすいへいしゃ》も設立され、京都での設立総会では**水平社宣言**も採択された。さらにさらに**日本共産党**《にほんきょうさんとう》もまたこの年の結党だ。

●女性解放運動

この流れの中で女性を解放し、女性に選挙権をという**女性解放運動**《じょせいかいほううんどう》も進められるようになった。**平塚雷鳥**《ひらつからいちょう》は雑誌「**青鞜**《せいとう》」に「元始、女性は実に太陽であった」という有名な一節から始まる文章を発表し、**市川房枝**《いちかわふさえ》もまた**婦人参政**権の実現に尽力《じんりょく》しているよ。

●関東大震災

１９２３年9月1日の正午頃、関東地方をマグニチュード7・9の大地震が襲った。これが**関東大震災**《かんとうだいしんさい》だ。ちょうどお昼時で昼食の仕度に火を使っていた家庭が多く、地震は火事を誘発し、東京、神奈川、千葉、埼玉、それに静岡などに10万人を超える死亡者を出す大災害となってしまった。この震災は日本の不景気をさらに大きくする。またこの震災時に「朝鮮人が放火した」などというデマが流れ、そのデマを信じた日本人によって殺害された朝鮮人や、朝鮮人に間違われ殺害された中国人や琉球人もいた。これは許しがたい事件だね。

つ(2)み(3)な関東大震災。しあわせ　ふ(2)み(3)にじる　関東大震災。

罪で　人々のしあわせを　踏みにじった　関東大震災だ。

●普通選挙法と治安維持法

１９２４年、普通選挙制の実施を求めて再び護憲運動が活発化する。これを**第二次護憲運動**という。第二次護憲運動の結果、護憲三派と呼ばれた**憲政会**、立憲政友会、革新倶楽部による連立内閣が成立、**加藤高明**《かとうたかあき》が首相となった。そして１９２５年、加藤内閣でついに**普通選挙法**が制定される。とはいっても、この法律でいうところの普通選挙とは女性は含めないもので、選挙権を認められたのは**25歳以上の成年男子**のみだ。ちなみに女性の選挙権が初めて認められるのは太平洋戦争敗戦後の１９４５年の出来事だよ。それでも普通選挙法は画期的な法律だった。けれど同時に加藤内閣は世にも恐ろしい法律を制定した。それが**治安維持法**《ちあんいじほう》だ。名前は悪くない。政「治」の「安」全を維持する、つまり守るための法律なのだから。ところが古今東西の自由や権利の弾圧はたいてい美しい名前できれいな口実のもとに行われている。この法律も例外ではなかった。治安維持の名目のもと、社会主義者や無政府主義者はもちろん、のちには平和主義者や自由主義者、さらには政府や役人に逆らった者を次々に逮捕し、拷問し、時には処刑してしまうようになる。こんな危険な法律を普通選挙法とほぼ同時に制定しているのがうまい（ズルイ）やり方だ。これもまた権力者がよくやること。「**飴**《あめ》**と鞭**《むち》」といわれる。ここでは普通選挙法に国民の目を向け、喜んで国民が浮かれているうちに…というのもあったのかもしれない。ぼくたちもキレイな言葉やいかにも国民が喜びそうな法律が制定されるときには気をつけなくてはいけないね。
普通選挙でに（2）っこ（5）にこ（25歳）
普通選挙でにっこにこ　だ。

●世界恐慌

1929年、アメリカニューヨークウォール街の証券取引所で株式の価格が大暴落した。これをきっかけに世界中に不景気が広がる。これを**世界恐慌**《せかいきょうこう》という。この世界恐慌に対して各国は対策をとらざるを得なくなった。

アメリカ　大統領**フランクリン＝ルーズベルト**による**ニューディール政策**が実施された。この政策はテネシー川にダムを造るという**公共事業**《こうきょうじぎょう》（国や都道府県などが行う事業、工事など）をはじめとし、本来政治は経済に口をはさまない自由主義に若干修正を加えたもの。公共事業の実施で「**雇用**《こよう》**の創出**《そうしゅつ》」（要するに不景気で仕事がなく失業者が多かったので、国が仕事をつくったわけだ）を図った。

英仏　イギリスやフランスは**ブロック経済**という政策をとった。これは他国との間に高い関税障壁を設けて、ただでさえ需要が少ないので（要するに不景気だから物が売れないということ）、できるだけ他国の製品を買わせないようにするという政策。本国と植民地間のやり取りが中心になる。ただしこれをやるにはある程度の植民地が必要になるね。

独伊　やっとの思いで戦後の復興を軌道に乗せようとしたドイツなどはとんでもない被害

を受けた。イタリアもまた統一が遅れ、帝国主義の流れにも乗り遅れた国なので植民地がほとんどなかった。そこでこれらの国では植民地拡大を求めて独裁政治によって軍事力の拡大を図り、海外進出を狙う**ファシズム**が主流になった。ドイツでは**ナチス党**の**ヒトラー**が、イタリアでは**ファシスト党**の**ムッソリーニ**が政権を握り、他の政党を禁止あるいは弾圧し、独裁政治を行うようになる。日本も残念ながらこの流れに乗ってしまうんだよ。

ソ連　ソ連は社会主義国だったよね。社会主義国では私企業が存在しないから、基本的には好景気不景気がない。当時ソ連ではほとんどの生産やサービスを国家が計画的に定める計画経済が実施されていて、この世界恐慌の時期は第一次**五カ年計画**の真っ最中だった。そのために世界恐慌の影響を受けず、順調な発展をとげるよ（こういうときには社会主義は強いね）。

●政党政治の崩壊

１９３０年、**ロンドン海軍軍縮会議**が開かれ、日本もこれに参加、そして条約に調印した。これに不満をもった海軍は、政府が条約を結んだのは**統帥権《とうすいけん》の干犯《かんぱん》**ではないかと政府を非難する。実は明治憲法では陸海軍を統率する権利、つまり統帥権は天皇にあった。したがって、軍に関する事柄は政府といえども天皇の承諾なしに決定してはならないというわけだ。法律的にはそれは正しい。ただ日々刻々と変化していく国際情勢は軍事の問題とは切り離せないものであり、決定に際し、いちいち天皇の認可を得るのも現実には不可能だったろう。もともとこれを追及したのは当時野党だった政友会の犬養毅《いぬかいつよし》と鳩山一郎《はとやまいちろう》議員だったが、これはうまく軍部や右翼に利用されることになる。この事件をきっかけに政党政治は事実上機能しなくなり、軍部の思うような政治が行われるようになるのだ。

なおこのときの首相浜口雄幸《はまぐちおさち》はのちに右翼に狙撃され、それがもとで死亡している。また追及した側の犬養ものちに軍縮の立場に立って暗殺されており、鳩山も軍部からにらまれ隠居することになるのだから、歴史というのは皮肉なものだね。なおこの統帥権の問題に加えて、のちに軍部が気に入らない内閣をつぶすために使った手法を紹介しておこう。明治憲法の限界と、やり放題だったように見える軍部が、一応は法律の手続きにのっとって政治を行っていたことがよくわかるから。明治憲法のもとの内閣には陸軍大臣、海軍大臣という大臣がいたんだけれど、この二人は現役の軍人でなければならなかった。そこで首相は陸軍、海軍からそれぞれ人を送ってもらっていたのだが、軍部は気に入らない首相とか、気に入らない政策に対して、陸軍海軍大臣を出さなかったり、あるいは辞職させてしまって、後任を出さなかったりしたんだ。陸軍、海軍の大臣がいなくては内閣は成立しない。そこで大臣を出してもらうために内閣はしぶしぶ軍部の言いなりにならざるを得ない。こんな手法も使われていたんだね。もちろんテロやクーデター、暗殺などに対しての恐怖もあったけれど、軍部はそれだけで思いどおりの政治を実現したわけではなかったんだ。法律の隙間をねらったこうした手法も利用していたんだね。

1940年ごろの満州国と日本

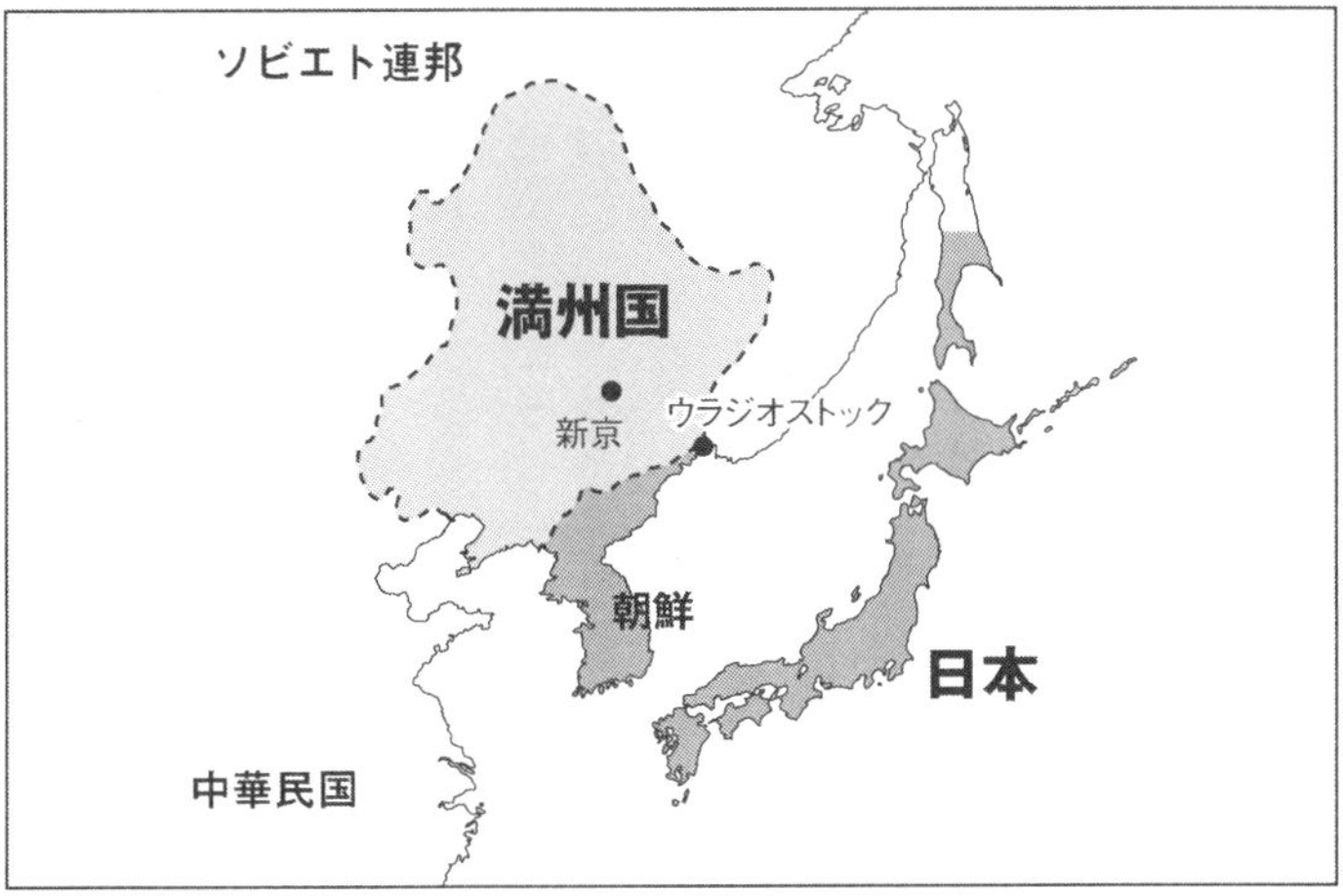

●満州事変と満州国建国

1931年9月18日、満州の柳条湖《りゅうじょうこ》付近の南満州鉄道の線路上で軽い爆発が起きた。満州駐在の陸軍（**関東軍**という）は、これを中国軍のしわざだとして即座に報復に出て、内閣の「これ以上戦闘状態を拡大しない」という方針も無視して、ほぼ満州全域を占領してしまう。これを**満州事変**《まんしゅうじへん》と呼んでいる。「事変」というのは宣戦布告がない国際法上正式でない戦争のことだ。なお、のちになって、このきっかけとなった柳条湖の南満州鉄道爆破事件も実は関東軍が自作自演でやったことだと明らかになっているよ。もはや何でもありになってしまっている。国のために戦争をやるのではなく、自分たちの利益、出世のために戦争を引き起こす、そんな感じだよね。陸軍もひどいが海軍もひどいことをやるよ。

翌1932年3月、日本は清朝の最後の皇

帝**愛新覚羅《あいしんかくら》溥儀《ふぎ》**を担ぎ出し、**満州国**を建国する。もともと確かに満州地域は中国とはいっても**漢民族**の支配する地域ではなく、**満民族**（清などの王朝をつくっていた民族）の住む地域だったから、一応筋だけは通っている。とはいえ、満州国の政府は関東軍の意のままに動く者で固められたし、政治は関東軍の思いのままに行われたから、これは明らかな侵略行為で満州国は日本の**傀儡《かいらい》**（操り人形）政権だった。そして日本はこれをきっかけに国際的に孤立することになる。

●五・一五事件

１９３２年五月十五日海軍の青年将校らが武装して首相官邸に乱入、当時の首相犬養毅（先ほどのあの犬養だ。海軍の利益になる追及をしたのに海軍に殺されるとは皮肉なものだ）を暗殺した。これを事件の起きた五月十五日にちなんで**五・一五事件**と呼んでいる。実はこれ以前に日蓮宗僧侶**井上日召《いのうえにっしょう》**らによる宗教的テロ**血盟団《けつめいだん》事件《じけん》**なども起きていた。徐々に時代がファシズムと軍部の強権政治に向かっていることがわかる。こういった事件、それに前年の満州事変などもあって、海軍も負けてはいられないという思いもあったことだろう。五・一五事件自体は天皇の詔勅《しょうちょく》により早期に終結したけれど、これ以降ますます軍部にものがいいにくくなり、軍部に都合のよい政治が行われるようになっていくよ。これが日清、日露の頃とは決定的に違う、国益ではなく軍部の利益（正確には陸軍、海軍、それぞれの利益。だから陸海軍は協力どころか、お互いに足を引っ張り合うようにすらなる）を目標とする暗黒の時代だ。

●国際連盟脱退

中国は満州国について、これは日本の侵略行為であり満州国の独立は無効である、と国際連盟に訴えた。連盟では**リットン調査団**を派遣、満州で調査をさせた結果、中国の言い分を認めた。日本はこれに反発、**松岡洋右**《まつおかようすけ》を全権とする代表団を連盟に派遣、満州国の正当性を訴えたが、総会では日本の反対とシャム（今のタイ）の棄権を除く賛成多数で、調査団の報告が正しいと可決。これに対して日本は不服としてとうとう連盟を脱退してしまった。ついに日本は国際的に孤立してしまった。軍部主導の政治、国際的な孤立、もはや泥沼の状態だ。逆にソ連は翌年、連盟に加盟を許されているよ。

●二・二六事件

悪いことはさらに続く。１９３５年には前に述べた天皇機関説事件があり、もはや貴族院議員ですら軍部には逆らえなくなっていた。そんな中、１９３６年二月二六日、今度は陸軍の青年将校らが部下たちを集め、「**昭和維新**」「**尊皇討奸**《そんのうとうかん》」を声にして立ち上がり、要人たちを次々に襲撃した。これが**二・二六事件**だ。スローガンの「討奸」にあるように、彼らは天皇の命令を曲げて伝えたり、天皇を利用して悪い政治を行う「君側《くんそく》の奸《かん》」（偉い人の近くにいて、権威を利用して自分に都合のよい政治を行う悪いやつ）を討たねばならないと考えた。

その結果首相の**岡田啓介**《おかだけいすけ》、蔵相の**高橋是清**《たかはしこれきよ》、内大臣**斉藤実**《さいとうまこと》らが襲撃を受け暗殺されている（岡田は救出された）。今回は将校数名での反乱ではなく、大掛かりなクーデター（武力で政権を争奪してしまうこと）だった。これを聞いた天皇は激怒し武力鎮圧を命じた。実はこれは憲法違反、意外にも明治憲法でも天皇が単独で意見を述べるのは禁じられていた。内閣の輔弼《ほひつ》がなければ天皇は政治的な行動ができなかったんだよ。今の憲法も天皇は「内閣の助言と承認」に基づいて国事行為を行うことになっているけれど、実はそれに近い規定はすでに明治憲法にも存在はしていたんだ。話を戻そう。

　反乱軍に対して投降（降参して自首すること）を呼びかけるビラが撒《ま》かれた。文面も有名なので紹介しておこう。

「下士官兵ニ《げしかんへいに》告グ《つぐ》、今カラデモ《いまからでも》遅クナイカラ《おそくないから》原隊ヘ《げんたいへ》帰レ《かえれ》。抵抗スル《ていこうする》者ハ《ものは》全部《ぜんぶ》逆賊デアルカラ《ぎゃくぞくであるから》射殺スル《しゃさつする》。オ前達ノ《おまえたちの》父母兄弟ハ《ふぼきょうだいは》国賊トナル《こくぞくとなる》ノデ《ので》皆泣イテオルゾ《みなないておるぞ》」

　これは訳さなくても理解できるよね。こうして反乱軍の武装解除がなされ、事件は終結した。実は当時陸軍には「天皇は神であって親政をなさるべきだ、そのためには君側の奸を武力をもってしても排除せねばならない」とする「**皇道派**《こうどうは》」という派閥と、「法律に従って政府に圧力を加え、自分たちの望む政治を実現させる」という「**統制派**《とうせいは》」という派閥があった。二・二六事件はいうまでもなく皇道派の青年将校らによるものだったから、これ以降、陸軍では統制派が力を得ることになる。

●日中戦争

満州を支配した陸軍は、権益を中国全土に拡大しようとした。満州中国国境付近では一触即発の両軍の対峙が続いていた。1937年7月7日、北京郊外の盧溝橋《ろこうきょう》付近で中国軍からの発砲があった（**盧溝橋事件**）。これをきっかけに日中は全面戦争状態に突入する。これを**日中戦争**と呼んでいる（本来は宣戦布告がないので事変というべきなのだろうが諸事情からこう呼ばれている）。この当時中国は**蒋介石**《しょうかいせき》率いる**国民党**と**毛沢東**《もうたくとう》率いる**共産党**が政権を争い、武力による衝突までしていたのだが、国家の危機にいったん争いを止め、手を組んで日本軍に対抗した。これが**国共合作**による**抗日民族統一戦線**《こうにちみんぞくとういつせんせん》だ。

これは愚かな戦争だった。国のためでなく軍の利益のための戦争なのだから。しかも陸軍は政府の命令を無視してどんどん戦線を拡大する。初めは有利だった日本軍も当然疲弊してくる。「短期決戦で有利なときに有利な講和を」という日清、日露のお手本となるような外交はもはやここにはない。あてもなく自分たちに都合のよい目論見だけで、戦争状態を継続した。こんな戦争がうまくいくわけがない。やがて軍は日本を破滅に追いやることになる。

●国家総動員法

1938年、拡大する戦線に対応するために**国家総動員法**《こっかそうどういんほう》が制定された。これがダメオシだった。戦争目的ならば国家がすべての人的物的財産を自由にできるというもの。これによって政府はいつでも男子を徴兵できるようになった（徴兵令では期限その他に条件があった）。また国民が所有する財産も政府が自由に没収、利用できるようになった（それが戦争目的に使われることも許しがたいが、それ以上に許せないのは自分の懐《ふところ》に入れる連中が少なくなかったことだ）。もう何でもありだよね。こんな法律が通るようじゃ、すでに立憲国家ではないよね。なおこの法案審議のときに、当時の**無産政党**（早い話が貧乏人の味方をしてくれる政党だ）である**社会大衆党**なども賛成しているんだよ。名前に惑わされてはいけないということだね。

●第二次世界大戦

話はヨーロッパに飛ぶ。第一次大戦後、屈辱的なベルサイユ条約を受け入れ、粛々《しゅくしゅく》と復興を目指していたドイツ。ところが世界恐慌のあおりで打撃を喰《く》らい、ファシズムに走ったことはすでに述べたよね。その後ドイツは、ナチス党の（正式名称は、国家社会主義ドイツ労働者党。これも名前に惑わされそうな例だ）ヒトラーの強気の政策でベルサイユ条約を事実上破棄して、再軍備および周辺地域への侵略を行っていた。イギリスをはじめとする列強はこれに対して、当初穏やかな政策をとり黙認していたんだけれど、１９３９年、ドイツがポーランドに侵攻を開始すると、ついに立ち上がり、英仏がドイツに戦線を布告した。これが**第二次世界大戦**の始まりだ。ドイツ軍は圧倒的な戦力を誇り、１９４０年にはなんと島国であるイギリスを除くほぼヨーロッパ全土を支配下に治める。けれどその勢いはやがて衰えることになるよ。

●日独伊三国軍事同盟

1940年、この勢いを買った日本は、同じように統一が遅れ植民地を多く持たず、英仏のようなブロック経済政策ができないでファシズムに走ったムッソリーニのイタリアを含んで、日本、ドイツ、イタリアで軍事同盟を結ぶ。これが**日独伊三国軍事同盟**だ。もうわかると思う。第一次大戦と同じようにドイツが世界を相手に戦争をする図式だ。そしてこの三国はいずれも国土の統一が遅れ、そのために無理をして植民地を奪わねばならなかった国々。ただ日本は第一次大戦では完全に勝ち組だったわけで、何もこの二国につき合う必要はないだろうというところなんだけれど、その後の外交があまりにもまずく、国際的な孤立をしてしまっていたからやむを得なかったんだろうね。

●大政翼賛会

日独伊三国軍事同盟が締結された翌月、当時の首相**近衛文麿**《このえふみまろ》（藤原氏の血をひく名門の出身。国民の人気も高かった）の提唱で、戦争遂行のためにあらゆる反対をなくし、国家がひとつになることを目的として、**大政翼賛会**《たいせいよくさんかい》という政党が組織された。これに伴って既成の政党は次々に解散、合流した。形の上では残っていた政党政治も、一国一党の支配とあってはもはや完全に終結した。財界も**大日本産業報国会**《だいにほんさんぎょうほうこくかい》のもとにひとつにされ、**大日本婦人会**、**大日本青少年会**も組織された。こうしてみると、もはや完璧に中華人民共和国や朝鮮民主主義人民共和国型の全体主義になっていることがよくわかるね。

●太平洋戦争

こうした情勢の中、日本は一番やってはいけないことをやってしまう。それがアメリカへの宣戦、そして**太平洋戦争**の開始だ。海軍は資源を求めて東南アジア各地へ侵攻、これはすでにアメリカ、イギリス、オランダ、中国によって日本への石油などの資源の輸入を制限されていたためだった（ＡＢＣＤ包囲網）。近衛はアメリカと和平交渉を行うも失敗、日本が当時フランスの領土であったインドシナ（今のベトナム）へ侵攻すると、アメリカも全面的に石油の日本への輸出を禁止、もはやどうにもならなくなっていた。近衛に代わって首相となった陸軍出身の**東条英機**《とうじょうひでき》は、アメリカの国務長官**ハル**と最後の交渉をするが、仏領インドシナからの日本の全面撤兵などを含むハルからの条件書（ハル・ノート）を突きつけられ、もはやこれまで、と日本はアメリカとの開戦の決意をしたのだった。何度もいうけれど、これは絶対にやってはいけない戦争だった。平和云々《うんぬん》じゃない（それはもちろんだけれど、当時の時代背景を考えるとそれを彼らに望むのは酷だろう）。大国中国と全面戦争をやっているのに、わざわざ反対側のアメリカと戦争を始めるということは、自分から進んで前後にはさみ撃ちにあうようなものだからだ。けれどイケイケドンドンの状態になっていた軍部中心の政府は、もはや誰も止められない（反対政党はすでに存在していないよね）。「日本はアジアから白人である欧米人を追い出して、有色人種であるアジアの人たち自らの政治を行えるような地域を作る」という**大東亜共栄圏**《だいとうあきょうえいけん》の理想を掲げ、「大東亜戦争」を開始することになる（日本側はこう呼んでいる。これは戦争に肯定的な考え方を含んだ呼び名だ）。

明治、大正、昭和と戦争

	日本	世界
明治時代		
1894～95 **日清戦争**		
1904～05 **日露戦争**	1902 日英同盟（ロシアの南下政策に対抗）	
	1910 韓国併合（日本が韓国を併合して日本に）	1911 辛亥革命（中国の清が滅亡）
大正時代 1912～		
1914～18 **第一次世界大戦**		1917 ロシア革命（ロシアで社会主義革命）
	1923 関東大震災（東京が地震で壊滅）	
	1925 普通選挙法公布と治安維持法公布	
昭和時代 1926～		1929 世界大恐慌（世界経済が破綻）
1937～45 **日中戦争**	1932 満州国建国（満州に日本の傀儡政権を樹立）	
1939～45 **第二次世界大戦**	1938 国家総動員法（戦争のためならば人的物的財産が自由に）	
	1940 日独伊三国軍事同盟	
1941～45 **太平洋戦争**	1940 大政翼賛会・大日本産業報国会（すべての政党、産業界が戦争に協力する）	

1941年12月8日、日本の連合艦隊はアメリカ海軍の軍艦が多数駐留する**ハワイの真珠湾**（パールハーバー）を**奇襲**攻撃した。このときの暗号文「**ニイタカヤマノボレ**」（開戦の決意）とか「**トラトラトラ**」（我、奇襲に成功せり）は有名だよね。しかしこの暗号はアメリカに完璧に解読されていたという説が強い。またこのときに宣戦布告が遅れたため、日本は紳士的ではないとアメリカ国民の「日本憎し」「卑怯な日本人を許してはおけない」という世論を引き出してしまったよ（実はアメリカ政府は戦争をしたがっていたが、国民は反対していたらしい）。

開戦後まもなく、日本海軍は怒涛《どとう》の勢いで太平洋上の島々を占拠していった。が、例によってここで有利な講和条約という考えはない。そして**ミッドウェー海戦**で飛行機を主体としたアメリカ軍に、日本が誇る空母や戦艦を主体とした連合艦隊は大打撃を受けた。歴戦のつわものパイロットを含む3000人以上が戦死、空母4隻沈没、艦載機200機以上が破壊されるという、最初にして散々な敗戦だった。これ以降戦局はアメリカに大きく傾き、日本は局地的には勝利することもあったけれど、敗戦撤退の連続となる。なおこの海戦でアメリカの主力だった空母は、真珠湾で日本が撃沈できるものをみすみす取り逃がした空母。さらに暗号が筒抜けだったり、艦載機につむ爆弾を判断ミスで取り違えて、あわてて交換し、貴重な時間をロスしたりと、質的にも量的にも勝てた戦を落としたものだった。このミッドウェー海戦がターニングポイントとなり、日本は敗戦へと向かう。

●ポツダム宣言の受諾と敗戦

1943年、イタリアが連合国に降伏、ついで1945年5月にドイツも降伏、日本は完全にひとりぼっちとなる。国内では食料などが**配給制**《はいきゅうせい》（国から配られる）になり、本土爆撃も始まったために、空襲を避けるため、**学童疎開**《がくどうそかい》も行われるようになった。4月にはアメリカ軍が沖縄に上陸、10万人以上の死者が出る。彼らは降伏を許されず、降伏するくらいなら死ねと言われて、**集団自決**した人も多かった。また守ってくれるはずの日本軍に置いてきぼりを食らわされたり、殺されてしまった人たちもいるという。軍隊というのは気をつけないとこうなってしまうんだ。それにしてもあまりにひどい話だね。

3月から5月にかけて東京をはじめとする本土の各都市への大空襲が実施され、首都東京の半分が焼け野原になる。もはや戦争どころじゃないのに政府も軍部も手を打たない（そりゃそうだろう、敗戦となったら真っ先に責任を問われるからね　国民の利益などしったこっちゃないわけだ）。7月にはドイツのポツダムでアメリカ、イギリス、ソ連が会談、その後、アメリカ、イギリス、中国が日本に対して降伏を勧告する宣言を出す（**ポツダム宣言**）。しかし政府は議論の末にこれを黙殺することに決定。その後8月6日に広島に**原子爆弾**が投下される（死者十数万人。史上最大の虐殺、もちろん国際法違反であることはいうまでもない。放射能の影響で今でも苦しむ人たちがいる）。そして8月8日にはソ連が対日宣戦を布告（ソ連とは1941年に日ソ中立条約を結んでいたので、これは一方的な条約破棄、したがってこれ以降の北方領土の占領なども国際法的にも本来は無効だ）、さらに翌9日には長崎にも原子爆弾が投下され（こちらも死者十数万人）、もはやこれまでと、8月15日に日本はポツダム宣言を受諾することを決め、天皇によって日本の降伏が宣言された。

●GHQによる改革

日本の降伏ののち、アメリカを中心とする**連合国軍総司令部**《れんごうこくぐんそうしれいぶ》（GHQ）による占領が開始された。最高司令官の**マッカーサー**は日本の弱体化、民主化を図り、数々の政策を実施した。軍隊を解散させ、軍事産業をストップさせ、治安維持法や特別高等警察（とっこうといって戦争に反対する国民に恐れられた）などを廃止させ、その他数多くの日本の民主化のための政策を実施した。

GHQの指令によって、日本の戦時体制を経済面から支えた財閥が解体された（**財閥解体**）。三井、三菱、住友、安田の四大財閥をはじめとする財閥は戦争によって利益も得ていたからだ。ただ財閥はのちに復活するよ。

農村においては、大規模地主から国が強制的に土地を買い上げ、それを**小作人**に安く売り渡すという**農地改革**が実現した。これによって多数の**自作農**が生まれた。農村でも小作農は地主の命令に逆らえなかったから、縦型の命令系統ができあがっていたわけだ。そういう縦型のものをすべて横型にするのがGHQのねらいだったんだね（縦型は意見の統一がしやすく上の者の考えを実行に移しやすいから戦争には有利なんだ）。ただ、ここで土地を得た自作農の人たちの中には、あとになってバブル経済で大もうけした人もいる。ちょっと考えさせられちゃうね。

戦争に責任のあった政治家や軍人を逮捕、戦争犯罪人として裁判にかけたよ（**東京裁判**、正式には極東国際軍事裁判）。ただそうした人たちに責任があって、処罰することは必要だったけれど、この東京裁判は必ずしも民主的に行われていないし、当時の国際法にも合致していない。また本当は罪がない人や（上官の命令で泣く泣く捕虜を迫害した部下とか）、逆に本当は真っ先に処刑されねばならないのにおめおめと生き延びてしまった人もいて、あまりほめられた裁判でないのは間違いないようだ。同時に戦争犯罪人ではないが、戦争遂行において一定の責任があるとされた人物は公職を追放されたよ（これも戦争に反対していた政治家が対象になることもあった）。

現人神《あらひとがみ》であるといわれていた天皇だが、ＧＨＱの指示のもと、人間であることを宣言させられた。これも「日本は神の国だからどんな戦争にも勝てる」などという考えをおこさないようにさせるためだったのだろう。ただし日本を統治していく上で天皇の存在は必要だと判断し、天皇を処罰するようなことはなかった（そのようなことをしていたら、かえって混乱したからね。ＧＨＱにとっても天皇に利用価値があったわけだ）。

１９４５年、選挙法が改正される。その結果、ついに女子が選挙権を得ることになる。ここで選挙権を認められたのは**20歳以上の男女**。名実ともにやっと普通選挙が実施されることになった。もちろん女性が議員に立候補することもできるようになったよ。

１９４５年に**労働組合法**が制定され、労働組合を作ることが認められるようになった。また1947年には**労働基準法**も制定され、労働者に極端に過酷にならないように労働条件の最低基準が定められたよ。教育においては**教育勅語《ちょくご》が廃止**され、1947年に**教育基本法**が制定された。軍国主義ではなく民主主義の精神にのっとった教育が実施されるようになったわけだ。男女共学などもこのときに認められているよ。

●日本国憲法の制定

ＧＨＱの指導のもと、大日本帝国憲法の修正案が何度も議論された。当初は日本にある程度まかせられていたんだけれど、日本側の出す案はどれも細かい言葉を入れ替えただけのようなごまかしに近いものだったので、ＧＨＱはいらだち、ついに自らが改正案を作成、政府に提示した。ＧＨＱの有無を言わさぬ姿勢もあったので、政府もついにこれを若干修正し、憲法案を作成した。

これが**日本国憲法**となる。だから実は日本国憲法の原文は英語で作成されたともいえるし、外国から押しつけられたものだから改正しなければならないと主張する人も多い。これについては確かにそのとおりではある。ただし手続き的には正式に大日本帝国憲法改正の手続きにのっとって行われたわけで、合法であることは間違いないよ。

日本国憲法は1946年11月3日に**公布《こうふ》**された。公布というのは「これこれこういう法律ができますよ」と国民に知らせることだ。法律がいきなり変わったら困るでしょ。だから準備期間をもうけるわけだね。

よ(4)ろ(6)こんで　ばんざい(11)さん(3)しょう

喜んでバンザイ三唱、日本国憲法公布だ。

そして実際にこの法律が適用されるのが公布から半年後、つまり1947年5月3日だ。これを**施行**《しこう》という。ちなみに日本国憲法の公布月日は「文化の日」、そして施行月日は**憲法記念日**としてどちらも国民の祝日になっているよ。

日本国憲法には三大原則と呼ばれる三つの原則がある。**国民主権**、**基本的人権の尊重**、**平和主義**だ。天皇主権、国民の権利は法律の範囲内で保証、陸海軍を天皇が統帥、といった大日本帝国憲法とは大きく異なっているね。ほかにも兵役の義務がなくなって、代わりに勤労の義務が明記されているよ。

●国際連合設立と冷戦の始まり

1945年、第二次世界大戦と国際連盟の反省から、国際平和を維持するための機関として**国際連合**が設置された（実は正式名称は連合国だったりする）。本部はアメリカのニューヨークに置かれた。全加盟国による**総会**のほかに、平和に関する問題を議論する場として**安**《あん》**全**《ぜん》**保**《ほ》**障**《しょう》**理**《り》**事**《じ》**会**《かい》（"あんぽり"などと呼ばれることもある）が設置され、アメリカ、ソ連、イギリス、フランス、中国は五大国《ごたいこく》として、安全保障理事会の**常任理事国**《じょうにんりじこく》となった。この五つの国には**拒否権**《きょひけん》が与えられ、多数決の結果に関わらず、この五つの国のどこかが拒否権を発動すれば決議はできないことになった。

ところで第二次大戦は対ファシズムで各国が一致していた。ところが大戦が終わり、共通の敵であるファシズムの国家がなくなると、アメリカを中心とする資本主義諸国（西側）とソ連を中心とする社会主義諸国（東側）の間には再び対立が起こった。これを**冷戦**《れいせん》（冷たい戦争ともいう）という。東西の陣営はそれぞれ自分たちの勢力を強めるために傘下《さんか》の国々を増やした。

欧米を中心とする西側陣営は**北大西洋条約機構**（ＮＡＴＯ《ナトー》）を組織し、これに対して、ソ連や東ヨーロッパ諸国を中心とする東側陣営は**ワルシャワ条約機構**（ＷＴＯ）を結成した。

米ソの両国はあまりにも巨大で、実際に直接対決すると大きな戦争になってしまうために、直接対決は免れたが、他の国や地域をめぐってにらみ合ったり、他の国や地域を使って代理戦争を実施した。悲惨だったのはドイツで、アメリカが支援する**西ドイツ**（ドイツ連邦共和国）とソ連が支援する**東ドイツ**（ドイツ民主共和国）に分断され、さらに東ドイツ内にある旧ドイツの首都ベルリンも**西ベルリン**と**東ベルリン**に分断され、その間には**ベルリンの壁**と呼ばれる壁が築かれ、お互いの行き来すらできないようになってしまった（その後この状態は１９８９年まで続く）。

●朝鮮戦争

冷戦は対戦中、日本の領土であった朝鮮半島にも影響した。**北緯38度**を境界として、北にはソ連が支援する**朝鮮民主主義人民共和国**（北朝鮮）が、南にはアメリカが支援する**大韓民**《だいかんみん》

国《こく》が建国された。両国はお互いに緊張した状態を保ったが、ついに1950年、戦争が勃発。これを**朝鮮戦争**と呼ぶ。これに対してアメリカは**国連軍**を派遣（ソ連の欠席時に決議、ちなみに当時の国連への中国代表は資本主義である中華民国）、韓国を支援。それに対して、北朝鮮には1949年に成立していた共産党の**中華人民共和国**が**義勇軍**を結成して支援した。この戦争では史上初のジェット機同士の空中戦も行われている。

朝鮮戦争が起きると、アメリカはそれまでの日本の占領政策の方針を180度転換した。それまではとにかく弱体化させることを目標としていたのだけれど、そうではなくて日本をアメリカの同盟国として、共産主義に対する防波堤（世界地図を見ればわかると思う）として利用しようと考えた。そこで再軍備させようとしたのだけれど、何せ日本には平和主義、武力の放棄を定めた日本国憲法がある。しかもそいつはアメリカが押しつけたものというオマケつきだ。さすがに軍を組織させることはできなかったので、治安維持の目的で警察にやや強力な武器を携帯した部隊を作らせることにした。これが**警察予備隊**《けいさつよびたい》だ。のちにこれが**保安隊**となり**自衛隊**に発展する。

また朝鮮戦争時にはアメリカは戦争に必要な品々を日本に生産させ、大量に購入したために、日本は空前の不景気から奇跡の復興への足がかりをつかんだ。これを**朝鮮特需**《ちょうせんとくじゅ》という。特需とは特別な需要のこと。**需要**とは品物を欲しがることだ。これがなければ日本のこのあと見せる見事な経済発展は難しかっただろう。お隣の国の不幸を糧にのし上がったという事実は認めないわけにはいかないね。

なお朝鮮戦争は1953年に休戦協定が結ばれるまで続く。南北朝鮮が国連への加盟を認められるのは1991年のことだよ。

●サンフランシスコ講和会議

翌1951年、アメリカは日本を資本主義陣営の強力な一員にするために対日講和を急いだ。日本は敵にすれば厄介だけど、何といってもアジアで唯一欧米を敵に回し戦争をして、しかも勝利の経験もある国だ。味方にすれば頼もしいし、子分にできればなおおいしいよね。そこでアメリカのサンフランシスコで**サンフランシスコ講和会議**が開催され、日本とアメリカを中心とする資本主義諸国の間で**サンフランシスコ平和条約**が締結された（全権、**吉田茂**）。気をつけてほしいのは、あくまでも西側諸国との間でだけ講和が成立したということだ。この時点では東側諸国との国交は回復していない。とはいえ、とりあえず占領状態は終結を迎え、日本は独立を回復する。またこのときに同時に**日米安全保障条約**（〝あんぽ〟とよばれる）が締結され、日本と東アジアの安全秩序維持の名目でアメリカ軍が日本に駐留することになった。今でも沖縄をはじめとして日本中にアメリカ軍の基地が存在するのはそのためだ。

●日ソ共同宣言と国連加盟

この時点で日本は独立を回復したものの、社会主義諸国との国交回復が残っていた。ソ連との間には、大戦末期にソ連が一方的に条約を破棄して占領してしまった**北方領土《ほっぽうりょうど》**（今でもソ連領となっている。もちろん日本は自国領と主張している）の問題があり、日本国内の世論もまとまらなかったが、紆余曲折の末、**鳩山一郎《はとやまいちろう》**（統帥権干犯問題で登場ずみ）内閣は１９５６年、**日ソ共同宣言**を発効した（ただし平和条約は未締結のままソ連が崩壊してしまった）。

そしてその結果、日本の国連加盟にソ連が賛成してくれるようになったので、**国際連合への加盟**を実現する。のちに国連では日本は安全保障理事会の非常任理事国となったりしている。また国連への拠出金はアメリカについで第二位、にもかかわらず常任理事国でないのはおかしいと、常任理事国入りの運動が続けられているよ。

●高度経済成長

朝鮮特需のおかげなどもあって、１９５０年代半ばには日本の経済状態はほぼ戦前の水準にまで回復していた。そしてそこから20年近くにわたって、世界で奇跡と呼ばれる急成長をとげることになる。これを**高度経済成長**と呼んでいる。中でも鉄鋼、自動車などの重化学工業は大成長をとげる。また１９６４年には**東京オリンピック**が開催され、それにあわせて**東海道新幹線**が開通、さらに１９７０年には**大阪万国博覧会**が開催され、それにあわせて**東名高速道路**が開通した。ＧＮＰ（国民総生産。日本人全員が稼いだお金の総額。現在は**ＧＤＰ＝国内総生産**という数値が代わりに用いられることが多い）は高度経済成長期に約5倍に成長し、1968年にはアメリカについでGNP世界第二位の経済大国となった。これを可能にしたのは、かつての日本人の勤勉さ、手先の器用さ、技術の習得応用のうまさなどであろう。と同時に、平和憲法によって軍隊の保持を禁止されていたため軍事に多額の費用をかける必要がなかったことも。そしてにもかかわらず、安全保障が保たれたという冷戦状態の中でのアメリカからのひいきというラッキーもあったことは否定できない。

ただ高度経済成長はよい面ばかりをもたらしたわけではなかった。工場や道路、都市の整備、開発その他は自然破壊を招いたのも事実だし、極端な工業重視の政策は食料自給率の低下、さらには農村の過疎化、都会の過密化を生んだ。極めつけは公害の発生だ。1967年から69年にかけて**四大公害病裁判**が次々に提訴される。熊本県水俣《みなまた》湾の工場廃水が原因の**水《みな》俣病《またびょう》**、三重県四日市市の大気汚染による亜硫酸ガスが原因の**四日市ぜんそく**、岐阜県神岡鉱山のカドミウムが下流の富山県の住民にもたらした**イタイイタイ病**、それに新潟県阿賀野川での**新潟水俣病**が四大公害病だ。これらはすべて原告が勝訴したが、だからといって病気で亡くなった人が生き返るわけでもなければ、苦しんでいた人が治ったわけでもない。政府は**公害対策基本法**を制定し、**環境庁**という役所を設置したが、公害という、発展のもたらすマイナスの面からもぼくたちは目を背けてはならないだろう。

●領土の返還

1968年に**小笠原諸島**が、そして1972年に**沖縄**がアメリカから日本へ返還された。

けれど北方領土に関しては前にも述べたように、未だに未解決のままだ。

●石油ショック

1973年、中東で**第四次中東戦争**《だいよじちゅうとうせんそう》が起こった。中東というのは西アジアのこと。ヨーロッパから見て極端に遠い東側が「**極東**」(日本だ)、ほどほど近くもなく遠くもないのが「**中東**」ということだ。アラビア半島のサウジアラビアやUAE(アラブ首長国連邦)、それにイランやイラクなどのある地域のこと。ここで、ユダヤ人が建国したイスラエルという国をめぐってユダヤ人とアラブ人の戦争がおきた。

こうして今でも続いているのが自爆テロなどの悲しいニュースが毎日のように報道されている中東問題なんだ。アラブ諸国とイスラエルは犬猿の仲、当時何度も戦争を繰り広げていた。73年の第四次中東戦争のときには何が問題だったかというと、この中東の石油産出国が手を組んで石油価格を極端に引き上げ、イスラエルを支援する国には石油を売らないと宣言したんだ。そんなわけで国内でも石油価格が暴騰、石油なしでは工業も失速、トイレットペーパー(石油が原料)の買い占めが起きたり、ガソリンスタンドの日曜日の営業が停止されたり、テレビの番組終了が早くなったりと、とにかくまあいろいろな混乱が起きた。ここで戦後ずっと右肩上がりに上昇していた日本の経済成長がいったんストップ。高度経済成長にお別れを告げることになる。これを**石油ショック**(オイルショック、石油危機ともいう)と呼んでいる。

その後1978年にはイラン革命の影響で第二次石油ショックが起きているが、このときは第一次ほど大騒ぎにはならなかった。日本もたまには歴史から学んでいるんだね。

●中国朝鮮との関係

戦後の中国、朝鮮との関係をここでまとめておこう。まず中国との間では1972年、**田《た》中角栄《なかかくえい》**（ロッキード事件で有名）首相によって**日中共同声明**に調印がなされ、国交を回復。ただしこのときにそれまでおつき合いしていた中華民国（国民党が台湾で成立させた政府）とは国交を断絶してしまっている。このときに記念として二頭のパンダ（カンカン、ランラン）が日本にやってきて大騒ぎだったよ。そして1978年、**福田赳夫《ふくだたけお》**首相のときに**日中平和友好条約**を締結、今に至っている。その後日本は中国（中華人民共和国のほうだ）に対して莫大な金銭援助を続け、オリンピックへの参加や（ずっと中華民国が参加していた）国連への加盟（これも同じ）にかなり協力したにもかかわらず、中国は国策として反日教育を行っている。悲しくつらいことだね（実は中国の国民は日本から援助を受けていることについて知らされてないらしい）。

また朝鮮との関係だけれど、1965年に大韓民国のほうとは**日韓基本条約**が締結された。北朝鮮のほうとは拉致問題を含めて未だに国交回復への見込みに乏しいのは皆さん知っているよね。日本では韓流ブームなどもあって親しみのある韓国だけれど、残念なことに韓国でもまた日本は嫌われている。韓国にも日本は実は莫大な援助をしているのだけれど、これまた国民はあまりそのことを知らない。残念なことだ。

●貿易摩擦

高度経済成長が終わっても、石油ショックを乗り越えて、日本の経済成長は続いた。が、当時の日本は加工貿易国で原料を輸入し、製品を輸出していて、特にアメリカへの輸出が多く、輸入を大幅に上回っていたので**貿易摩擦**と呼ばれる問題が起きた。その後、日本の経済が悪化し、逆にアメリカが回復したために、現在は貿易摩擦と呼ばれるような状態ではなくなっている。

●冷戦の終結

１９８５年、ソ連の書記長**ゴルバチョフ**が**ペレストロイカ**という改革を開始した。同時に**グラスノスチ**と呼ばれる情報公開を進め、その結果、ソ連とアメリカが大いに歩み寄る。そして１９８９年、ベルリンの壁が市民の手によって壊され、東西ドイツがひとつになり、アメリカ大統領**ジョージ・ブッシュ**とゴルバチョフの間で**マルタ会談**が開かれ、冷戦の終結が宣言された。さらにソ連が崩壊、旧ソ連を形成していた15の独立国のうち12国からなる**独立国家共同体**が誕生。国連の常任理事国などは**ロシア共和国**が引き継ぎ、現在に至る。

が、冷戦の終結後も世界から戦争はなくなっていない。世界の警察を自認するアメリカとそれに反発するイスラム勢力のテロ活動など、国家対国家ではない新しい形の戦争も始まった。2001年の9・11同時多発テロなどがそれにあたる。またイラクをめぐって1991年の**湾岸戦争**、さらには現在もなお戦後処理が行われている**イラク戦争**など、まだまだ残念なことに世界から戦争の消える日は訪れていない。ぼくたちはその日が人類滅亡の日にならないよう、歴史から学び行動しなければならない。

●バブル経済

1980年代後半から首都圏の土地の価格が高騰、これを担保に銀行が企業や個人に多額のお金を貸しつけ、そのお金で銀行や個人が起業したり、株を買うなどの投資に力を入れ（財テクなどと呼ばれた）日本中が空前の好景気に見舞われた。が、土地にしろ、株にしろ、転売目的で所有していた人が多かったから、本来の価値よりも高く評価されていて、誰かがそれに気がついて買うのをやめ、売りそこなう人が出始めると、価格が本来の価格に下がってしまうという、ババヌキのようなあぶくのようなあやうい好景気だった。これを**バブル経済**と呼ぶ。案《あん》の定《じょう》バブル経済は1991年頃から崩壊、その後日本は**失われた10年**といわれる長い低迷状態に入る。

●現在の日本の課題

21世紀に入ってから、日本では**少子高齢化**が大きな問題となっている。医療の進歩で高齢化が進む一方、価値観の多様化や女性の社会進出が進み、生まれてくる子供の数が急速に減っていった。その結果、日本の人口もマイナスに転じようとしており、それに伴い年金問題、高齢者福祉問題、さらには市場の縮小などが大きな問題となることが予想されている。

またそれまで**中流社会**といわれ、比較的横一線で貧富などの差が諸外国に比べると少なかった日本だが、**年功序列**、**終身雇用**に代わって**成果主義**、**能力主義**の給与体系を採用する企業が増え、規制も緩和されたために、裕福な者と貧しい者の格差が激しい**格差社会**が到来しつつあるといわれている。

世界的な規模になった環境問題も今後の重大な課題であるし、国際的には冷戦終結後、中国と台湾、韓国と北朝鮮などアジア諸国は大きな爆弾をいくつか抱えており、日本は中国、韓国、北朝鮮から敵視を受けているので、相手の立場を尊重しつつ言いなりにはならないという今後の外交が非常に重要になってくる。

凶悪犯罪の増加をおしとどめることもまた今後の課題だろう。鍵をかけなくても泥棒に入られない国という日本の安全神話は、すでに過去のものとなりつつある。

また天文学的な数字に近づきつつある国の借金も見過ごせない問題のひとつだ。現在国民一人あたり数百万の借金を背負っている勘定になるが、人口の減少や中国をはじめとするアジア諸国の成長もあって、今後の税収増はあまり望めない。にもかかわらず、あいも変わらず国や自治体は、無駄な借金や必要のない公共事業や、多すぎる人件費にメスを入れられないでいる。このままの状態では、近いうちに経済が破綻《はたん》するのは目に見えている。これもまたぼくたちに残された重い課題だ。

【な】

【に】

【ぬ】

【ち】

【て】

【と】

【す】

【せ】

【そ】

【た】

【さ】

【し】

【か】

【き】

【く】

「重要用語」索引

注）人名については、本文で姓や名しかのってない場合も、索引では正式名称のところに頁数をのせています。